相互性の心理臨床入門

西 隆太朗

創元社

───目次───

4

第10章 転移・逆転移概念の批判的検討
—— セラピストの省察のために　241

序 章

心理臨床における相互性

❖❖❖

1. 相互性の意義

　心理臨床は、人と人との出会いによって成り立つ営みである。社会的な役割上は、心の問題を抱えて来談するクライエントをセラピストが援助する関係であり、セラピストはその援助に専門的な責任をもっている。しかし実際には、どちらかが一方的に相手を助けるという役割上の関係を超えて、人間として出会い、ともに成長すると言った方が、セラピーの体験に即している。少なくとも、セラピーの過程の核心には、人間として真摯に出会う相互的な関係性の体験がある。そのことは、人と人とのかかわりによる専門職に共通して言えることだろう。

　本書はこうした相互性の観点から、心理臨床の基礎的理論を捉え直すものである。フロイト、ユング、ロジャーズをはじめとする心理臨床の開拓者たちの理論に立ち戻り、彼らの臨床実践を改めて検討する中で、相互性がその核心にあったことを示していく。心理臨床の理論を新たに読み解くことによって、学派を超えて相互性の思想が受け継がれてきたことを示し、その系譜を明らかにしていく。

　対話による心理臨床の原点は、精神分析の出発点となったアンナ・Oとヨーゼフ・ブロイアーとの出会いにあるが、相互性はすでにこの出会いの中に内在していた。患者アンナが夜ごとに生まれるファンタジーを語り、医師ブロイアーが真摯に耳を傾ける中で、彼女は回復していった。それはアンナとブロイ

アーの両者にとってまったくの新しい体験であり、発見であった。この体験を
アンナは「お話療法 (talking cure)」と名づけたが、この言葉は今でも心理臨床家
にとって自らの仕事とアイデンティティを指し示すキーワードとなっている。
セラピーとはその歴史的出発点からセラピストとクライエントの共同作業で
あったし、彼らから学んだことが、現代の心理臨床にもずっと受け継がれてい
る[注1]（コラム1参照）。

　本書でこうした古典的文献を取り上げるのは、一つには開拓者たちの思想か
ら学ぶべきことは今も多くあるからである。理論にしても実践にしても、新し
い領域の開拓者たちは、すでに確立され多くの人に受け容れられたマニュアル
などない中で、クライエントとともに新たな発見を模索していく。その真摯で
あり、率直で素朴でさえある探究の中で、彼らは既存の枠組を超えた本質的
な問題に、自分自身の歩みをもって取り組んでいる。開拓者たちの思想は、心
理臨床を原点から考えることを可能にする。心理臨床は人と人との出会いであ
るから、マニュアルに頼っていることはできない。その理論的・実践的探究は、
セラピスト自身の人間的成長や変容とかかわって進んでいくものである。私た
ちが心理臨床を学ぶときにも、確立された理論や技法を学ぶ以上に、開拓者た
ちの歩みや、その試行錯誤の過程に触れる中で、いわば彼らと対話することが、
自分自身が新しく道を歩んでいく助けとなるだろう。

　古典的文献を取り上げるもう一つの理由は、それらに内在していた相互性の
観点が、しばしば見失われてきたからである。したがって相互性の系譜を改め
て位置づけ、明らかにしていく必要があると考えられる。セラピストはクライ
エントを援助しつつも、クライエントから学んでいるというのは、当たり前の

注1）精神分析療法の出発点は、ブロイアーとフロイトの共著『ヒステリー研究』(Breuer &
　　Freud, 1895) にある。彼らは、当時は理解の及ばなかった病に対して、患者の語りに耳
　　を傾ける心理療法による新しいアプローチを提唱した。挙げられている5つの症例の中
　　でも、心理療法における癒しのあり方を明瞭に示しているのがアンナ・Oの事例であり、
　　これはブロイアーが担当したものである。この古典的事例は精神分析の核心を示すもの
　　としてさまざまに議論され、毀誉褒貶も受けてきた。ブロイアーはセラピーに失敗した
　　のだとする批判もあるが、こうした批判の多くは事実に基づいていないことが明らかに
　　なっている（スクーズ，2006/2015）。

ことではないかと言う人もいるだろう。クライエントのためを思って真摯にかかわるほど、かえって自分の方が人間として多くのことをクライエントに教えられているというのが、多くの臨床家の実感ではないかと思う。

　ただし、先入観や偏見によって、相互性が見失われることはありうる。私たちは誰も先入観や偏見から完全に自由であるわけではない。人は誰しも、心に葛藤や苦しみを抱えている。自分自身も心をもった人間が、人の心の専門家になるとは、大それたことのようにも思える。ともすれば、クライエントは病んで力を失った人間であり、セラピストである自分はそうした心の問題を乗り越えた存在であって、クライエントの心を本人以上に深く理解することができる——などと言葉にはしないまでも、知らず知らずそのような差別的幻想が心に入り込んだりはしないだろうか。偏見は意識できる範囲を超えて心に抱かれるものであるから、むしろ絶えず自らを省察することが必要だと思われる。

　それは個人が抱く偏見の問題であるが、個人の次元を超えて、心理臨床の理論においても、しばしば相互性の意義は十分認識されていないように思われる。たとえば初回面接における「アセスメント」は、セラピストの側が行う作業だと考えられている。セラピストはクライエントがどのような問題を抱え、その背景にどのような歴史があり、この面接における作業可能性はどのようなもので、医学的配慮の必要があるかどうかなど、さまざまな関心からクライエントを理解しようとアプローチする。一方で相互性の観点からは、初回面接においてはクライエントの方こそ、セラピストがどんな人物であり、自分がこれからどんなふうに心を開いていけるのかを真摯に知ろうとしていると見ることができる。苦しみを訴えることで精いっぱいの状況であっても、それをセラピストがどんなふうに受け止めてくれるかについては、言葉だけでなく雰囲気を含めたさまざまなチャンネルを通して、意識的にだけでなくいわば無意識の「アセスメント」を、クライエントは能動的に行っている。それによってクライエントが語り始める内容も、その後の心理療法過程もずいぶんと変わってくることだろう。そう考えると、実態としての初回面接は相互的なアセスメントの場であり、セラピストはアセスメント行為を通して無意識のうちにもクライエントに影響を与えているということになるが、こんなこともカンファレンスで論議する際などには案外と見失われがちであるように思われる。これは一例

であるが、後に詳しく論じるように、「転移」「逆転移」などの基本概念についても相互性の観点からの再検討が必要であることを、本書では示していく。

　相互的な関係性が見失われるのは、それが意識的次元のみによっては捉えがたく、無意識のうちに進行する過程だからでもある。役割上はセラピストがクライエントを援助し、癒そうとしているわけで、クライエントもセラピストも意識的にはそう思っているとしても、実態としてはクライエントの方がセラピストを支え癒そうとしていることもありうる。ただ、それが無意識のうちに生じている過程であるがゆえに見えにくいだけである。無意識の過程は、目には見えない。私たちはクライエントの語りに耳を傾け、過程全体を詳細に読み解く目をもたなければならない。本書においては、古典的事例の再解釈を通して、これまで考えられていた以上に心理療法が相互的な過程であることを示していきたい。

2. 学派を超えて──事例の再検討を通して

　心理臨床にはさまざまな学派がある。本書では主として対話に基づく心理臨床の理論を取り上げ、相互性の観点から読み解いていく。対話に基づく心理臨床とは、大きく言えば精神分析、ユング心理学、クライエント中心療法を指しているが、それぞれに多様な分派が発展してきている。本書では特定の学派に依拠するのではなく、さまざまな理論を読み解きながら相互性の観点を基礎づけていく。

　心理臨床の「学派」といっても、何か固定した考え方や、従うべき流儀やマニュアルが定められているわけではない。心理臨床は人と人との出会いであって、特定の学派を選択している場合であっても、その実践の具体化は、セラピストとクライエントの個性や、両者の即興性を含んだやりとりによって変わってくる。

　学派は、クライエントに出会うための根本姿勢につながる臨床思想と、事例を理解するための基本的な方法論や概念群を共有するコミュニティと捉えることができる。それらを共有していることが、コミュニティの中で心理臨床に関

する対話を深めていくための土壌となる。ここで事例解釈の「方法論」と言っているのも、「この場合はこう解釈する」といった固定的な技術やノウハウのことよりも、「解釈とはどうあるべきか」「解釈の妥当性はどのように判断されるか」など、解釈のあり方を問い、考えを深めていくための議論のことを指している。

　したがって、同じ学派に属している場合も、具体的な実践や考え方はそれぞれに違っていることがありうる。さらに言えば、その学派に対する理解の深さもセラピストによって異なるだろうし、それによってまた臨床実践も相当に変わってくることだろう。そもそも開拓者たちは試行錯誤の中で探究を深めていったわけだから、彼らの理論自体、時期によってかなりの変遷があり、単純な公式によって扱えるものとは限らない。一つの学派は一律の考えしかとらないわけではなく、むしろ学派を超えた相互影響も取り入れながら、それぞれの理論を発展させているのが実際のところである。

　ある学派に属しているという自己認識も、必ずしも実態に合っているとは限らない。Ｄ・Ａ・ショーンは多様な領域に共通する実践者のあり方を論じたが、彼の「省察的実践者 (reflective practitioner)」論は、保育・教育をはじめとするさまざまな領域に影響を及ぼした。省察的実践論において、彼が精神分析的心理療法を取り上げている点も興味深いところである。ショーンらは、「標榜している理論 (espoused theory)」と「実際に使われている理論 (theory-in-use)」という対概念を提示している。熟達した実践者であって、ある学派に属していると自認していたとしても、自らの「実際に使われている理論」を意識していないことはありうる。「標榜している理論」は実践者が自らの行為を説明するために用いるものだが、2つの「理論」が乖離していたり無自覚である場合には、実践上の課題に向き合うことが困難になることが指摘されている (Argyris & Schön, 1974) ^{注2)}。心理臨床家の場合はとくに、すべて理論通りに振る舞っているわけでもないだろうし、理論がすべてを説明し尽くすわけでもないだろう。セラピ

注2) ショーンの邦訳（2007）では「信奉理論 (espoused theory)」「使用理論 (theory-in-use)」
　という訳語が当てられているが、ここでは本書の文脈に沿う形で訳出している。

ストは、既存の「学派」に頼るばかりでなく、自らの行為の背景にある自分なりの臨床思想を省みて意識化していくことが必要だと考えられる。

　逆に、異なる学派に属している臨床家たちの間に、かえって共通点が見られることもある。主要な学派としてフロイト、ユング、ロジャーズによるものを挙げたが、ルーツとしては共通のものがある。ユングは初めフロイトの協働者であったが、クライエントにとっては過去の外傷以上に現在をどう生きるかが重要な問題となっていると主張し、そこから独自の理論を築いていった。したがって臨床観やその後の理論展開には異なる部分があるものの、無意識を重視する原点は共通している。ロジャーズは精神分析の解釈が、クライエントの意識を踏み越えてなされることを懸念し、クライエントの意識を尊重する立場を打ち出した。しかし面接においてクライエントの自己への気づきを広げようとする彼のかかわりを具体的に見てみると、形は違ってもフロイトの言う「無意識の意識化」とも実際上は似通った面をもっていることが分かる。ユングやロジャーズも、フロイトの理論と実践を読み解くことを通して、自分自身の新たな理論を創り出してきたのだろう。よき理解者こそ、よき批判者たりうる。対話に基づく心理臨床においては、学派は違っていても、異なる理論どうしの対話を広げていくことができる。実際、ユング心理学の「発達派」においては精神分析、とくに対象関係論との理論的交流がなされている。学派を超えた交流が直接なされているわけではなくても、共通する臨床観が見出される場合もある。ユング派のA・サミュエルズは他の学派の中に「自覚せざるユンギアン」を見出すことができるとしている（サミュエルズ，1985/1990）。たとえば彼は精神分析のH・F・サールズや、R・ラングスの名を挙げているが、直接の影響ではないにせよ、相互性を基盤とする彼らの心理臨床論はユングのそれと通ずるものである。本書でもサミュエルズと同様に、学派を図式的に捉えるのではなく、臨床観の実質の方を捉えて、さまざまな臨床家に共通する相互性の系譜を見出していきたい。

3. 事例をどう読むか

　学派を超えた対話を可能にしてくれるのは、臨床事例である。カンファレンスなどで一つの事例についてともに考えるとき、異なる学派、異なる立場から語り合うことが、事例理解を深めてくれることはよく知られている。心理臨床の理論は、具体的な事例に基づいて生み出されるという共通点がある。解釈は学派によってもセラピストによってもさまざまではありうるが、事例が対話による理解を深めていくための共通の手がかりとなる。

　したがって事例をどう記述し、どう解釈するかは、事例研究が多様な立場からの検証に開かれていく上で重要な問題となる。事例研究の方法論とは、こうした事例研究のあり方について問い、議論する研究分野である。心理臨床の場においては実践が理論に先行する面があるし、多様な実践に照らして理論が形成されていく。事例研究論文の方が先にあって、方法論の問題はそれと並行あるいは遅れて発展してきたとも言えるだろう。

　事例記述のあり方も、方法論的問題である。対話を可能にするような事例記述は、臨床の場で起こったことを十分具体的に伝えるものでなければならない。古い精神分析の事例研究論文などを読んでいると、事例が具体的事実よりもほぼセラピストによる複雑な解釈の結果だけで記述されていることがあり、クライエントとの間で実際には何が起こったのかが見えてこないことも多い。このような場合、セラピストによる解釈のエビデンスが十分に記されていないわけだから、その事例研究を読む者にとっては、そもそも著者の解釈を本当に理解すること自体が困難となるし、異なる観点からの解釈も阻まれることになる。

　しかし、読者にとって必要なエビデンスを提供している事例研究もなされてきた。そのような事例研究は、著者の主張を深く理解することができるばかりでなく、多様な観点から再検討することができる。こうした臨床的エビデンス（clinical evidence）の問題について考える上では、D・ベスキーがP・ケースメントの事例研究を再評価した論文（Boesky, 1998）が、筆者にとって印象的であった。事例研究において、著者は事例そのものを記述し、そしてそれに対する解釈を示すが、読者はそれらを理解するとともに、その事例を別の形で解釈すること

ができる。そのためには事例が十分に詳述されている必要があるし、また新たな解釈においては、事例の中の臨床的エビデンスとどう結びついているのかが示されなければならない（コラム2参照）。

　本書における事例の再解釈にあたっては、R・ラングスによる解釈の方法論に大きな影響を受けた。彼の解釈論は相互性に立脚したものであるとともに、その方法論を明示した点に特色がある。その基本的な考え方は、『耳を傾ける過程 (*The Listening Process*)』(Langs, 1978) をはじめとする多数の著作に示されている。心理療法の全体的な流れからだけでなく、クライエントの語りの細部や心のやりとりなど、一つひとつの臨床素材から具体的に解釈を導き出す方法論が明らかにされている点が特色である。ラングスの解釈論については、関係性を読み解く事例理解を論じた第1章で取り上げるが、ここではごく簡単にその特徴を3点にまとめて示す。

(1) フロイトの夢分析理論を継承する

　『夢判断』(Freud, 1900) は、フロイトが夢の解釈の方法論を明らかにした著作である。心理療法過程の全体を扱っているわけではないが、そこには精神分析における解釈の方法論にとっての基礎となるものが示されている。ラングスの解釈論は、これを継承している。夢を聴くのと同じ視点をもって、クライエントの語りに耳を傾けるのである。クライエントが日常生活の中の出来事を語るとき、その物語は同時に、無意識の心の動きをも伝えていると考えられる。しばしばその物語は、他の場所、他の出来事だけでなく、今目の前にいるセラピストとの関係をも指し示している。

(2) 「転移の前に非転移を」

　クライエントが無意識のうちにセラピストに抱く感情は、フロイトによって「転移 (transference)」と名づけられた (Freud, 1912a)。それが転移と名づけられるのは、クライエントが過去の重要な対象、主には父母に向けていた感情を、セラピストに向け替えていると考えられているからである。

　これに対して、セラピーの関係性についての理解が進む中で、「非転移 (nontransference)」の概念が生まれた。非転移はクライエントが無意識のうちに

セラピストに抱く感情だが、本来他の人に向けられるべき感情を移し替えている転移とは違って、セラピスト自身に対する妥当な認識に基づく。転移は現実の歪曲を伴うが、非転移はセラピスト像を歪曲せずに捉えた上で生まれる感情なのである。精神分析においてはクライエントの転移を理解することが重要とされてきたが、ラングスはその前にまずは非転移を理解しなければならないとしている。クライエントの語りは、過去の対象への抑圧された感情を伝えているばかりでなく、セラピスト自身のあり方を映し出す鏡としても捉えられるし、そこから出発することがセラピーの展開を可能にする。

(3) 枠を含めた関係のコンテクストを重視する

　関係性は、コンテクストによって規定される。1回の面接の中でも、セラピストとクライエントとの一つひとつのやりとりが相手に影響を及ぼし合う中で、互いの心が動かされ、心理療法の過程が進行していく。その過程はそのときどきに発された言葉や一つひとつの介入を個別に取り上げれば理解できるというわけではなく、関係のコンテクストに照らした際にそれらがどのような意味をもつのかが理解されなければならない。関係のコンテクストは、言葉や情動のやりとりばかりでなく、セラピーの「枠 (frame)」によっても規定される。時間、場所、料金だけでなく、セラピーの基本原則と言われる面接の条件が、関係性に、そしてクライエントの語りに影響を与えているという観点から、面接過程を理解していく。

　上記の3つの前提に基づけば、クライエントの語りは、クライエントの内界や個人的な思いだけでなく、セラピスト自身の姿をも映し出すものと捉えられる。セラピーにおける関係のコンテクストや、現在の枠の状態を参照しながらクライエントに耳を傾けるとき、セラピストは自らの逆転移を省察するとともに、クライエントが必要とするセラピーの方向性を探ることができる。こうした解釈の方法論が、クライエントから学び、それをセラピーへと生かしていく相互的な心理臨床論を可能にしている。

4. 本書の構成

　本書は、これまで示してきたような相互性の観点から、心理臨床理論を新たに読み解くものである。対話に基づく心理臨床の開拓者たちの思想について、とくに彼らが示した具体的な事例についての再検討を行うことを通して、心理臨床の中に根づいてきた相互性の系譜をたどっていく。

　第Ⅰ部では時代を追って、フロイト、ユング、ロジャーズといった先駆者の貢献を取り上げる。中でも相互性の観点をもっとも強く打ち出したのはユング（第2章）だが、フロイト（第1章）はその解釈論、またロジャーズ（第3章）はクライエントに対する真摯なかかわりの中に、相互性を見出すことができる。

　セラピーにおける関係性の問題はどの学派でも重視されるところではあるが、精神分析はとくに大きな貢献をなしてきた。中でも関係性の問題の理解を進めたS・フェレンツィ（第4章）、D・W・ウィニコット（第5章）、M・バリント（第6章）らの理論や事例を、本書では取り上げていく。こうした事例の再解釈においては、R・ラングスや、それを継承するD・L・スミスらによる解釈の方法論を参照している。それまでのもの以上に相互性に基づく解釈論であることと、解釈を導き出す道筋が明らかにされている点で、事例への理解を深めることができる。

　これら相互性の心理臨床の開拓者に、本書ではもう一人、津守眞（第7章）を加えたい。多くの心理臨床家にとっては「津守式」発達検査が思い浮かぶものの、彼を心理臨床の系譜に含めるのは意外だと思われることだろう。彼がこの発達検査をつくった後に、保育学の領域ではあるものの臨床的と言うべき実践を重ねてきたことは、心理学の世界ではそれほど知られていないから、ここで簡単に説明しておきたい。1983年に彼は大学を辞して養護学校（当時）の校長兼保育者となり、生涯にわたって障碍をもつ子どもたちとかかわり続けた。そうした経験から生まれた彼の著作は、今も保育学の古典として読み継がれている。障碍をもつ子どもたちを理解しようとかかわった彼の事例研究は、その本質において心理臨床と通ずるものである。彼自身ユングも参照しながら子どもの表現の理解を試みているが、子どもを尊重してかかわる彼の相互的な姿勢そのものが、ユングの心理療法と共通するものであった（Nishi, 2021）。筆者が心

理臨床とともに保育学を専門としているということもあるのだが、津守眞の事例からは相互性をもって人とかかわる姿勢を学ぶことができる。

　ユング心理学者の河合隼雄も「臨床教育学」という領域を拓く一人として、臨床的な観点から教育の場における子どもへの理解やかかわりのあり方を論じてきたが (河合, 1992)、相互性の心理臨床論は、心理臨床ばかりでなく、保育・教育など、人と人とのかかわりを基礎とする専門領域や、さらには日常の人間関係においても、かかわりへの理解を深めることを可能にするだろう (コラム3参照)。

　第Ⅱ部ではセラピー関係における相互性を捉えるための理論的検討を行う。ここでもバリントによる「二者心理学 (two-person psychology)」の概念が重要な役割を果たしている。二者心理学はセラピーをセラピストとクライエントという2人の人間の相互作用として捉えるという、相互性の観点を明らかにした概念である。そう言ってみるとごく当たり前のことのように思えるが、実は関係を扱っているように見えてクライエントの内界だけを問題にしている「一者心理学 (one-person psychology)」的な理論も数多く存在している。したがってこの概念を理解することは、相互性を捉える上で重要な意義をもっている (第8章)。また、この概念の発展としてバリントが挙げた「多者心理学 (multi-person psychology)」は、心理療法の二者関係を超えて、グループ状況を理解する手がかりを与えてくれるものであり、その可能性についても検討を行う (第9章)。

　こうした理論的検討は、転移・逆転移の概念にも及ぶ。一般に心理臨床においては、セラピストとクライエントの関係は「転移・逆転移」と総称されることが多い。しかしバリントは、転移の概念は「一者心理学」に属する、すなわち関係性を扱うのではなくクライエントの内界だけを扱うものとなっていることを指摘している。こうした観点から、転移・逆転移という基本的概念についても、より相互性をもったものとするための再検討を行う (第10章)。

　本書は相互性の心理臨床への「入門」と題している。心理臨床には多様な学派があり、それぞれに圧倒されるほどの蓄積がある。本書では相互性の系譜をたどることによって、各学派への一つの見通しを得ることができるし、それが初学者にとっては入門的な意義をもつだろう。抽象的な議論ばかりでなく、開拓者たちの事例において具体的に何が起こっていたのかを再検討していく点

も、初学者の理解を得やすいのではないかと考えている。心理臨床の初学者だ
けでなく、保育・教育などの他分野を含めて、人と人との出会いを理解しよう
とする際の入門書となることを願っている。また、すでに多様な学派について
学んできた心理臨床の専門家にとっても、既存の理論を相互性の観点から捉え
直し理論的再検討を行っている点で、新たな目をもって心理臨床に「再入門」
する観点を提供することができるだろう。

　相互性とは、人と人とが心を開いて真摯に出会うという基本的な体験を指し
ており、人間関係の原点に立ち返ることを意味する。人と深く出会おうとする
たび、私たちは新たにその原点に立ち返ることになる。そう考えると、相互性
の心理臨床は、確立された権威が必要とされるものなのではなくて、人と出会
うたび、つねに新たに考え、新たに入門していくべきものなのかもしれない。

コラム
①
「患者」と「クライエント」

◇

　心理療法においては一般的に、「セラピスト（心理療法家）」「クライエント（来談者）」の語が用いられる。精神分析においては医師たちによって創始されたこともあって、伝統的に「分析家（資格をもつ場合）」「患者」の語が用いられてきた。本書では基本的にセラピスト、クライエントの語を用いるが、精神分析をはじめとする文献について論じる文脈では、分析家、治療者、患者の語も用いることがある。また、心理療法を含めた広い臨床領域については「心理臨床」「心理臨床家」を用いる。心理臨床をどのように理解し何を目指すか、どのようにクライエントとかかわるかといった臨床的姿勢あるいは臨床思想は「治療論」と呼ばれることが多かったが、本書では心理臨床論と呼ぶことにする。

　相談に来る人々のことを「患者」ではなくクライエントと呼んだのは、ロジャーズである。「患者」の語が病のイメージを含むのに対して、ロジャーズはクライエントがセラピストと対等な立場にあることを示すためにこの言葉を選んだ（Rogers, 1951）。そこには、ロジャーズの開かれた民主主義的な人間観が反映されている。

　筆者が大学院で心理臨床を学び始めたばかりのころ、ユング派分析家のアン・ケースメントによるカンファレンスを聴く機会があった。当時の筆者にはそのカンファレンスの内容を十分理解することはできなかったが、心に残っていることがある。カンファレンスの中でたまたま、クライエントと呼ぶか患者と呼ぶかといった話が出たのだが、彼女はただ "We are all patients" と語った。それ以上詳しい話にはならなかったが、聴いている一同も感銘を受けた言葉だった。

　考えてみればフロイトにしてもユングにしても、無意識を措定する理論においては、誰かは病んでいて誰かは病んでいないというような考え方は原理的にはとらない。生きている限り、無意識の葛藤を抱えていることは誰も変わらな

い。葛藤の程度には強弱あるにしても、外的・内的状況の如何によっては誰でも「病」のように見える状態になることがありうる。さらにユング心理学においては、病とは意識の偏りに対する「補償」の働きをももっており、病の過程に向き合うことを通して、人はそれまで以上に成長の機会を得ることができると考えられている (Jung, 1935)。思えばpatientの語は苦しみに耐えている状態をも意味し、受苦や痛みを表すパトスにも通ずる。医学的な診断を受けているかどうかにかかわらず、誰もが人生の重みに耐えながら歩んでいることには変わりない。それは筆者なりの連想ではあるが、彼女が伝えてくれていたのもそういうことだったのだと思う。

　クライエントか患者か、用語に違いはあっても、ロジャーズもアン・ケースメントも心理臨床の関係性を相互的なものと見ていることには変わりない。違いがあるとすれば、ロジャーズのそれが彼らしい明るい平等観に基づくものであるのに対して、ユング派の場合はクライエントの苦しみに対する深い共感が背景にあると言えるだろう。

　現代の日本の心理臨床において「患者」「治療者」の語が用いられないのは、それが医療行為でないことを明示するためである。それは当然の要請ではあるものの、心理臨床の歴史や文化とはまた異なる外的な理由によるものである。一方で海外においては、医師ではない心理士による心理療法においてもpatientの語が用いられてきた歴史がある。「患者」「クライエント」といった言葉が選ばれる背景に、外的条件ばかりでなく、心理臨床家たちの思いが込められてきたことも、心に留めておきたい。

....

コラム
◆
②

臨床的エビデンスの問題

◇

　臨床的エビデンスの問題を理解する上では、D・ベスキーがパトリック・ケースメントの事例を取り上げた論文が示唆的である (Boesky, 1998)。彼は『患者から学ぶ』(Casement, 1985) でよく知られているように、初めR・ラングスの相互的な心理療法論に影響を受けていたが、後には精神分析の対象関係論へと立場を変えながら、自らの事例とそれに対するセラピスト自身の内省過程を詳細に描く事例研究を重ねてきた。同書に収録された論文は、患者が面接を中断するかどうかという「プレッシャーの中で分析的に抱えるということ」を論じたものであり、とくにセラピストがクライエントの要求に応えて手を握るかどうかが焦点となっていた。この論文は以来長年にわたって多様な反響を呼んできた。それはこの事例が、ちょうどそれ以後盛んとなった、精神分析における古典派と関係論の論争にとって課題となるテーマを象徴していたからであろう。これまで精神分析を一つの学派として論じてきたが、実際には精神分析の内部にも多様な立場があり、無意識と転移の重要性を認める点では共通するものの、それぞれに対立する論点があって議論が続けられている。面接の「枠」を重視する古典派と、枠を超えることを含めて関係性の即興的な展開を生かそうとする関係論の対立は、P・ケースメントが事例の中で体験した葛藤と呼応するものだったと言える。『精神分析的探究 (*Psychoanalytic Inquiry*)』誌はこの論文に関する特集号を出しているし (Ruderman, Shane & Shane, 2000)、その後も面接の枠を扱った多くの論文においてこの事例が引用されてきた (Meissner, 1998)。ベスキーがケースメントを取り上げたのも、面接の枠に関する特集号にコメントする際、やはり多数の論文で彼の事例が引用されていたからである。

　ベスキー自身は精神分析の古典派の影響を受けつつ関係性への理解を発展させた、現代構造論 (modern structural theory) の立場をとっており、ケースメントの事例を異なる立場から解釈している。ここではこの事例について詳述するわけ

ではないので要点だけ言えば、ベスキーの解釈によると、ケースメントの解釈はクライエントの行動や語りという臨床的エビデンスを十分組み入れていないし、むしろ事例からはセラピストの方が侵襲的な直面化によって患者の行動化を引き起こした可能性が示唆される。ベスキーはケースメントの解釈に重大な疑問があるとして、それとは対立する解釈を提示しているわけである（ケースメントの事例の概略については、第6章で触れる）。

　しかしベスキーが問題にしているのは単にどちらの解釈が正しいかというよりも、事例研究はどのような臨床的エビデンスを必要とするのかという方法論的問題である。彼が主張するのは、事例研究においてはどういう学派であれ、解釈がどういう臨床的エビデンスからどのように導き出されたのかを示さなければならないし、それが可能となるだけの具体的な事例記述がなされなければならないということである。また、どの学派であっても、臨床的エビデンスに関する方法論を、その学派なりにもっている必要があるということである。

　エビデンスというと量的に測定可能なものを思い浮かべる向きもあるかもしれないが、人と人とが心を動かしながら出会う心理療法の複雑な展開過程を、測定可能な側面だけで理解するわけにはいかないことは、誰にも分かることだろう。心理臨床においては、面接の外から与えられた既存の「エビデンス」に頼るのではなく、セラピスト自身の心をもってクライエントとかかわり、心理療法の過程をクライエントとともに創造していく必要がある。言わばセラピスト自身も「エビデンス」そのもののつくり手であって、関係の中に身を置きながら、面接の「いま、ここ（here and now）」において、そのエビデンスを自分自身で読み解く「目」をもつ必要がある。臨床的エビデンスと言っているのは、そうした個別的で多様な心理療法過程を読み解いていく事例研究にとって必要な素材を指している。その中には、クライエントの語りや行為ばかりでなく、セラピストの語りや行為、セラピスト自身の内的体験や、面接の流れと枠など、多くのものが含まれる。

　しかしベスキーは、ケースメントの事例記述そのものは高く評価している。まったく異なる再解釈が可能だったということは、それだけ臨床的事実が十分に示されていたということを意味する。困難を体験した事例であるにもかかわらず、ケースメントは誠実さをもってその具体的な詳細を記述したというので

ある。

　優れた事例記述は、再解釈を可能にする。ベスキーが提示したこの基準は、事例研究の方法論を考えていく上で示唆的である。実際、本書の冒頭でも触れたアンナ・Oの事例をはじめ、優れた事例研究は時を越えて何度も再解釈され、そのたびに新たな発見を与えてきた。そう考えると、事例研究は再解釈に開かれた対話の場をつくり出すものだと捉えられる。また、再解釈の際に重要なのは、その新しい解釈が事例の中のどういう臨床的エビデンスからなぜ導き出されたのか、その道筋を示すことだと言える。それがなければ、妥当な解釈というよりは事例から受けた印象の段階に留まってしまうだろう。本書でもこうした観点から、開拓者たちが示した事例を再検討し、新たな解釈を示していきたい。

・・

コラム
③

心理臨床と保育・教育

◇

　本書において津守眞を取り上げていることに関連して、心理臨床と保育・教育の関係について触れておきたい。

　筆者の専門領域は、心理臨床学と保育学である。最初は大学で児童学、保育者養成に携わったことがきっかけだったが、子どもを理解するとは人間の原点を理解することであり、子どもと出会う保育の中には心理臨床と共通する世界があることを知った。保育の中で子どもたちは自由に遊び、喜びを分かち合い、イメージの世界で心を表現し、傷つくこともあれば、真剣な訴えを大人に投げかけてくることもある。そうした表現や訴えは、遊戯療法の世界とも通ずるものである。ウィニコットは心を支えるセラピストの働きを「抱えること（holding）」と呼んだが（コラム4参照）、保育の場では文字通り、保育者は腕でも心でも、子どもの存在を支えている。保育に携わる人々の導きに恵まれて、筆者は保育の場を訪れては子どもたちと遊びを通して出会い、また保育者のかかわりや環境づくりにも学びながら、保育学の研究を続けてきた（西, 2018）。

　日本における保育学の開拓者として、倉橋惣三と津守眞が挙げられる。2人とも心理学の出身でありつつ保育の場に身を投じたこと、その著作が現場の保育者を支えるものとして今も読み継がれていることは共通している。人と人との相互的な出会いについては、彼らからも多くのことを学んできた。

　次に挙げるのは、倉橋惣三の記した詩のような文章のうち、もっともよく知られたものの一つである。

廊下で

　泣いている子がある。涙は拭いてやる。泣いてはいけないという。なぜ泣くのと尋ねる。弱虫ねえという。……随分いろいろのことはいいもし、

　してやりもするが、ただ一つしてやらないことがある。泣かずにいられ
　ない心もちへの共感である。
　　お世話になる先生、お手数をかける先生。それは有り難い先生である。
　しかし有り難い先生よりも、もっとほしいのはうれしい先生である。そ
　のうれしい先生はその時々の心もちに共感して呉れる先生である。

　　泣いている子を取り囲んで、子たちが立っている。何にもしない。何
　にもいわない。たださもさも悲しそうな顔をして、友だちの泣いている
　顔を見ている。なかには何だかわけも分からず、自分も泣きそうになっ
　ている子さえいる（倉橋, 1936, p. 37）。

　共感とは何かを考えるとき、この一節がいつも思い浮かぶ。大人は子どもの
思いを「理解」しようとするかもしれないが、どれだけ共感し、その子の思い
に応えることができているだろうかと考えさせられる。倉橋の言葉にはつね
に、「共感」に関する学術的議論よりも、そのままで子ども本人と通じ合えそ
うな人間味があり、子どもたちの生命性に即したところがある。
　それだけでなく、最後に書かれた断片こそが倉橋の言いたかったことなのだ
ろう。子どもたちは大人のような「対処」をするわけではない。ただ、言葉で
は何も言わなかったとしても、誰より思いを分かち合っているのである。
　常識的には大人が子どもを「支援」し、専門家が子どもの心を理解するべき
ものなのかもしれない。しかし子どもの方がかえって心通じ合い、そのとき
もっとも必要な応答をしていることはよくある。子どもの方が周囲の人々の心
を癒してくれることの方が常でもあり、彼らはそうした力をもっている。私た
ちはそうした場面に出会って自らの理解や共感のあり方を問い直させられる。
河合隼雄は臨床に向き合うことが、ある意味では価値観の逆転とも言えるよう
なダイナミズムを必要とすると論じ、そうした「臨床の視座」が心理臨床ばか
りでなく人間を育てる教育の場にとっても意味があると論じた（河合, 1992）。
それは子どもと大人の関係を相互的なものと捉えることにつながっている。倉
橋は心理臨床家ではないが、子どもを尊重し、子どもに学ぶ相互的な姿勢を一
貫して示し続けてきた。

　もちろん保育の場と心理臨床の場は異なっているし、違う部分の方が多いだろう。保育の場は心理臨床とは違って、集団で日常生活をともにする場である。食べたり、眠ったり、園庭の自然の中をかけまわったり、具体的にしていることは相当に異なる。しかしともに出会い、ともに成長するという相互的な関係性を基盤としている点では、根本において通ずるものがある。子どもたちと出会うたび、人と人とのかかわりとその原点について教えられ、考えさせられている。

・・

第Ⅰ部

相互性の体験を読み解く

第1章

関係性をどう読み解くか
フロイトとラングスの解釈論

◆◆◆

　心理臨床において、事例を読み解き理解するためには、解釈の方法論が必要である。解釈の方法論の出発点は、S・フロイト（Sigmund Freud, 1856-1939）の『夢判断』にさかのぼる。本章ではフロイトの解釈論とその事例を相互性の観点から検討し、次の2点を明らかにする。①フロイトはクライエントの語りから過去の心的外傷を再構成することを重んじたと考えられているが、彼の初期解釈論のエビデンスはむしろ現在の無意識的葛藤を指し示している。②クライエントの語りが過去ばかりでなく現在の葛藤を伝えているとすれば、それは目の前のセラピストとの関係を読み解く手がかりとなる。こうした観点からフロイトの解釈論を継承し、相互的な関係性理解を可能にしたものとして、R・ラングス（Robert Langs, 1928-2014）の解釈論の概要を示す。本書における事例の再検討においても、解釈をこうした観点から進めていく。

1. 無意識と解釈の方法論

　心理臨床においては、クライエントの心を理解するための、また面接の中で進行している事態やセラピストとクライエントの関係性を読み解くための、解釈が重要である。

　「解釈」などことさらにする必要はないではないか、という考え方もあるだろう。後に触れるようにロジャーズはこうした立場をとった。セラピストに対

するクライエントの思いは、セラピストの解釈によって探るよりも、クライエントの言葉を通して受け止めればよいのだ、という考えである。すなわち、「転移」を特別な形で扱う必要はなく、他のあらゆる感情と同様、受容と共感によって受け止めていくことになる。

とはいえ、こうした理解も「解釈」でないわけではない。クライエントの言葉をそのまま繰り返すのでないならば、応答の中にはそのセラピストなりの強調点や意味づけがにじみ出るし、そこには良かれ悪しかれ、クライエントの思いとのズレが生まれてくる。そうしたズレがないような理解に努めたとすれば、それはそれで言外の意味や、クライエントの意識の外にある意味を読み取る可能性は排除しているわけだから、クライエントは言葉の文字通りの意味以外はコミュニケートしていないのだと見なす、それなりに偏った立場からの解釈を行ったことになるだろう。「解釈を排する」立場は、実際には自らが行っている解釈を自覚しない立場なのだとも言える。

もしクライエントがセラピストへの思いを十分に意識化し、そのネガティブな側面をも含めてすべて率直に伝えてくれるならば、それでもよいのかもしれない。しかし実際には、クライエントの思いには自分自身でもつかみきれない部分があって、すべてを意識して言葉にできるとは限らないし、いかにセラピストがオープンに受け止める態度を示したとしても、ネガティブな感情をそのまま伝えてくれるとも限らない。さらに言えば、セラピスト自身も、関係の中で自分がクライエントにどのような影響を与えているのか、すべてを意識し切れるとは限らない。人間の心には、そして人と人との関係には、意識的・意図的にコントロールし理解し尽くすことのできない部分があることを認めるならば、やはり無意識の次元を理解していく必要があることになる。そのためには解釈が必要である。

それではクライエントの語りをどう解釈すればよいのだろうか。解釈という行為も一つの実践であることからは、解釈にも実践知が必要だということは言えるだろう。物語や実践の過程を、文字通りの記述を超えて「読む」ということは、新たな意味を見出すことであり、きわめて創造的な行為であり実践である。クライエントもセラピストも一人ひとり個性をもっていて、どの事例をとってもまったく同じ経過をたどることはあり得ない。そうした心理臨床の展

開過程を具体的な詳細にわたって理解する上では、マニュアルに頼るのではなく、セラピストが自分の心と経験を生かしていく必要があるだろう。人間としての共感を深めるということが、理解と解釈の出発点である。フロイトもクライエントの無意識を理解する上では、自らの無意識を電話の受信機のように差し向ける態度が必要だと説いた (Freud, 1912b)。人の心を理解するとは、意識的な努力だけでできることではなく、無意識を含めて自らの心を生かすことによって可能になるということだろう。

　「学び」を関係性の相において捉えた正統的周辺参加論 (Lave & Wenger, 1991) においては、実践知は実践への参加そのものによって育まれるが、コミュニティの中で実践者たちの語りに触れることもまた、実践知を学ぶ体験になるとされている。心理臨床家の訓練において、事例を詳細に検討し語り合うカンファレンスの体験が重視されているのは、こうした解釈の実践知を培う土壌としての意義をもつからでもあるだろう。人は語りに触れて、そして自らも試行錯誤しながら語る中で、実践者としてのアイデンティティをつかんでいくのである。

　一方で、経験を積んだ心理臨床家の解釈を聴くと、その深さには印象づけられるものの、どうしてそのような解釈が可能なのか、あるいはそれが本当に妥当な解釈なのか分からなくなって当惑する人もいるのではないかと思う。カンファレンスで経験者たちの語りに触れる中で、自分も心理臨床家らしく語れるようにはなってきたとしても、自らの解釈の妥当性がどこにあるのか、検証する視点をもつことが必要になってくる。

　経験だけでなく理論も必要だと言われる所以であるが、その「理論」とはどのようなものだろうか。心理臨床にはクライエントの心に関する多様な理論があって、そういうものを知っているとクライエントの心が分かるのだろうか。心に関する多くの臨床理論は、個人の心を対象としている。そうした心の理解がクライエント理解の助けとなる場合もあるが、単に人格理論を図式的に当てはめるだけであれば、よく使われる表現で言うならば「分析によって片づける (analyze away)」ことになってしまうかもしれない。心に関する図式は個人の枠内にとどまるものであるのに対して、心理臨床過程の展開は関係の中で進むものだからである。この観点からは、クライエントの語りを何らかの人格理論に

当てはめて評価するのではなく、語りの具体的な細部や関係性の微細な変化を含めて理解し解釈するための方法論が必要になると考えられる。この点については、M・バリントの「二者心理学」について論じる際に改めて取り上げる（第8章）。

2. フロイトの解釈論を支える臨床的態度

　解釈は実践知としての性質をもっているが、その解釈を導き検証するための方法論も必要だと述べた。方法論の中身については次節以後詳述するが、その方法論を支えているフロイトの臨床的態度についてここで触れておくことにしたい。

　フロイトは1910年代に、「技法論 (papers on technique)」と呼ばれる一連の論文を著している。精神分析において技法論とは、単なる手段や方法を意味するのではなく、心理臨床の実際のあり方について具体的に考え合い、議論する場なのだと言えるだろう。そこには彼が臨床実践の中でつかんできたさまざまな実践知が示されているし、その中には今に至るまで多くの心理臨床家が共感し学んできたものがある。解釈をめぐってフロイトが患者にどう接したか、その姿勢の一端を示すものとして、ここでは精神分析における自由連想と解釈の意義についての彼の説明を取り上げる。

　自由連想 (free association) とは、精神分析におけるクライエントの語り方を指している。それは日常の社会的場面とは少し異なる語り方である。どんなことでも心に浮かぶままに語ってよいし、むしろそうしてもらいたいと、フロイトは患者に呼びかけている。話の筋道を整えたり、つまらない思いつきは話さないでおこうと思うのは、意識の態度である。そうして意識的に整理されコントロールされた話ではなく、面接の場にいてそのときどきに思い浮かぶことを自由に語ることから、クライエントの無意識の心の動きに触れることができる。こうした語り方を、フロイトはこんなふうにたとえた。「あなたは旅人で、列車の窓側に座っています。窓の外の移りゆく景色を車中の人に伝えるように、あなたの心を私に話してください」(Freud, 1913)。

　どんなことも自由に語るということが、心理臨床面接の原点である。筋道立てて説明しがたいことであっても、自分でもどういう脈絡か見当のつかないことであっても、クライエントの意識を超えた心をセラピストは理解しようとする。自由連想という精神分析の基本原則は、どんなことにも理解を試み受け止めようとするセラピストの態度と対をなしている。こうした態度をフロイトは「平等に漂う注意」(Freud, 1912b) と呼んだ。

　たとえば不登校のクライエントが面接にやって来るとしよう。学校にどれだけ行けているのか、いないのか、きっかけは何なのか、家族関係はどうか……といったことばかり尋ねるのは、情報収集には役立つかもしれないが、クライエントの無意識の心を生かしながら受け止めていく姿勢とは異なっている。ともすれば、クライエントの心が訴えることよりも学校適応の方に関心があるのだというセラピストの姿勢を、クライエントに伝えることになるかもしれない。むしろ面接の場で心に浮かぶことを自由に話してもらう方が、クライエントの心が開かれることにつながるだろう。自由連想に基づく面接の中では、好きなアニメの話であれ、何も手につかない焦燥感であれ、どう話していいか分からないもどかしさや、こぼれる涙であっても、どんなものもクライエントの心の表現として、平等な重みをもってセラピストは受け止めていくことになる。

　もっともフロイトは抑圧された無意識を発掘しようとするあまり、意識にとって不快なことも、いや不快なことこそ話さなければならないのだと強く求めたようだ。しかしクライエントの「抵抗」や、心の「境界」を繊細に扱う必要性があることが認識されるに伴って、自由連想も当時と同じ強制力をもって語らせようということではなくなっていった。自由連想とは、面接の場を訪れて、クライエントの心がそのときその場で生きて動くままに、思いを受け止めようという態度だと理解できるだろう。

　フロイトの旅の比喩には、行き先を決めるのはセラピストではないことも示されている。セラピストは、クライエントの心の動きをセラピストの意識によってコントロールしたいというとらわれを超えていかなければならない。面接を主導するのはクライエント自身である。といって、クライエントの意識が行き先を示すわけでもない。二人はクライエントの無意識が見せてくれるままに、心の動きをともに体験し理解していく。その無意識の心の表れを直接目に

することができるのはクライエントだけだから、どうかそれを伝えてほしいと
フロイトは呼びかけているのである。

　そうしてクライエントの無意識の世界が十分に表現されたとき、セラピスト
はさまざまな臨床素材 (clinical material) 注3) をもとに解釈を生み出す。しかしフ
ロイトの精神分析においては、意識によって受け容れがたいものこそが無意識
に抑圧されているわけだから、それに直面することは苦痛を伴うはずである。
そうすると、苦痛な無意識を解釈して意識化することに何の意味があるのかと
いう疑問が生まれてくる。それは精神分析による癒しはいかにして可能なのか
という根本的な問いでもある。この問いに、フロイトはこう答えている。

　　　私が患者に、カタルシスという方法が助けになるでしょう、改善につな
　　がるでしょうと約束すると、多くの患者は、こんな疑問を私にぶつけてく
　　る。「私の病気は、私の周囲の環境や人生の経験からきているのだろうと、
　　先生は言う。でも先生は、私の環境も人生も、変えられはしない。それな
　　ら先生は、いったいどうやって私を助けてくれるんですか？」
　　　私には、こう答えることができる。「もちろんあなたの病気を癒すには、
　　私などより運命の力の方が大きいことでしょう。しかしヒステリーによる
　　苦難を一般的な不運に変えることができるなら、それは大きな進歩だとは
　　思いませんか。精神的に健康な人生を取り戻すことによって、あなたはそ
　　の不運にもっとよいやり方で立ち向かうことができるでしょう」と (Breuer
　　& Freud, 1895, p. 305)。

　たとえ苦痛なものであったとしても真実に向き合うということが、精神分析
の根本理念である。その苦痛が耐えがたいために人はさまざまな防衛を用いる
が、防衛は結局のところ真実に向き合うよりも大きな代償を払うことにつなが

注3）臨床素材の多彩さは、精神分析を特徴づけるものの一つである。クライエントが語っ
　　たこと、意識的には重要と見なされないような語りの細部をはじめとして、クライエン
　　トの行動や、語り方・語りにくさ（齋藤，1990）、面接の枠の状況や、セラピスト自身の
　　感情体験を含めて、面接にかかわって現れる臨床的事象すべてを解釈の材料としていく。

る。だからこそ意識化が必要なのだとフロイトは患者を説得しているのである。この後フロイトは敬愛する父の死に直面して、友人の医師Ｗ・フリースとの対話を通して夢の分析を進め、失った父を悼む心理的な「喪の過程」を自ら体験することになる (小此木, 1979)。「一般的な不運」と言ってしまえば一見味気ないようにも聞こえるが、それは人間誰もが担っている悲しみであって、フロイト自身もその例外ではないという思いが込められている。苦痛を乗り越えて真実に向き合う精神分析的解釈がクライエントにとって意味をもつのは、その解釈の内容ももちろんのことながら、セラピスト自身も真実に向き合う過程を人間としてともにしているからだと考えられる。ここには、フロイトにおける相互性の原点を見ることができるだろう。

3. フロイトの夢解釈

　フロイトの『夢判断』は精神分析の理論的出発点とされるが、夢の理解ばかりでなく、その後の精神分析の解釈論を基礎づけた著作でもある。それは無意識の表現をどのように読み解くのか、初めて体系的に論じたものであった。

　フロイトの解釈の重要な発見は、人は語り (ナラティブ) を通して、自分自身でも意識していない心の内容を表現しているということだった。そうした無意識の心の内容にアプローチしやすいのが夢という媒体であるが、夢ばかりでなく、錯誤行為であれ、日常会話であれ、芸術や文学であれ、意識を超えた心の働きが関与している表現においては、同じ方法論による解釈が可能である。したがって精神分析家は面接でクライエントが語ることも、夢を聴くのと同じように耳を傾け、その無意識的な意味を解読しようとしているのである。

　フロイトは『精神分析入門』において「無意識」の存在を読者に示すために、最初に「錯誤行為」の例を挙げている。それは確かに無意識について身近に考えることのできる題材だと言えるだろう。誰しも疲れているときやストレスのかかっているときなど、意識では思ってもいないような間違いをしてしまうことはありうる。そうした錯誤行為として、たとえば「国会で議長が開会の辞を告げる際に、『ここに閉会を宣言いたします』と言ってしまう」といった例が挙

げられている。もちろん開会を宣言したかったのだが、言い間違ってしまったのだ。実はこんな議会など閉会してしまいたいという思いが無意識のうちにあったのではないか、とフロイトは言うわけである (Freud, 1916-1917)。印象的な例ではあるが、細かいことを言うならば、閉会したいという思いがまったく無意識のものだったか、あるいはこうした場合につねに言われるように「単なる言い間違い」であって無意識の思いなど一切ないのか、この例だけで断定してしまうことはできないだろう。しかし、そこからは無意識の解釈について考えさせられることが2点ある。

　一つは、無意識の解釈が妥当なものかどうかについて、語り手に直接尋ねてみても、あまり成果は期待できないかもしれない、という点である。「議長、正直言って閉会したかったんでしょう?」と問いただしても、イエスが返ってくる可能性は低そうである。もし内心でそう思っていたのなら、かえって躍起になって否定するかもしれない。そして、意識的には職務に誠実なつもりであって、無意識的にはそれとは矛盾する気持ちを抱いていた場合も、やはりイエスとは答えてくれそうにない。心理臨床の問題として言うならば、クライエントの無意識に対する解釈が妥当なものかどうかについて、クライエントに直接尋ねてみても、十分な答えが得られるかどうか分からないということになる。普通に考えれば、クライエントのことはクライエント本人に聞けばよいということになるのだが、問題はクライエントの意識が、自分の無意識をよく知っているとは限らないという点にある。

　もう一つは、無意識の表現はコミュニケーションだということである。無意識の思いはモノのようにあらかじめ目に見える形で存在しているのではなくて、意識が何かを表現しようとする際に、その表現を一つの媒介とするようにして生まれてくる。一つの表現がまるで別の意味をも含むようになる。自分で何かを口に出してみてから、それがどう響くか真の意味を知ることもあるだろう。そんなふうに、無意識は自分自身へのコミュニケーションとしても伝えられることがある。また、その言葉を聞いている周囲にとっても、人によって解釈に違いがあるかもしれないが、何らかの思いや感情が実際に伝わっていくことがある。錯誤行為の例で言うならば、本人が「単なる言い間違い」と言い張ったところで、その通りには受け取らない人々もいるだろう。無意識のコミュニ

ケーションは、解釈にはさまざまな余地があるとしても、単に多様な解釈が考えられるといった次元に留まらず、実際に相手に伝わり、影響を与えうるということである。これらの点については、本章の最後に、解釈の妥当性の問題として論じる。

　錯誤行為の例は、無意識の心の働きがあるのだという説明のためのものだから、あまり複雑な解釈は要しないものになっている。夢の問題に戻って、フロイトの解釈の方法論の概要を振り返っておこう。

　フロイトによれば、夢には顕在内容 (manifest content) と潜在内容 (latent content) がある。目覚めて起きたときに思い出す夢の内容は顕在内容であって、いわば夢の中の意識化済み部分である。しばしばその日の出来事が顕在内容に取り入れられていることもあり、これを日中残渣 (day residue) と呼ぶ。顕在内容に仮託される形で、無意識の心の内容、すなわち潜在内容が表現される。ただしそれは意識にとっては認めがたい内容であるため、無意識のうちに「歪曲」される。歪曲にはさまざまなものがあるが、主として置き換えや圧縮による象徴的な表現が用いられる。夢の中に出てくるイメージは、文字通りのそのものを表すだけでなく、何か別のものを無意識のうちに表現しているのかもしれないし（置き換え）、また多重の意味を担っているのかもしれない（圧縮）。こうした解釈の実際について、本章では2つの事例を挙げて検討を行う。

4. フロイトの初期解釈論における現在と過去

　フロイトの解釈は、夢の断片から過去の抑圧された外傷体験を「再構成」するものだという印象がある。心理的な症状が現れたとして、その原因を探ろうとすれば、時間的には原因の方が先にあるわけだから、過去をさかのぼる必要があるというのは常識的に理解しやすいところである。一方、ユングは心の病は過去によって影響を受けるだけでなく、現在の人生における葛藤に向き合えないでいることによって起こるものだとして、フロイトの過去志向を──師でもあるフロイトに気を遣いながらでもあるが──批判した (Jung, 1913)。そのことがきっかけとなって、フロイトとユングは異なる道を歩むこととなったので

ある。とくにユングが離反してからのフロイトは、過去の分析こそが重要だとする姿勢を強めていった (Freud, 1914a)。

　ところがフロイト自身も、最初から過去ばかりを重視していたわけではなかった。むしろ精神分析の初期においてはフロイト自身、過去の記憶が無意識のうちに現在の葛藤を表現するために用いられているのだとする考え方をとっていることが多いことが指摘されている (Jacobsen & Steele, 1979)。

　フロイトの初期解釈論において現在と過去がどのように捉えられており、それを現代の心理臨床家がどう受け止めるべきかを考えるために、ここでは彼の「隠蔽記憶 (screen memory)」に関する論文を取り上げる (Freud, 1899)。『夢判断』の前年に出版されたものであり、フロイトの初期の解釈例を詳細に示したものの一つである。これは夢ではなく、なぜだか気にかかる幼いころの記憶の分析事例である。意識を超えて心に浮かんでくる物語がどのような無意識的意味を伝えているのか、フロイトの解釈論の原点をうかがうことができる。ここでは主としてD・L・スミスによる詳細な再検討を参照している (Smith, 1991)。

　この論文は、フロイトとある「友人」との対話によって成り立っている。彼はフロイトより少し年下の「大学教育を受けた38歳の男性」であり、教養のある人らしく精神分析に関心をもってフロイトに解釈の実際について尋ねてきた。幼いころの思い出の光景が、なぜだか思い出され、心にかかることがあるという。そこにも夢と同じく、無意識の意味があるのかどうか、フロイトに詳しく話してみることになった。以下はその要約である。

　〈タンポポが広がる野原で、三人の子どもが遊んでいた。一人は2歳か3歳の私で、それから私より一つ年上の従弟と、私と同じぐらいの従妹がいた。私たちは黄色い花を摘み、それぞれに花束にして持っていたのだが、少女の花束が一番きれいだった。私たち二人の男の子は、示し合わせたかのように彼女に飛びかかり、花を奪い取った。彼女は泣きながら野原を駆け上がっていった。小屋の外に立っていた農婦が、慰めるように彼女に黒パンを与えた。それを見るやいなや、私たちは花束を放り出し、小屋に駆けていって自分たちにもパンをくれとねだった。そして、いくらかのパンをもらうことができた。農婦は大きなナイフでパンを切っていた。そのパ

ンはとてもおいしかった──そこで記憶が途絶えている〉[注4]）。

　この話を語った男性は、なぜこんなことを思い出すのだろうと不思議がった。また、その情景には「どこかおかしなところ」があったと言った。黄色という色が妙に際立っていて、パンのおいしさもひどく誇張されていた（Freud, 1899 より；引用者による要約）。

　この思い出を理解するために、フロイトはその記憶のころどんなことがあったのか、またこの場面を思い出したのはどんなときだったのか尋ねた。2人の対話を要約によって示す。

①記憶の中の場面
　〈3歳のころ、実家の工場が倒産して、住み慣れた田舎を離れて都会に引っ越すことになった。家は貧しくなり、小さいころの私はいつでも故郷を懐かしんで、森に向かって駆け出すような子どもだった〉。

②初めて思い出したとき
　〈17歳のころ、初めて故郷に帰ることができ、裕福な知人の家に滞在した。その家には15歳の娘がいたのだが、数日後には休みを終えて留学先の学校へと戻っていってしまった。あの場面を思い出したのはそのころだった〉。そこでフロイトが、男性がこの少女のことを好きになったのだろうと尋ねると、彼もそのことを認めた。〈そう言えば、あのときその子が着ていたのが、黄色いドレスだった〉ことを彼は思い出した。フロイトは、美しい花束を奪うとは、少女を手に入れたいという思いを表しているのだと解釈した。思い出の中で美しい黄色が強調されているのは、その少女を象徴するものだからなのだろう。

③次に思い出したとき

注4) 以下、〈　〉は語りを文字通り引用するのではなく、要約していることを示す。

　〈再び記憶が浮かんできたのは、20歳のころ、故郷の叔父の家に滞在して、記憶にも出てくる二人のいとこと再会したときだった〉。そこでフロイトは、今度もこのいとこの少女を好きになったのだろうと鎌をかけたが、彼はそれを否定した。〈私はそんなことよりも、大学での研究に夢中だった。しかし振り返ってみると、たしかに父と叔父とはそういう考えももっていたのだろう。私とその娘とを結婚させて、叔父の工場を継がせようと考えていたらしい。私が「深遠な学問」の道を進むよりも、もっと稼げる、食っていける職業に変えさせたいと思っていたのだろうし、それが貧しい暮らしをさせてきた父なりの私への思いやりだったのだろう。ただ私があまりにも学問の方に熱中していたので、それは実現しなかった〉。そこからフロイトは、花束を捨ててパンを選んだのは、美しいけれどもお金にはならない学問よりも、「パンのための職業」を選んでいればどれだけ豊かな生活が待っていたかという思いの表現なのだろうと解釈した (Freud, 1899より)。

　ここでのフロイトの解釈では、過去の思い出が、現在の葛藤を象徴的に表現するものとして捉えられている。現在の葛藤が向き合いがたいものであるからこそ、その葛藤を表すのにふさわしい場面が記憶の中から呼び覚まされているのである。子ども時代に野原で遊んだ際の花束とパンの思い出は、いわば夢の分析における「顕在内容」であって、それを通して「潜在内容」、すなわち記憶が思い出された時点での人生の葛藤が表現されていることになる。これをフロイトは、本来の葛藤を覆い隠しつつ表現する「隠蔽記憶」と呼んだ。こうした記憶の意味を理解し解釈するためには、記憶そのものと、そしてそれを思い出している時点における、その人の人生のコンテクストを参照すればよい。記憶は、今語られている。記憶とは、過去に起こった不変の事実を指し示すだけのものではない。記憶は、現在において思い起こされ、語られるものであり、そのときどきによって異なる意味を担いうるのである。

　フロイトの初期解釈論は、物語やイメージを文字通りだけでなく象徴的に理解すること、またそれを現在のコンテクストに照らして理解するということによって成り立っている。この考え方は、実はユングの立場と変わらない。症状

をはじめとして、無意識のさまざまな表れは、過去に起因しているとは限らない。過去は一つの重要な材料ではあるけれども、症状や夢やイメージは、むしろ現在の葛藤に触発されて生まれているのだということになる。

　この解釈論は、クライエントの語りをセラピストがどう聴くかについて、一つの枠組みを示している。人は過去の記憶を語ることを通して、無意識のうちに現在の葛藤に向き合っている。したがって心理臨床家はクライエントの語りから過去を暴くのではなく、その語りを通して、現在の、そしてこれからの生き方についてともに考えていく。もちろん過去の一つひとつの体験とその重みを受け止めながらではあるが、そうした思い出を抱えながら、今クライエントがどう生きようとしているのか、無意識は語りを通してその手がかりを与えてくれていると考えることができる。

　ここで重要なのは、その解釈論の臨床的エビデンスである。この「隠蔽記憶」に関する論文では、エビデンスは現在の葛藤を指し示している。ここでフロイトが行った事例解釈の道筋に基づくならば、現在の葛藤を読み解く解釈論を導くことしかできないはずである。しかしフロイトはこの論文の最後に、隠蔽記憶の概念を「より過去にある苦痛な記憶を隠蔽するもの」という意味にシフトさせていく。3歳のときの思い出が、実はそれ以前のより苦痛な体験の記憶が浮かび上がらないように隠蔽しているのだとして、過去を発掘していく考え方もありうると言うのである。しかしこの論文の根拠となる事例からは、こうした考え方を導き出すことはできない。また過去に焦点を置くことによって、「なぜ、今、それを思い出したのか」という現在の要因は度外視されてしまう。にもかかわらずその後の精神分析においては、「隠蔽記憶とは過去を隠蔽するもの」と理解されるようになり、それがほとんど公式見解のようになっていったと、フロイト全集の編訳にあたったJ・ストレイチーはこの論文に注釈を加えている (Freud, 1899)。さらにフロイトは、「心的現実論」によってよく知られているように、過去に起こった事実や患者が実際に体験したことではなく、過去に患者が抱いた空想とそれによる傷つきを探し出し再構成しようとするようになった。この解釈論にもさまざまな問題が指摘されているが、ここで取り上げた初期解釈論との対比で言えば、エビデンスが希薄な方向へと歩みを進めていったように思われる (この問題については第4章でも触れる)。

　再構成されるべきなのは、過去ではなくむしろ現在なのである。クライエントは過去の出来事を、意識を通して語ることができるし、さまざまな思い出をそれにまつわる感情とともにセラピストは受け止める。その上で、その思い出がなぜ今語られるのか、意識的次元を超えて理解するならば、そこには無意識のうちに、クライエントの現在の葛藤が表現され、伝えられている可能性があることを、フロイトの初期解釈論は示していたことになる。クライエントの語りに耳を傾けるとき、「現在」とは面接の場そのものであるから、この解釈論はセラピストとクライエントとの関係性への理解にもつながってくることになる。この関係性の問題について、次節においてフロイトの事例から考えていきたい。

　ここで挙げた「隠蔽記憶」の事例について付け加えておくと、ジョーンズ(1961/1964)のフロイト伝や、フロイトがフリースに宛てた書簡から、実はこの事例そのものがフロイト自身の自己分析であることが知られるようになっている（先に挙げたストレイチーの注釈による）。フロイトはこの論文で、あるときは教養ある「友人」とイメージを通して戯れ、あるいは人生の選択についてともに考えながら、思いがけない手がかりから解釈が生み出されていく過程を、対話篇のように見事に描き出している。実際のところそれは自分自身の内的な対話だったわけだが、そこにはフリースとの対話を通しての自己分析体験が反映されているのだろう。それは無意識を理解していく対話の過程とはどんなものかを、体験的に伝えてくれる論文であるように思われる。また、それがフロイトの初恋の思い出であったことも印象に残る。それを改めて書き記している「現在」のコンテクストから言えば、「パンか学問か」の選択は、ちょうどこれから精神分析学という新しい学問を打ち立てる道を選んでいくフロイトにとって、改めて意味あるものとなったかもしれない。何気ないように見える思い出、夢、イメージといったものが、人間の生涯にとって幾重にも意味をもちうることを、この論文はフロイト自身の体験を通して示している。

5. フロイトの夢分析とセラピーの関係性

　フロイトの初期解釈論が、語りの中に現在の無意識的葛藤を見出すものであることを示してきた。面接における現在とは、クライエントとセラピストが出会っているその瞬間でもある。したがって夢や語りの中からは、セラピーにおける関係性のあり方やその無意識的次元を読み取ることができると考えられる。こうした解釈のあり方について、同じくフロイトが初期に挙げた、『夢判断』からの事例を取り上げて検討したい。

　　これはある女性患者が面接の終結前に語った夢である、〈支払いをしようとすると、娘が私の財布から3フローリン65クロイツァーの金を取り出す。私は娘にこう言った。「あなた、それをどうするの？　21クロイツァーで十分なのに」〉。
　　この夢を理解するために、フロイトは患者の現在の状況を参照している。患者は自分の娘がウィーンの学校に入った関係で一緒に滞在しており、その間フロイトの分析を受けていたのだった。あと3週間で今学期が終わるところだったが、校長から声をかけられ、娘をもう1年ウィーンで学ばせてはどうかと言われていた。
　　留学を延長すれば、娘は学び続けられるが、相応に財布は痛むことになる。あと3週間で卒業すれば、その金はかからない。フロイトは「時は金なり」という諺にも触れながら、夢の中の金は置き換えを通して、時間を意味しているのではないかと言う。3フローリン65クロイツァーは、365クロイツァーのことである。あと365日も留学を続け、そのための学費を出す必要はあるだろうか？　もう21日で——3週間で十分ではないか。同時にそれは、ウィーンでの滞在を、そしてフロイトとの分析をどうするかという問題にも直結している。〈あと1年分析を続けるか？　もう3週間で十分ではないか〉という患者の願望を夢は伝えているのだ、とフロイトは解釈している (Freud, 1900 より)。

夢の中のさまざまな素材とクライエントが生きている現在の状況、そして現

在のセラピー関係とが多重に結び合わされながら一つに収斂していく、精神分析らしい解釈だと言えるだろう。ここでも夢を読み解くための鍵は、現在のコンテクストにある。フロイトはこの夢から、患者の隠された過去を発掘しようとしているわけではない。そうではなくて、現在向き合えないでいる葛藤、そしてセラピストとの関係性を、再構成し意識化しようとしているのである。セラピストとクライエントとの関係性については、情動的側面ばかりでなく、終結を迎えつつある面接の期間や料金といった面接の「枠」を具体的に参照しているところも特徴的である。前節に示したのと同様、ここでもフロイトの初期解釈論が、現在にフォーカスしているのを見ることができる。

　心理臨床の世界ではセラピーの関係性が「転移・逆転移」と総称されることが多い。もちろんその原点はフロイトの精神分析にある。ただ、ここでフロイトが示しているのは、転移解釈とは異なるものである。フロイトは夢に基づいてセラピーの関係性とその無意識の次元を理解しているのだが、それは「転移」とは対照的な側面なのである。

　フロイトは転移を、過去に由来するものであり、現在の現実を度外視するものだと特徴づけている。彼が「転移の力動性」を定義づけた論文によると、人間は誰しも容易には変えがたい人間関係の鋳型をもっており、それは親をはじめ、幼少期に愛した対象をもとにつくられている。したがって患者はその鋳型に基づくかかわりを、無意識のうちにセラピストに向けることになる。「患者は自らの無意識の衝動が目覚めることによって生み出されるものを、現在生じている現実のものであると見なす。患者は現実の状況をまったく考慮することなく、自分の情熱を行動に移そうとする」(Freud, 1912a, p. 108) という。セラピストの姿をありのままに捉えるかわりに、クライエントの内界にある過去の体験や感情をセラピストに投げかけるからこそ、「転移」と呼ばれているのである。

　これに対して、ここで挙げた夢解釈の場合は、患者はかつて親に対して抱いていた感情をセラピストに向け替えているわけではない。夢はセラピストとの関係そのものを、支払いの場面に置き換えて表現しているのである。21クロイツァーが3フローリン65クロイツァーだったところで、どのみち大した額ではないから、そこには経済的な願望充足が示されているとフロイトは解釈している。もう数年経ったころのフロイトなら、それがセラピーの関係性にとっ

てもつ意味をより深く探ったかもしれない。「ドラの事例」(Freud, 1905)におい
てフロイトは、面接の終結期に際してさまざまな感情のやりとりが生じること
から、セラピーにおける「転移」の重要性を強調するようになった。夢は多義
的であって、娘の学校問題や経済的願望などを表していたかもしれないが、面
接の中で今出会っている2人にとっては、この面接はいつまで続けるべきなの
かという関係性にかかわる側面こそが、もっとも差し迫った問題なのである。
夢の中には患者が終結を考えていることが示されており、実際にこの面接は間
もなく終結しているが、その背景にはさまざまな思いや無意識的要因があった
かもしれない。金額の少なさは、フロイトに対する何らかの陰性感情があった
からなのかもしれないし、あるいはそれがフロイトの面接に対する患者の評価
であったのかもしれない。いずれにしてもこの夢に表現されているのは、第一
にはセラピストその人、そして現在の面接状況に対する無意識的反応なのであ
る。過去の影響を憶測することもできるかもしれないが、それはあったとして
も副次的なものと考えられる。「転移」のように、現実がどうであろうとセラ
ピストを過去の鋳型に当てはめたり、度を越してセラピストの姿を歪めたりし
ているとは言えない。

　したがってフロイトによる先の解釈は、「転移解釈」とは呼び得ないことに
なる。もしそれを「転移」と呼ぶならば、患者は何のきっかけもなく、そして
フロイトが料金以上に値する完璧な面接を行っていたにもかかわらず、現実を
無視して一方的に面接を中断したと仮定することになるが、それこそが、面接
における現実の臨床的エビデンスを無視して先入観を患者に押しつける解釈と
なってしまうだろう。フロイトはそのような解釈をしたわけではない。彼の解
釈は「転移解釈」とは異なるものであった。付け加えるならば、セラピーの関
係性を「転移・逆転移」で総称することは、クライエントの現実認識を一律に
否定することにつながるものであって、転移の定義を踏まえるならばきわめて
不適切だと言うことができる。フロイトはここでそれとは異なる関係性の捉え
方を示しているのである。

　ここでのフロイトの解釈は、「非転移 (nontransference)」に関するものだと考え
られる。転移が過去の無差別的反復であり、現実を不適切に歪めるものである
のに対して、非転移は現在の現実により即した反応を指す (Greenson & Wexler,

1969)。先の事例において、終結期に夢から転移ではなく非転移的側面を理解したことは、面接のあり方を考える上で重要な意義をもっていただろう。面接において語られる夢は、クライエントという個人の内的世界ばかりでなく、現在のセラピー関係についても何かを語っている可能性がある。それは、今出会っているクライエントとセラピストにとって、意味あるメッセージと受け止めることができる（転移・非転移の概念については第10章でも検討する）。

6. セラピーの関係性とラングスの解釈論

　これまでフロイトの2つの事例解釈を取り上げ、それらが一般に考えられているのとは逆に、過去ではなく現在に、そしてクライエントの転移的歪曲ではなく非転移的な、現実に向き合う側面に焦点を当てるものであったことを示してきた。フロイトの初期解釈論にはそうした観点からの解釈が多く見られる。もちろんよく知られているように過去を探索する解釈もあるのだが、それらが十分な臨床的エビデンスに基づくものであったかどうかには議論がある（第4章参照）。むしろ現在を重視する初期解釈論は、セラピーのあり方を考える上で重要な視点を提供していると考えられる。これを継承するのが、ラングスの解釈論である。

　本書における事例の再検討においてはラングスの解釈論を取り入れているため、ここでその概要を示す。こうしたラングスの解釈論は、徹底した相互性の観点から面接を読み解く解釈のあり方を詳述し体系化したものではあるけれども、その考え方自体はフロイトやバリントらの影響のもとに生まれている。したがってラングス学派の解釈論は、独自のものであると同時に、広い意味では相互性を重視する心理臨床論全体に通ずるものだと捉えることができる。

　ロバート・ラングスはアメリカの精神分析家である。精神分析の古典派から出発して、後に独自の学派を築いた。初期には古典派の枠組みから具体的な事例に基づく技法論を詳述したものとして、『精神分析的心理療法の技法』（Langs, 1973-1974）を著している。ほどなくしてより相互性を重視した独自の立場を打ち出し、「適応論的－相互作用論的観点（adaptational-interactional viewpoint）」、後に

は「コミュニカティブ・アプローチ (communicative approach)」と呼んだ。ラング
スの理論を概説したものとしてはスミスの著作 (Smith, 1991) がある。

　ラングスは彼のアプローチを数多くの独自の概念によって示しているが、こ
こでは彼の著作をもとに、基本的な解釈の観点として、①バイパーソナルな場、
②関係のコンテクストとセラピーの枠、③無意識のスーパーヴィジョン、④非
転移の重視を取り上げる (Langs, 1976, 1978, 1982, 1995)。

(1) バイパーソナルな場の概念

　バイパーソナルな場の概念は、面接の場で起こるすべてのことは、セラピス
トとクライエント双方からの影響を受けて生じるものであることを示すもので
ある。この概念はバレンジャーらによって提示されたものであるが、ラングス
はこれを自らのアプローチを特徴づけるものとして用いた (Baranger & Baranger,
1966; Langs, 1976)。心理臨床のすべてを一貫して相互性の観点から見ていくのが
ラングスのアプローチである。

　この観点に立つと、心理臨床における個人の心に関する多くの概念が、相互
的な観点から捉え直される。たとえば面接の展開に沿って心の深い部分に触れ
ることに対して、クライエントが意識的・無意識的に不安を感じたり話題をそ
らそうとする行為は「抵抗」と呼ばれる。しかしその抵抗は、クライエントの
防衛のみによって起こるとは限らない。面接の場がそれだけ安心感を与えてい
なかったり、あるいはセラピストがたとえば性急な直面化を行った後であれ
ば、クライエントの間に抵抗感が生じるのも自然なことである。それは相互作
用論的抵抗 (interactional resistance) と呼ばれる[注5]。

　この観点からは、「転移」と呼ばれてきたものにも、実際にはクライエント

注5) 本書では、interactional を「相互作用論的」と訳する。「相互作用的」だと interactive と
　　の区別がつきにくい。interactional は相互性の観点から捉えることを意味し、interactive
　　は実際のやりとりがなされることを意味すると考えられる。interactive なアプローチをと
　　るとは、しばしば古典的な解釈的アプローチを超えた柔軟なやりとりを行うことを意味
　　するが、interactional なアプローチは、クライエントの言動の背景にクライエント個人の
　　要因のみならずセラピストによる影響も考えていくことを意味する。

だけでなくセラピストの要因がかかわっていると考えられるし、クライエント
の語りもセラピストとの関係の影響を受けて生み出されたものだと考えられ
る。このことを関係論的精神分析のL・アーロンは、バレンジャーらとラング
スを引用しながら「共同の創造 (joint creation)」と表現している (Aron, 1990)。主
訴はクライエント個人の人生にかかわるものではあるが、それをどう語るか、
また語る中でどんな体験が生まれるかは、セラピストとの関係によって相当に
変わってくる。夢はクライエントが夜に一人で見たものではあるが、それを面
接の中で語る意味や、語っている中で新たに思い出した断片は、目の前にいる
セラピストとの間で新しく生まれるものである。そう考えると、面接の中で語
られるどんなことも、セラピストの存在と切り離して理解することはできない
ことになる。

(2) 関係のコンテクストとセラピーの枠

　セラピーの関係性は、その瞬間における情動のやりとりばかりでなく、コン
テクストから捉えられる。関係性はコンテクストによって規定されていると考
えることができる。そのコンテクストとして、セラピーの「枠 (frame)」が重要
な意義をもっている。枠とはフロイトの技法論にも示されている「基本原則
(ground rules)」のことでもある。具体的には、時間、料金、場所といった目に
見える側面と、中立性、匿名性、一対一関係、秘密保持、自由連想を支える沈
黙と適切な解釈といったセラピストの態度が含まれる。こうした枠に揺らぎが
生じるときは、クライエントとセラピストとの対人的境界が揺らぐときでもあ
る。適切な境界が守られることは、クライエントの自我境界が尊重されるとと
もに、クライエントの情動や体験が関係の中で、面接室の中で「抱え (hold)」
られることを意味する (コラム4参照)。

　関係性に影響を及ぼすこうした要因を、ラングスは「適応のコンテクスト
(adaptive context)」あるいは「トリガー (trigger)」と呼んだ。ここで「適応」と言っ
ているのは、また「適応論的－相互作用論的観点」の意味するものは、いわゆ
る「社会適応」のことではない。そうではなくて、人間の心が無意識のうちに
状況を捉え、それに対して反応しようとしていることを指す。面接の中での関
係性の揺らぎをクライエントは無意識のうちにも認識しており、クライエント

の語りや体験、行動化などを含めたあらゆるコミュニケーションは、それに対する反応と捉えられるのである。

(3) 無意識のスーパーヴィジョン

　精神分析において自由連想が重視されるのは、意識的な次元で心の中身を整理するよりも、無意識の心の表現に耳を傾けるためである。したがって表面的につながっているとも限らない話題であっても「心に浮かぶままに」語ることが促される。そうして自由連想が豊かに表現されたとき、それらは無意識的な次元において何らかのつながりをもっていると考えられる。フロイトの初期解釈論に基づけば、それらは現在の葛藤を無意識のうちに反映している可能性がある。面接において、とくにセラピー関係や枠に揺らぎが生じているときには、それが語りの中に象徴的な形で表現されると考えられる。

　したがってセラピー関係に重要なトリガーが生じているときには、そのコンテクストに照らして連想を解釈することになるし、連想が一つのテーマを示唆している場合には、何らかのトリガーを見落としていないかどうか、セラピーの流れを振り返ることになる。こうした解釈が必要になるのは、本章第1節でも触れたように、セラピストはクライエントとの関係や、自らのかかわりに含まれる逆転移的要素を十分意識化できているとは限らないからである。逆転移に気づく上ではさまざまな臨床素材を参照していく必要があるが、中でも重要な手がかりとなるのは、クライエントの語りとそこに含まれる無意識的なメッセージなのである。

　このようなクライエントからのコミュニケーションを、ラングスは「無意識のスーパーヴィジョン」と呼んだ。クライエントの無意識は過去の空想以上に、現在のセラピー関係に反応してさまざまなメッセージを与えてくれる。それを読み解くことによって、セラピーにおいてクライエントが何を必要としているのか、セラピスト自身がクライエントにどんな影響を与えているかを知ることができる。したがってクライエントの無意識こそが、面接室の外にいるどんなスーパーヴァイザーよりも、「いま、ここ」において重要な示唆を与えてくれる、最良のスーパーヴァイザーなのである。無意識が現実を無視した原初的欲望の場ではなく、むしろ意識の偏りを修正する肯定的な働きをもっているとい

う観点は、ユングの「補償 (compensation)」概念とも通ずるものである。「無意識
のスーパーヴィジョン」は、個人の心の中の「補償」の働きを、セラピーの相
互作用のもとに捉えたものとも言えるだろう。

　もちろんこれは、クライエントがセラピストへのメッセージを伝えようと意
識的に思ってしていることではない。そうではなくて、セラピストと出会って
情動を伴う関係の中で語るとき、その語りが意識的な「説明」や議論の次元に
とどまらず、心が生きて動く自由連想の中で生まれるならば、クライエントが
意図せざるうちに、話題が自然とそうした象徴的な意味をもち始めるのであ
る。たとえば前節で挙げたフロイトの夢解釈の中では、患者にとってもフロイ
トにとっても面接の終結や、「この面接は、もう1年分の料金を払うには値し
ない」という評価は、向き合いがたく、意識しがたいものだっただろう。仮に
患者が意識的にそう思っていたとしたら、夢を持ち出してそんなことを伝えよ
うとするのはきわめてまわりくどい「当てこすり」となってしまう。ここで言っ
ているのは、そういうことではない。患者自身も意識できていない心の動きだ
からこそ、夢の暗喩という方法をとって表現されているのである。

　クライエントの語りをセラピストとの関係にもつながるものとして理解する
点では、クラインの転移解釈と似ていると感じる人も多いだろう。クラインに
特徴的なのは、セラピストへの直接的な言及を取り上げる以上に、クライエン
トが親や家族など他の人物について語ったことを、セラピストへの無意識的感
情・態度と結びつける転移解釈である。転移とは定義上、無意識の心の動きな
のだから、セラピストへの意識的で直接的な言及のみによっては理解すること
ができない。「先生がよく分かってくださるので……」「今のはおかしいと思い
ます」といったセラピストへの直接的言及は、それ自体として重要な意義を
もってはいるが、そのままで無意識の転移を表すものと考えることはできな
い。クラインが転移解釈においてセラピストへの間接的言及を重んじた点は、
解釈論上の重要な貢献だと言えるだろう。ラングスと異なっている点は、クラ
インがそれらを「転移」、すなわちクライエント個人の内界に由来するもので
あり、セラピスト像の歪曲に基づいていると捉えた点である。これに対してラ
ングスは非転移を重視した。

(4) 非転移の重視

クライエントは面接室の外で起きたことについて語っているのに、それがセラピストとの関係と象徴的な意味で重なっているように思われるというのは、ある種不思議な現象でもあるが、クラインやラングスに限らず、古くから多くの心理臨床家たちが経験してきたことである。したがってクライエントが父親の無理解を嘆き訴えるとき、セラピストは単にクライエントの親子関係を理解しようとするだけでなく、クライエントはセラピスト自身の無理解について訴えているのではないかとも考えることになる。無理解な父親に苦しめられてきたから、クライエントはセラピストにも心を開けないのだろうか。そうではなくて、今、実際にセラピストが無理解だったからこそ、それが過去に外傷的だった父親を思い出させているのではないだろうか。

この「無理解な人物像」を転移と見るならば、セラピストは十分理解を示しているにもかかわらず、クライエントは過去の父親に向けていた感情を、セラピストの実像を無視して投げかけているのだと解釈することになる。これに対してそれを非転移と見るならば、セラピストはクライエントに対して実際に無理解だった部分がなかったかどうか、自分自身を振り返ることになる。前節でも述べたように、「転移」は元来、クライエントによるセラピスト認識の妥当性を否定する意味合いをもっているのである。

ラングスの場合は、クライエントの無意識は基本的に非転移的に、つまりセラピストの姿を歪曲せずに捉えていると考えている。語りが現在の状況を反映するということは、転移のようにセラピー関係を歪曲して捉えているわけではないことを意味する。このセラピー関係に対してクライエントはさまざまな感情を抱くかもしれないが、転移のように最初から「現実の状況をまったく考慮することなく」過去の鋳型を押しつけているわけではない。

また、臨床的に言っても非転移を重視する必要がある。ラングスは、「内容の前に抵抗を」分析すべしという精神分析の技法論を踏まえて、「転移の前に非転移を」と言っている。セラピストが現に無理解であるのに、過去の父親の問題の方を探ってみてもうまくいかないだろう。それ以前に、セラピスト自身のあり方が変わることによってこそ、そこからの共同作業が可能になるのである。このようにクライエントの無意識のメッセージに応答してセラピストのあ

り方を振り返り変えていくことを、「是正 (rectification)」と呼んでいる。

　こうした非転移を重視する解釈の先駆者として、スミスはS・フェレンツィ、M・リトル、R・D・レイン、M・バリント、H・F・サールズらを挙げている (Smith, 1991)。彼らの著作からは、それぞれのやり方で相互性の心理臨床に取り組んでいたことをうかがうことができる。このうち本書では、とくにフェレンツィ、バリントらの系譜をたどっていく。

7. 解釈の妥当性をどう見るか

　無意識を理解するためには解釈が必要だが、前節でも見てきたように、転移を重視するか非転移を重視するかといった観点の違いによって、解釈は正反対のものにもなりうる。それではその解釈の妥当性はどう検証されるのだろうか。序章でも触れたように、臨床素材と解釈との結びつきが具体的に示されることは一つの条件となるだろう。また、多様な臨床素材との結びつきに支えられて、一つの面接場面を統合的に理解することのできるまとまった解釈であることも重要だと考えられる。

　これに加えて、ラングスは彼の解釈論に基づく「確証 (validation)」の方法論を提示している。セラピストが何らかの介入を行ったとする注6)。クライエントの思いはこうではないかと共感や解釈を示す場合もあれば、静かに黙って耳を傾けることもあるだろう。クライエントの求めに応じて時間を変更するかもしれないし、枠を守って変更しない場合もありうる。それらすべてが、セラピー関係にとっての新たな「トリガー」として働くことになる。

注6)　ラングスにおける「介入」とは、面接の中でセラピストが行うすべての行為を指し、解釈と、枠のマネージメントに大別される。クライエントの心への理解を伝えるのが解釈であり、時間、場所、料金を含めたセラピーの条件を守ったり変更したりするのが枠のマネージメントである。沈黙も一つの介入と捉えることができる。「危機介入」のような特例的事態のことではなく、クライエントに何らかの影響を及ぼしうるセラピストの行為を指す言葉として用いている。

　そうすると、セラピストは何らかの介入を行ったら、その後にクライエントが語ることに耳を傾ければよいことになる。もちろんクライエントは「確かに私にはそんなところがあるんです」とか、「時間を変更してもらって助かりました」などと言ってくれるかもしれない。ただ、それはクライエントの意識的反応である。クライエントの無意識がどう反応したかは、そこから後に生まれてくる語りの中に反映されるだろう。

> 　筆者が不登校の娘をもつ女性と面接していたときのことである。セラピストが静かに耳を傾ける中で、クライエントも落ち着いて語り始めているときのことだった。娘は学校を休んでいるが、自分なりに勉強は続けている。自分の部屋もあるが、家族のいる居間で勉強するのが好きなようで、あまりしゃべるわけではないが、一緒にいることで落ち着いている様子だと、クライエントは語った。

　このときセラピストはクライエントや娘の状況もそれ自体として大切な語りと受け止めているが、同時にこれをセラピストとの関係性に対する「確証」の材料としても聴いている。セラピストの沈黙による「介入」が一つのトリガーとなって、「あまりしゃべらないが落ち着いて過ごすことができ、自ら学ぶことができる」関係性についての語りが展開していた。それはクライエントの無意識が、この面接が今のところ「抱え環境」としてそれなりに機能していると捉えていると解釈することができる。これに対して、「うちの娘は私がどれだけ言っても動こうとしないんです」といった語りが続くなら、母としてのかかわり方や娘の状況についての理解ももちろんではあるが、セラピー関係を再考する必要があるだろう。理解を母－娘関係の次元だけに限定して、「この母親なら娘はなかなか動かないだろう」などと考えてみても、事態が打開されるわけではない。そうではなくて、クライエントは今この場において、人間らしい応答が欠けているのだと訴えているのである。クライエントがどんな人間的応答を求めているのかを考えるところから、面接過程が展開していく。ここではクライエントは十分に語ってくれているのに、セラピストはその語りに応答することができていないと考えられる。沈黙というトリガーに対して、それが不

適切だという「非確証 (nonvalidation)」が示されているのだと解釈することがで
きるから、セラピストはクライエントが何を求めているのか振り返り、応答し
ていくことになる。

　ラングスにおける確証の方法論は、臨床素材と解釈との結びつきを確認する
だけでなく、クライエントとの相互的関係の中で検証していく点に独自性があ
る。それは前節に挙げたような関係性解釈の方法論をもつことによって可能に
なっている。クライエントとの相互的関係の中で検証するというと、それでは
クライエントに直接尋ねればよいではないかと考えられるかもしれないが、そ
れが十分な確証になるとは限らない。クライエントにとって、セラピストにネ
ガティブなメッセージを伝えることは、必ずしも容易ではないのである。また、
セラピストの介入が妥当なものかどうか、それがクライエントの心にどのよう
な影響を与えているか、クライエント自身がすべて意識化できるとも限らな
い。そう考えると、直接の意識的応答を超えた確証の方法論が必要になってく
る。だからこそ、語りに含まれる無意識的な意味を解釈する必要が出てくるの
である。

　このような確証の方法論の萌芽が、フロイトの最晩年の論文「分析における
構成」に見られることをスミスは指摘している (Smith, 1987)。フロイトはこの
論文で、精神分析的解釈に対するある批判について検討している。「分析家が
患者に解釈を伝えたとき、患者が『イエス』と言えばその解釈は正しかったこ
とになる。一方、患者が『ノー』と言っても、分析家はそれを無意識の正しい
解釈に対する抵抗と見なすだろう。結局分析家はいつも正しく、誤りを認めな
いことになるのではないか」という批判である。これに対してフロイトは、「単
なる患者の『イエス』は、決して疑いの余地のないものなどではない」と述べ
た。「『イエス』には、それに続いて間接的な確認 (confirmation) が続くのでなけ
れば、まったく価値がない」(Freud, 1937, p. 262) というのである。

　このフロイトの方法論的自覚は、心理臨床にとって重要なものだと考えられ
る。精神分析を批判する科学哲学者A・グリュンバウムも、解釈の確証に関す
るこのフロイトの議論の意義を認めているところである (Grünbaum, 1984)。解
釈が正しかったかどうか、セラピストのかかわりがそれでよかったのかどう
か、クライエントに直接に尋ねてみようと思うのは、誰しもが抱く自然な考え

である。ただ、それだけで解釈の妥当性が確かめられると考えるのは、関係性の影響を考慮しない考え方であって、素朴に過ぎると言うべきだろう。「尋ねる」という行為そのものが、クライエントに影響を与えざるを得ない。尋ねることによって、「セラピストは『イエス』を求めているんだろうな」ということも、陰に陽に伝わっているかもしれない。そうして得られたクライエントからの返答は、フロイトが指摘した通り、そのままで確証としての価値をもつとは言えないのである。

　したがって、介入それ自体を単独で評価したり、クライエントからの直接の応答に頼るだけでなく、介入の後に続く連想を聴くことが重要になってくる。フロイトはその必要性を指摘した点で、解釈をコンテクストから切り離して理解するのではなく、クライエントとの相互作用の中で検証していくという視点を提示したと言える。フロイト自身はその方法を詳述したわけではなかったが、ラングスの解釈論はその方法を具体化したものだと言えるだろう。

··

コラム
④
「抱えること」と精神分析の発達論

◇

　「抱えること (holding)」は、精神分析的な心理臨床にとっての鍵概念の一つである。この概念は、D・W・ウィニコットが初め乳幼児期の親子関係にかかわるものとして提示したものである。赤ちゃんが育つ上で「抱っこ」されることが身体的にばかりでなく心にとって重要な意味をもつように、心理臨床家はクライエントを心で抱え、支える。

　ウィニコットは人間の成長過程における「抱え環境 (holding environment)」の意義を重視した。乳児が育っていく上では共感に基づく身体的・心理的ケアが必要であり、それが生存に必要な条件となる。乳児を「抱えること」によって象徴されるこうしたケアが「ほどよい (good enough)」形でなされることによって、子どもは大人への依存状態を次第に脱し、自立へと向かうことができる。ウィニコットはこの発達論が、実際には分析における「転移関係」の理解に基づくものであることを明らかにしている (Winnicott, 1960a)。

　この発達論を手がかりに、「抱え環境」はセラピーを支える条件を示す鍵概念となっていった。精神分析の古典派においては、セラピストは沈黙のうちに自由連想に耳を傾け、必要に応じて解釈を伝えるのが仕事である。それ以外の介入は基本原則を逸脱する例外的要因 (parameter) と考えられていた (Eissler, 1953)[注7]。これに対してウィニコットの「抱え」概念は、こうした解釈の作業が、クライエントへの理解に基づく共感とケア、関係性と環境に支えられて成り立つ点に注意を向けさせたと言える。面接の「枠」は、「守らなければならない決まり」ではなく、クライエントの心を支えるための抱え環境としての意味をもってい

―――――
注7) K・R・アイスラーによるこの用語は通常「パラメーター」と訳されている。パラメーターは「変数」とその可変域を示す意味合いがあることから、本書では、「(基本原則を逸脱する) 例外的要因」と訳することとする。

るからこそ、その揺らぎが重要な問題となってくるのである。

　ただ、ウィニコットはこの論文で、彼の「抱え環境」に関する議論がもっぱら発達論に関するものであることを強調している。乳幼児の直接観察よりも、分析における転移観察の方が乳幼児期について明確な視点を与えてくれるのだと彼は主張する。また、彼の議論自体が、境界例の患者にかかわる転移・逆転移現象から導き出されたものだと述べている。フロイトが精神分析的発達論を導き出したのも、基本的には子どもの観察ではなく、成人患者の分析における再構築の作業によってであった（Winnicott, 1960a）。

　ここでは、精神分析における発達論がそういう性質をもつものであったことが確認できる。子どもと出会い、子どもを観察した結果ではなく、エビデンスはほぼ大人の患者に対して分析家がかかわる転移・逆転移関係の中から得られているのである。このような方法とエビデンスによって精神分析の多くの理論がつくられてきた。

　こうした精神分析の発達論に対して、バリントは彼の「二者心理学」的観点から、素朴かつ根本的な疑問を投げかけている。分析家と患者という、それぞれに個性をもつ人間が出会った過程を一般化して、人間の早期発達に関する普遍的理論を導き出すことは果たして可能なのだろうか（Balint, 1956a；第8章参照）。

　バリントの疑問を受けて考えてみるならば、むしろそれはありのままに、心理臨床面接におけるセラピストとクライエントとの理論として受け止めるべきものではないだろうか。そう考えると、精神分析家たちが描き出してきた「発達論」とは、実際にはセラピーの関係性が成熟していく過程を描き出したものだと捉えることができる。彼らはセラピーの過程を、子どもの発達過程に投影して描き出してきたのである。ユングは無意識のイメージを理解するための文化的背景を探る中で、中世の錬金術師たちが化学反応の中に人格の成熟過程を投影し、それゆえに世俗的な欲望ではなく宗教的な情熱をもって作業に取り組んでいたことを指摘している（Jung, 1944）。子どもの観察に基づかないで構築された精神分析の発達論もそれと似ている。人間の発達現象を扱っている点では、子どもの発達を考える上で何らかの示唆を与える可能性もあるし、それが着想となって実際の発達研究、観察研究を触発する場合もあるだろう。しかし第一義的には、精神分析の発達論はそれを生み出した分析家の心理療法過程を

見る観点を示しているのだと筆者は考えている。彼らのエビデンスは分析場面の中にあり、そしてそれが役立てられてきたのも分析場面においてだったからである。したがってウィニコット自身を含めて、その後の精神分析において「抱え環境」の概念がセラピー関係を考えるための鍵概念となっていったのは、ごく自然なことであったと考えられる。

その上で、ウィニコットが分析作業の中の目に見えやすく言語化しやすい側面ばかりでなく、目に留まりにくいケアの土壌に目を向けたことは重要な貢献だったと考えられる。バリントもこうしたケア的な関係性の意義を重視した分析家の一人であり、セラピーの環境を「一次物質 (primary substance)」にたとえている。水が泳ぐ人を、大地が歩く人を支えるように、セラピストはクライエントを担い支えると彼は言う。水や空気や大地のように、普段は当たり前のように享受して意識しないほどであるが、揺らいだり失われそうになって初めてその尊さが分かることの多いのが、環境やケアというものの性質かもしれない。だからこそセラピストは、「抱え環境」の意義を理論的にも体験的にも知っておく必要があるだろう。

ウィニコットの発達論からの連想を広げてみるならば、「抱えること」も相互的なものと捉えることができるだろう。乳児は確かにケアを必要とする存在であり、ケアなしには生きていくことができないが、しかし必ずしも完全な依存状態にあるわけではない。赤ちゃんはその存在によって、世界に向ける関心によって、その微笑みと叫びによって、育てる者のケアを能動的に引き出している。赤ちゃんとの間にケア的関係が結ばれることによって生まれる喜びは、かえって育てる者の方がケアされているのと同様の体験を与えてくれる（このことについては保育における「養護と教育の一体性」として論じたことがある；伊藤・西, 2020）。心理臨床の場においても、セラピストとクライエントは役割と責任性は異なるけれども、対話を積み重ねながらともに歩む中で、相互的なケアの体験をしている。セラピーの「抱え環境」は、クライエントからの意識的・無意識的な力を得て、築かれていくものだと考えられる。

第2章

ユングにおける相互性と非転移の観点

初期解釈論の再検討から

◆◆◆

　C・G・ユング（Carl Gustav Jung, 1875-1961）は相互性の心理臨床論をもっとも早く打ち出した先駆者である。本章では彼が心理臨床における相互性をどう捉えたかを概観する。また、彼が初期に挙げた事例解釈を再検討し、「非転移」、すなわちセラピストに対するクライエントの認識を妥当なものとして受け止める観点が、彼の心理臨床の最初期に見られることを示す。

1. ユングにおける相互性の心理臨床論

　ユング心理学の世界は広大なものではあるが、ここではそのうち相互性の心理臨床に関連する側面を概観することとしたい。

　心理臨床において関係性の問題を扱う理論は、フロイトの「転移」によって始まった。しかしこれまで見てきたように、それはクライエントがセラピスト像を歪曲していることを前提とした概念であり、これのみによっては関係性を相互的なものとして捉えることができない。「逆転移（countertransference）」の概念が加えられることによって、この理論はより相互的なものとなった。この概念が精神分析に加えられたのは、フロイトとユングとの協働によってであった。逆転移は、患者の影響を受けて生じる分析家の側の無意識的感情であり、しばしばセラピーを妨げるものとして働くとされる（Freud, 1910）。逆転移はセラピストの側がクライエントの像を歪める要因となることから、否定的なもの

と捉えられていた。しかしフロイトの没後、M・リトルらを皮切りに、逆転移をクライエントの心やセラピーの過程を理解するための手がかりとする考え方が広まっていった (Little, 1951)。「逆転移」と呼ばれてきたセラピストの側の無意識的反応の中にも、クライエント像を歪めるのではなく、むしろ妥当な形で捉え、クライエント像を映し出すものがあると考えられるようになったのである。

　ユングが相互性の心理療法論を展開したのは、それよりかなり早い時点であった。第1章でも触れたように、過去の再構成を重視するフロイトに対して、ユングは患者が現在の葛藤と向き合うことを必要としているのだと異論を唱えた (Jung, 1913)。国際精神分析学会の初代会長を務めるなど、精神分析学派において重要な役割を果たしてきたユングは、この時期からフロイトの下を離れて独自の理論を模索していくことになる。この模索の時期を超えて、ユングは1920年代には独自の学派と言うべき心理療法論を構築していった。

　ユングが相互性の心理臨床論を端的に述べたのは、「現代心理療法の諸問題」(Jung, 1931) である。彼は心理臨床のモデルとして、告白、解明、教育、変容の4つを挙げた。「告白」は、古くは宗教的な懺悔に由来するが、現代の心理療法においてもカタルシスの働きは重要な役割を果たしている。しかしカタルシスだけでは、意識の抵抗や転移による依存関係を乗り越えることが困難であり、精神分析的な「解明」が必要になる。分析によって心の理解は深まったが、社会的な適応のためには「教育」を要する場合もあり、これがフロイトを離れて独自の学派を立てたA・アドラーの方法である。ユングはこれらのモデルがそれぞれに意義をもっており、また心理療法は全人的なものであるから、臨床家たちは意識せざるうちに複数のモデルを用いていることもあるとしている。

　その上でユングが新たに加えるのが、「変容 (transformation)」のモデルである。心理療法は、単なる症状の解放や、社会適応だけを目指すものとは限らない。社会にとって「普通」の人間になることではなく、自らの個性をもって生きるために苦しんでいる患者もいるのだと彼は言う。この場合の心理療法は、患者と分析家との人間的な出会いとならざるを得ない。「どんなに術策を弄してみたところで、治療行為は患者と医者との全人的なぶつかり合いからくる相互作用の所産であることをまぬがれない」(ユング, 1931/1970, 邦訳書 p. 40)。心理療法

は患者と分析家の両者が影響を与え合う場なのである。

　　この要求がもつ意味はなんであろうか。それはほかでもない。治療にあ
　たっては医者も患者とひとしく《分析を受けつつある》のだ、ということ
　なのである。医者も、患者とおなじく精神分析過程の構成要素であり、そ
　れゆえ、患者とひとしく、人格を変化させるような、さまざまな影響裡に
　身をおいているのである。さらに一歩をすすめていえば、医者が、この種
　の影響に対して抵抗すればするほど、彼が患者に対してもつ影響力も減殺
　される。そして、医者がこの治療過程からうける影響が無意識なものにと
　どまるかぎり、その医者の意識のなかに、ある種の空隙が生じて、そのた
　め彼は患者のほんとうのすがたを見る能力をうしなってしまう。いずれの
　ばあいにも、それは治療の結果に対して不利な影響をおよぼすのである（同
　書, pp. 42-43）。

　ここでユングは、「バイパーソナルな場」（第1章参照）に相当する視点を明らか
にしている。セラピーとは、クライエントの心を分析する場であるだけではな
く、セラピストとクライエントの両者によってつくられ、また両者ともが変容
を遂げる場なのである。
　それに加えてユングが独自に強調しているのが、セラピストとクライエント
がともに「分析を受けつつある」と見る視点である。そこには、セラピーの展
開とはセラピストやクライエントといった個人によるコントロールを超えた、
一つの生命的な過程なのだという認識が込められているように思われる。セラ
ピストはこうした過程から自分の身を守り、その影響を受けて変容することを
拒むのではなく、むしろ自ら変容過程に参与し、その過程を意識化しなければ
ならないと彼は述べている。ユング心理学者の河合隼雄は、セラピストが自ら
の存在を賭けて心理療法にかかわることを「コミットメント」と呼んだが（河合,
1984）、心理療法の過程に対するコミットメントの深さは、ユング派のセラピ
ストに共通する姿勢だと考えられる。

2. 心理療法の過程とコミットメント

　ユングの理論の確立期において、彼の心理臨床論を明らかにした著作の一つに、『自我と無意識』(Jung, 1928a) がある。この著書には、自我がさまざまな無意識のイメージと向き合う過程を通しての個性化 (individuation) が論じられている。それはクライエントの心の内面的過程であるようにも見えるが、生命性をもつ存在と向き合うという意味では、心理療法の過程と重なるものとして描かれていると理解することができる。

　『自我と無意識』の序章には、ある困難な事例の経過が取り上げられている。とはいえ、詳細が具体的に語られているわけではない。ある患者との面接において、依存的・恋愛性の転移が膠着状態にあったという状況である。当時の他の文献からもうかがえるように、分析が困難に陥った場合、患者に分析の適性がなかったとして中断する分析家も少なくなかった。しかしユングはそうすべきではないと考えた。

　　私は、転移の停滞を満足のゆく解消に導くために、自然がどんな道をとるのか知りたかった。もとより私は、どんな混乱状態にあっても何をなすべきかが正確に分かるような良識なるものを、自分がもっているなどとはうぬぼれていなかったし、患者にしても同様だったので、せめて私たちの知ったかぶりや作為の通用しない心の領域からやってくる例の活動に、耳をすましてみようと彼女に提案した。それはまず第一に、夢であった (Jung, 1928a, 邦訳書 pp.26-27)。

　このユングの言葉は、彼が心理臨床に向き合う姿勢を示すものとして印象的である。この患者の面接について現代の観点から考えてみると、さまざまな問題があったのではないかと考えられる。そもそも患者がそれだけ依存的になったのはなぜなのか、それまでの面接の経過を振り返ってみる必要があるだろう。セラピストが意識的・無意識的に依存を引き出すようなトリガーを生み出していなかったかどうか、ユングが振り返った様子は見られない。患者は次第に依存状態を脱し、相互理解のもとに面接は終結したようだが、それがどうい

う意味での終結だったのか、判断できるだけの十分な材料は挙げられていない。

　ただ、患者はこのセラピーの転換点において、麦畑をわたる風の中で巨大な父親像に抱かれる夢を見る。この夢もどういうコンテクストで見られたのか詳細が不明だから、その意味を十分に理解することはできないが、そこにはセラピーにおける「抱え環境」を示唆する意味合いが含まれていたかもしれない。患者から投げかけられた感情やイメージに対して、ユングがそれを否定することなく、ただ敬虔にその展開を見ていこうとしたある種の中立的態度が、この時期に患者を支えた可能性はあったかもしれない。

　それは単なる憶測を超えるものではないのだが、いずれにしてもユングが先の見えない心理療法過程の中で、患者の語りに耳を傾け続けたことは事実だっただろう。心理臨床においては、先に何が起こるかあらかじめ分かっているわけではない。理解し尽くすことのできない心の現象に立ち会いながら、それを「分析によって片づける」のではなく、心の動きそのものを生かしていく態度も重要であるように思われる。時が経つにつれてどれだけ研究が進んだとしても、先に挙げたユングの言葉は、心理臨床家がつねに立ち返る体験を描き出しているように思われる。

　この事例に引き続いて、『自我と無意識』では夢の分析を通してさまざまな無意識のイメージに自我が出会っていく過程が描かれている。イメージと出会う際にユングが重視するのは、受動的にヴィジョンの中に取り込まれるのではなく、人間としてそれに向き合う体験である。

　　　ある若い男性患者はこんな空想を抱いた。〈自分の婚約者が川に向かって走っていく。冬の川は凍っていた。婚約者は氷の上に走り出て、自分もついて行ったが、そこで氷が裂け、彼女は亀裂の中に落ちていき、自分は悲しくそれを見つめていた〉(同書より)。

　この悲しい空想は、患者が冷たい知性化によって、自らの無意識の心と向き合えないでいることの表れだとユングは解釈する。氷上の意識の世界は冷たく色彩に乏しいが、水面下の無意識には、再び生命が宿り花が咲く可能性がある

かもしれないのに、と彼は言う。この悲しみを乗り越える上で必要なのは、患者が自らの心のリアリティに自分自身のやり方で向き合い、コミットすることなのである。

　自我がこうしたイメージに向き合っていく過程について、ユングは「アニマ・アニムス」をはじめとする多様な元型的イメージを例に挙げていくが、どのイメージが現れようと、自我のかかわり方が変わるわけではない。意識のコントロールを超えた自律的なイメージがもつ生命性を知性化によって殺すことなく、なお「これが私だ。私がこうするのだ」と言えるやり方で心と向き合っていくのである。それは、過去を発掘する以上に、患者が現在と向き合うことこそが必要だという、フロイトと異なる考えを明らかにしたユングの出発点にも通ずる姿勢である。

　同じ姿勢が、セラピストにも求められる。クライエントがさまざまな感情やイメージをもってセラピストとかかわるとき、セラピスト自身も自分自身の選択をもってクライエントに向き合う。そうした過程を通して、クライエントとセラピストの双方が人格的な成長を遂げていくのである。

3. 個性化過程と無意識との対話

　個性化過程は、ユングの心理臨床論における中心的概念である。それは、自らの心の中にある意識を超えた動きやイメージと向き合う過程を指している。自らの心に向き合うには、誰か他の人が定めたやり方に従うのではなく、意識と無意識を含めた自らの心を総動員して、自分自身の選択をすることが必要である。「意識的に、また倫理的な熟慮をもって、自分自身の道を選ばない限り、人格は決して発達しない」(Jung, 1934, para.296)。

　しかし自分自身に向き合い、個性的な道を歩むということは、誰もができていることではない。「自分の道を選ばずに、因習を選ぶ人々はきわめて多い。その結果、自己を発達させることなく、自らの全体性を犠牲にして、集合的な生き方と方法が発達するのである。〔中略〕因習は集合的必要性をもっているが、その場しのぎの手段であって、理想ではない」(ibid., para.296-297)。外から与え

られた価値観に従う方がある意味では容易だが、一方では自分らしく生きられ
ないという苦痛を体験することにもなる。

　ユングにおいて心の「病」とは、こうした個性化の過程、あるいは「自己実
現 (self-realization)」が妨げられた状態を意味する。ユング心理学におけるそれは、
一般的に言われる「自己実現」とは異なっている。一般に言われる自己実現は、
意識が自分の望む方向に、あるいは社会によって評価され報われるように、自
分自身を意図的に加工することを意味することが多い。それでは社会から、外
から与えられた価値観に従うことになって、自分自身を生かすことにはなって
いかない。これに対してユングにおける自己実現、個性化の過程は、無意識の
力を得て進む創造的な過程である。それは意識の視野を超えるもの、意識が望
まぬものを含めた自己、関係性、状況全体と対話する中で、真に自分自身のも
のだと言える決断を積み重ねる中で、深められていく。

　そう考えると、病の体験はより本来的な成長を促す転機となりうる。抑圧さ
れた自己は、夢や症状を通して自我に語りかけ、より本来的な自己に立ち返る
よう促している。この考えをとるとき、セラピーは「問題」や「症状」をマイナ
スのものと見て「解消」するような、人間を外からの価値観によってコントロー
ルする手段ではなくなる。そうではなくて、「その症状を通して、私はどう生
きようとしているのか」を問い、まだ見ぬ自分自身と出会う中で新しい生き方
をつくっていく「個性化の過程」を支えていくものとなる。『心理学と錬金術』
においてはその立場がより明確に述べられている。

　　　私は、患者の最終的な諸決断を裁くというような不遜を犯すことはで
　　きない。なぜなら経験上私は、外から加えられるあらゆる強制は、それ
　　がほんのちょっとした示唆であっても、説得であっても、あるいは患者
　　を刺激するその他のどんな手段であっても、結局のところあの最高にして
　　決定的な体験、すなわち、ただひとりで個我と向き合うという体験——心
　　の客観的現実を個我という名称で言い表すのがよいかどうかは別として
　　——をさまたげるだけだということを、よく知っているからである。〔中略〕
　　　彼らは自分が立つことのできる確固とした地盤を求めている。彼らに
　　は外部の支点は役に立たないから、結局のところ支点は自分の内部に求

められなければならない (Jung, 1944, 邦訳書 pp.46-47；傍点は原典による)。

　個性を捨てて集合的な生き方に対抗しようとするプレッシャーは大きいから、クライエントが自分自身で考えられるよう支えるのがセラピストの役割となる。クライエントが現実の出来事や心の中のイメージに、一つひとつ向き合いながら自分らしいと言える選択を重ねていく過程をともにしていくのが、ユングの心理療法である。同時に、クライエントと出会うセラピスト自身もまた、既存の権威や教義に従うのではなく、クライエントに向き合う中で、自分自身の答えを見出さなくてはならない。ユング派の心理療法家はユング心理学に従うのではなく、クライエントとの対話の中で自分自身の新たな心理臨床を創り出していくことになる。したがってセラピーにおける個性化は、クライエントとセラピストにとって相互的な過程となる。

4. ユングの初期事例とその再検討

　ここではユングの相互的な視点を具体的に理解するために、彼が最初期に挙げた事例を再検討する。逆転移概念の誕生にユングが携わったことはすでに述べたが、非転移的な観点からの解釈は、それ以前の彼の事例の中に見ることができる。ここで取り上げる事例は、当時ユングが出会っていた統合失調症の患者のものである。この事例はユングにとって彼独自の心理療法論を導き出す手がかりになったものとして、自伝や講義の中でしばしば振り返って語られているものである (Jung, 1963；ユング, 2012/2019)。ここではユングの論文 (Jung, 1907, 1908) に基づき、事例の概要を以下にまとめる。

　なお、これは100年以上前の精神病院における患者の事例であって、非常に古典的な状態像を示しているが、その後の精神医療や薬物療法の進歩、社会における差別の是正などに伴って、統合失調症をめぐる状況は相当に変化し改善されてきている。ここでは統合失調症そのものを論じるのではなく、ユングの解釈論を示すものとしてこの事例を扱う。

　患者は貧しい家に生まれ、仕立て屋として実直に働き、静かな生活を送ってきた。1887年、40歳のころ、彼女は精神病院に入院した。彼女の妄想と幻覚は急速に進行して意味不明のものとなったので、誰も彼女の願いや不満が分からなくなっていた。彼女はこんなことさえ主張するようになった。〈夜になると、彼女の体から脊髄がむしり取られる。背中の痛みは、磁気で覆われた壁を通り抜けてやってくる物質が原因である。独占事業が痛みを引き起こしている。それは身体の中にとどまらず、大気の中へと羽ばたかない。化学物質の吸入によってエキスが作られ、軍団は窒息して全滅する〉。1892年には「紙幣の独占者、孤児の女王、ブルクヘルツリ病院の経営者」を名乗り、「ナポリと私は、全世界にマカロニを供給しなければならない」と言った。理解不能な妄想を語るので、彼女は統合失調症の見本として多くの医学生に強い印象を残すこととなった。

　ユングが彼女と出会ったのは、入院して20年ほどが経ったころだと思われる。彼はそのころ精神分析を取り入れたアセスメントを作成すべく連想実験に取り組んでいたから、この患者にも連想を尋ねてみた。

「私はソクラテスです」

「私はローレライです」

「私は一番立派な教授です」

「私はスイスです」

「私は鶴です」

「私はシラーの『鐘』です」

「私はフーフェラントです」

「私はマスター・キーです」(同書より)

通常なら理解しがたいと思われるこれらの連想を、ユングは次のように解釈している。

　「私はソクラテスです」の意味を理解するには、ソクラテスがどういう人物だったか考えてみればよい。彼は対話によって相手から真理を導き出す哲人であったが、後には真実を述べたことによって人々に中傷され、投

獄された。それと同様に、患者は勤勉に働き、罪など犯すことはなかった
のに、今は自由を奪われて閉鎖病棟の中にいる。だからこそ「私はソクラ
テス」だというのである。

　ローレライはハイネの詩を指している。「なじかは知らねど」（私にはその
意味は分からない）とは、彼女がいつも言われていることであり、したがって
彼女はローレライである。

　彼女は病院に入院しているが、医者たちは誰も彼女を理解することがで
きない。それゆえ彼女こそが「一番立派な教授」であり、名医フーフェラ
ントと呼ばれるに値する。

　鶴はシラーの詩「イビクスの鶴」に関連しているとユングは考える。そ
れは罪なくして殺された人の真実を伝える存在である。『鐘』はシラーの
偉大さを患者に関係づけるものである。

　「スイス」は自由の国であり、誰もスイスから自由を奪うことはできな
い。したがって自分も精神病院にとらわれることなく、スイスのように自
由であるべきだと患者は伝えている。ユングは他の連想も同様に、患者が
生きている人生のコンテクストから解釈している。そして「マスター・
キー」は、精神病院のすべてのドアを開ける鍵である。彼女はこの鍵を手
にするべきなのだと患者は伝えているのである。

　こうした分析を続けるうち、彼女は子どもたちや両親の世話をしてきた
経験も語るようになった。「私は両親を着飾ってあげる。痛ましい試練を
受けた私の母は、悲しみに暮れている。──私は母のそばに座っていた。
テーブルは真白に覆われていた」（同書より）。

　ここでは、他の人には理解できない「妄想」と見なされているものの意味が、
クライエントの人生のコンテクスト、そして現在のセラピー環境というコンテク
ストから理解されている。要するに、患者は不当な治療状況に抗議している
のである。

　これは無意識のうちに表現された非転移だと考えられる。患者はセラピスト
やセラピーの環境を歪曲して捉えているのではない。患者は閉鎖病棟の中で自
由を制限されており、それは妄想ではなく事実である。セラピューティックな

意義をもって行われた処置であったとしても、自由を制限されることが、患者の中に何の感情も呼び起こさないわけではない。患者の言葉は、無意識のうちに示された、妥当な認識に基づく反応なのであって、ユングの解釈はこうした非転移的側面を捉えている。

　また、ユングがこうした非転移的解釈において、「枠」を考慮に入れている点からも、この事例解釈は先進的なものだと言える。セラピストの個々の振る舞いや感情、逆転移を要因として取り上げるだけでなく、閉鎖病棟に長年入院しているというセラピー環境、枠の次元を解釈の鍵として取り上げているのは、心理療法学の歴史の中でも最早期のものと言える。

　「マスター・キー」は、病棟の鍵を開けるものであり、枠に関するもっとも直接的な表現である。患者は自らの意志によって、人生のすべてのドアを開けていく権利をもっているのだと伝えているのである。このメッセージをユングが理解し受け止めたことは、患者にとってもユング自身にとっても、双方にとって意味あることだったのではないかと考えられる。

　また「マスター・キー」は、無意識という未知の世界を理解する解釈法、すなわち精神分析的アプローチのことも表しているのかもしれない。当時ユングはフロイトに傾倒し、自分自身でも連想実験を開発することを通して、それまでの精神医学では理解されていなかった患者の内面世界に触れようとしていた。「ソクラテス」や「スイス」の解釈には、後にユングが提示した「拡充法」(Jung, 1944)——人間が広く共有するシンボリックな意味に基づいて解釈を豊かにする——の先駆も見ることができる。この時期を経てつくられた解釈論は、彼にとっては大きな発見であったようで、彼自身そのことを振り返ってこう語っている。「神話学への鍵を手に入れた私は今、すべての扉を開く力を得たのだ」(ユング，2012/2019, p.26)。これは「マスター・キー」と呼応する体験だったと考えられる。そう考えてみれば、最初の「ソクラテス」も、誰にも理解できないと言われていた患者に、ユングが初めて耳を傾けたことによる「対話」のイメージを反映していたのかもしれない。

　ユングがこのようにして患者に耳を傾けるうち、患者は断片的な反応ばかりでなく、より豊かな物語を伝えることができるようになった。脊髄をむしり取られる苦痛で理解しがたい妄想や、ばらばらで謎めいたイメージとは、ずいぶ

ん異なる物語が生まれてきたのである。それは悲しみに暮れる両親をケアし、ともにいようとする物語であった。

　ここで推測をもう一歩進めるなら、このマスター・キーと両親のイメージの中に、新たな非転移要素を見出すことができる。誰もが無意味な妄想として耳を傾けてこなかった患者の言葉に、ユングは初めて耳を傾け、その心を理解しようとした。このユングの新たな介入に対して、患者も新たな連想の展開によって応えているように思われる。それは無意識の心理学というマスター・キーによって、心が開かれ、関係が結ばれる瞬間である。そうして心開かれるときには、混沌とした苦痛なイメージが、詩的なコミュニケーションへと少しずつ変容していく。それによって生まれるのは、ケアし、その悲しみとともにいようとする関係である。

　ここでは、耳を傾けようとするユングのセラピューティックなかかわりが、患者の中に肯定的な非転移的反応を生んだと考えられる。患者は意識的・直接的にセラピストへの評価や感謝を表現するとは限らない。しかし、「自由連想」によって生まれる語りの中に、自然とセラピストに対する認識がシンボリックな形で表れる。実際にユングが患者にどうかかわったかというコンテクストに照らして考えてみると、その認識は歪曲ではなく、妥当なものであったと考えられるのである。これはラングスがセラピストの介入に対する「確証 (validation)」と呼んだものに相当する（第1章参照）。

　無意識がイメージを介して現在に直面するためのメッセージを伝えているとすれば、クライエントの語りから、セラピストは心理療法をよりよくしていくための手がかりを受け取ることができる。無意識のメッセージを受け止めるとき、クライエントとの信頼関係が深められ、新たなケア的体験とイメージが生み出される。夢やイメージの解釈は、クライエントの個人の問題を分析するためばかりでなく、セラピスト自身に向けられたメッセージを受け止めるためになされる。

5. 人間としてクライエントと出会う

　事例の再検討を通して、ユングの初期解釈論の中に、クライエントの無意識的な認識を肯定する非転移的観点が含まれていることが示された。それは、クライエントを対等な重みをもった人間存在として出会う、ユングの相互的な治療論（Jung, 1931）の萌芽とも言える。これまで誰も理解してこなかった患者の語りに、ユングは敬意をもって耳を傾けていた。非転移には、セラピストのネガティブな側面、是正すべき側面を示すものもあれば、肯定的でセラピューティックな側面を示すものもある。おそらくは両面を示すものであった点でも先駆的な事例であって、現代においても関係性を理解する上で重要な示唆を与えていると考えられる。

　ユングはこの事例の最後にこう述べている。

　　どれだけ不合理な表現であっても、何らかの思考の象徴に他ならない。それは人間的に理解可能であるだけでなく、すべての人の胸に息づく思いなのである。狂気からは、何も新しく未知なものが見出されるわけではない。われわれは自分自身の存在の基盤、われわれすべてにかかわる重要な問題の母体に出会っているのである（Jung, 1907, para.387）。

　ここには後の「集合的無意識」の概念につながる着想が見られる。クライエントの思いを歪曲と見なすのではなく、セラピスト自身を含めて、人間すべてが共有している重要な基盤として受け止める姿勢が表れている。この集合的無意識を、しばしばユングは「客観的な心」と捉えてセラピーの手がかりとしていた（Jung, 1928a）。彼が無意識をどういう意味で「客観的」と呼んだのかについては別途検討が必要だが、それはセラピストとクライエントの意識を超えた次元での心の動きだと考えられる。セラピストが逆転移を超えてクライエントとかかわるときには、こうした双方の意識を超えるものに触れることが必要なのかもしれない。

　最後に付け加えると、ユングがこの患者を特別に「統合失調症の事例」とは見ていなかったことは、彼の臨床家としての姿勢を知る上で興味深い。自伝に

よると、ユングはことさらに彼女の語りが意味不明な妄想だとは思っていなかったようである。むしろ、「興味深い話をしてくれるご婦人」だと思って話を聴いていたという。これも、ユングが「患者」としてではなく、人間としての彼女と出会っていた一つの表れのように思われる。

　精神医学者Ｒ・Ｄ・レイン（1960/1971）にも同じような述懐がある。彼は慢性の統合失調症の場合でもなければ、患者が精神病かどうか分からないので、自分は精神科医としての資質に問題があるのではないかと思っていたという。他の精神科医とは違う出会い方をしているからではないか、というのである。

　こうした話を聴いて、たとえばユングやレインはそうした心の病の素質があったからではないかと思う向きもあるようだが、そうした考え方をもつこと自体、相当に偏見的なバイアスがかかっているのではないかと思われる。すでに述べてきたように、対話に基づく心理臨床においては、病んだ人と病んでいない人を明確に区別する基準があるわけではない。それよりも、人間として出会い、対話することこそが、臨床の基盤となっているのである。

　ユングやレインは「病を抱える人を差別的に見てはならない」といった意識的努力よりも、もっと感覚的な次元で、患者が自分と同じ人間であることを当然と思っていることが見て取れる。廊下に佇んで泣く人に心から寄り添う子どもたちの例も挙げてきたが（コラム3参照）、それと同じように、彼らは自分自身の心で患者に共感し、出会おうとしているように思われる。偏見や差別は感覚に根ざしている部分も多いことを考えると、それを理論ばかりでなく感覚の次元で乗り越えていくことは重要であり、彼らの姿勢から学ぶことは多いだろう。解釈論についての検討を行ってきたが、それ以前に生まれている心からの共感や、人間として出会う姿勢が、解釈を支えている部分も大きいように思われる。

第 *3* 章

ロジャーズにおける相互性の体験

「沈黙の事例」の再検討を通して

◆◆◆

　対話に基づく心理療法の学派について、これまでフロイトの精神分析、ユングの分析心理学を取り上げてきた。もう一つの主要な学派として、C・R・ロジャーズのクライエント中心療法を取り上げる。クライエント中心療法は、それまでの精神分析などの流れを踏まえながら、心理臨床の根本となる人間的なかかわりの態度に立ち返り、新たな学派を築いたものと言える。クライエントを尊重し、人間としての出会いを強調する点でロジャーズのアプローチは相互的なものだが、セラピーの関係性を捉える視点は意識的な次元にとどまっていた。本章ではロジャーズによる事例を取り上げて再検討を行い、そこにロジャーズが意識していた以上の相互的なかかわりが見られることを示す。

1. ロジャーズの心理臨床論

　C・R・ロジャーズ (Carl Ransom Rogers, 1902-1987) のクライエント中心療法 (client-centered therapy) は、心理臨床の原点を示すものとして、学派を超えて広く支持されている。クライエント中心療法は一つの学派ではあるが、その基本的態度は対話に基づく心理臨床に通ずるものである。本章では、相互性の心理臨床において彼のアプローチがもつ意義について検討したい。クライエント中心療法の概要は多くの人が知るところだが、ここでごく簡単に振り返ってみよう。

　ロジャーズの心理臨床の出発点には、人間に対する深い信頼がある。彼はカウンセリングの経験を重ねる中で、クライエントは自ら立ち上がっていく力をもっているという確信をつかんできた。初期の著作『カウンセリングと心理療法』(Rogers, 1942) で、彼は自らのアプローチと従来のものとの違いを明らかにしている。当時のアメリカでは、医師たちの間に精神分析が広まる一方で、ロジャーズのように医師ではない臨床心理学者たちも独自の相談活動を進めていた。その多くは心理学者としての知識をもってアドバイスを与えるものであったり、あるいは精神分析的な観点を取り入れて解釈を与えるものだった。ロジャーズはそれらが、クライエントの心について、クライエント自身よりもカウンセラーの側がよく理解しており、よりよい解決法を知っていると前提するものであり、言わばカウンセラーの側が中心となっている点で問題があると考えた。またロジャーズは経験上、外からのアドバイスでは人はなかなか変わらないことを知っていた。

　そこでロジャーズは従来の「指示的 (directive)」療法とは異なるものとして、「非指示的 (nondirective)」アプローチを提唱した。後に彼は、このアプローチの内実をよりよく表すものとして、「クライエント中心療法」と呼んでいる (Rogers, 1951)。クライエントにとっての「自分の人生」を、他の人が決めたり強制したりすることはできない。セラピーのように「ありのままの自分」を受け入れられる関係の中で、クライエントは自分らしい生き方を見出すことができる。人は自ら成長し、自らの生き方を選択できると彼は考えたのである。

　ロジャーズはセラピストの基本的態度として、無条件の肯定的関心 (unconditional positive regard)、共感的理解 (empathic understanding)、純粋性 (genuineness) を挙げ、これらの条件が満たされればセラピューティックな変化が起きると主張した (Rogers, 1957)。これらは受容、共感、自己一致とも呼ばれる。セラピストは何の条件もつけることなく、自分とは異なる個性をもった人間として、クライエントをありのままに受容する。また、クライエントの世界を自分自身のものであるかのように感じ取りつつ、それをセラピスト個人の感情で歪めずに理解する。さらに、セラピストはクライエントに対して自分を欺いてはならない。受容や共感は心からの言葉として伝えられるべきものであって、そうできていないのなら、受容できたふり、共感できたふりをしてはならない。このよ

うなセラピストの態度に支えられて、クライエントはこれまで触れられなかった感情に出会い、より本来的な自己に立ち返ることができるのである。

　ロジャーズはこれらの基本的態度が、学派を超えて共通するものだと考えた。精神分析なり、あるいは他の学派なりのセラピーが成功する際には、理論的背景は異なっていても、これと同様の態度がとられているのだというのである。実際、ロジャーズ派ではないにしても、彼の態度に共感するセラピストは多いことだろう。精神分析療法の出発点であるアンナ・Oの事例を思い起こしてみても、意味の分からない言葉や空想を語る彼女の傍らで、ブロイアーが彼女の言葉をそっと繰り返すところからセラピーは始まったのだった。そこには苦しむ患者に寄せる共感と、たとえすぐには意味が分からなくとも患者をありのままに受容する意志と、誠実に出会おうとする純粋性があった。こうした出会いの原点は、心理臨床の学派がどこまで分化し発展しようとも、変わらないと言えるだろう。

　相互性の心理臨床という観点からは、ロジャーズがクライエントを人間として尊重し、対等な存在として出会う姿勢を心理臨床の原点として改めて打ち出したことは、きわめて重要な貢献だったと言える。この出会いの相互性を真に深めていく上では、それを意識的な次元において捉えるのか、それとも無意識的な次元を含めて理解するのかが問題となってくる。本章ではこの問題について、他の学派との理論的比較や、ロジャーズの事例に対する再検討を通して考察する。

2. 精神分析、ユング心理学との共通点と相違点

　クライエント中心療法と、精神分析やユング心理学との違いは、「共感的理解」の射程に無意識的次元が含まれているかどうかだと言えるだろう。無意識を措定する学派においては、意識的には捉えがたい次元を解釈によって理解することが重要となる。これに対してロジャーズは、クライエントが意識しうる部分を飛び越えてセラピストの側が解釈を行うことは、「クライエント中心」とは言えないと考えた。

　しかしロジャーズ自身も、実際上は無意識的側面についての解釈と言えるものを行っている場合が少なくない。たとえば彼が挙げている例では、ある学生が勉学に対する不安を抱いているとき、それが試験場となる教室やキャンパスを歩く際の恐怖心として「気づきの中に歪曲されて表現される」ことがあるという (Rogers, 1957)。これは抑圧された不安が無意識のうちに「歪曲されて」症状として表現されるのだという、精神分析の解釈とほとんど変わらない。ロジャーズは詳細な事例記録を数多く残しているが、その中でもこの種の解釈をもってクライエントに問いかけている箇所は相当に見られるのである。

　クライエント中心療法は理論上でも精神分析と近い側面をもっている。ロジャーズの人格理論においては、人間が育っていく過程においては、両親をはじめとする他者との評価的な関係の影響を受けて、自己の構造が形成される。しかしこの自己構造と実際の自己の体験とのずれが大きくなり「不一致」となってしまったとき、人は不安を感じ、不適応となる。したがってセラピーにおいては、カウンセラーがどんな体験をも受容してくれるという信頼関係のもとで、これまでの自己構造においては否認されていた自らの体験に触れていくことを通して、クライエントはより「一致」した人格となり、自分らしい選択をとることができるようになる (Rogers, 1951)。この人格理論は、精神分析のそれとも相当に共通している。両親や社会からの影響を受けた超自我との関係の中で、自己のうちの受け容れがたい側面は無意識のうちに抑圧されるが、葛藤が大きくなれば症状となって表れるという精神分析の人格理論とは、「無意識への抑圧」という一点を除けばそう変わるものではないだろう。

　ロジャーズの心理臨床論の特徴は、セラピストとクライエントが意識に近いレベルで対話し、気づきを広げていくという実践上のアプローチにある。精神分析と比較すれば、過去よりも現在の体験に焦点を置くこととし、クライエント自身も理解できないような無意識への解釈を排するアプローチをとったと言えるだろう。ある意味でロジャーズは精神分析をよく理解した上で批判的に継承し、クライエントの世界を尊重し理解していく根本的態度に立ち返って理論全体を再編したのだとも考えられる。

　精神分析の側から見れば、解釈とは深い共感的理解の一形態とも言えるし、それは「抱え環境」としての信頼関係に基づいて可能になるわけだから、こう

したセラピストの基本的姿勢はロジャーズ派と共通だと言えるだろう。ただし、無意識的次元を視野に含めなければクライエントをよりよく理解することはできないし、そのためには精神分析の理論体系が必要だということになる。

　ユング心理学の場合は、他からの影響ではなくクライエント自身から生まれる思いや選択を尊重していく点が共通しており、その点ではユング心理学もまったく「クライエント中心」なのである。しかしユング心理学においては、「自己」というものをクライエントが現在意識できている範囲に限定するのではなく、無意識の世界を含む全体性をもったものと捉える点が異なっている。ユング心理学にとっての中心は、クライエントが現時点で捉えられている限りでの「私」を超えた、その人の全体性にある。

　理論の大枠を比較してきたが、もう少し具体的に考えていくための材料を加えてみよう。多くのセラピストにとっては、「受容」や「共感」の大切さは理解できるものの、クライエントの思いをどうすれば本当に受容し共感できるのか、また受容しがたい感情を受容するにはどうすればよいかといったことを考えざるを得ないだろう。容易に分かち合いやすい感情よりも、世間一般から受け容れられなさそうな思いや、クライエントが自分自身でも受け容れがたいと感じているような思いこそ、セラピストがどう受け止めるかが問われるところである。こうした困難な問題にどう取り組むかという姿勢にこそ、それぞれのセラピストの臨床観が表れるように思われる (コラム5参照)。

　ロジャーズは、クライエントが自殺の可能性に言及したり、面接を辞めようかと迷う場面を取り上げて、そこに「カウンセラーの基本的な苦闘」があると述べている。

　　セラピストは、クライエントが成長や成熟より退行を選んでもよいと思えるだろうか。心の健康より心の病を選んでも、援助を受け入れるより拒絶することを、そして生よりも死を選択しても、よいと思えるだろうか。どんな結果、どんな道が選ばれたとしてとも、それでよいと心から思えるなら――そのときにのみ、セラピストは人間が建設的な行動をとる力と可能性を生きた、強いものにすることができる――そう筆者には思える。死が選ばれる可能性を受け入れるからこそ、生が選択される。心の病が選ば

れる可能性を認めるからこそ、健康と正常性が選ばれるがごとくである（Rogers, 1951, pp. 48-49）[注8]。

　ここでは、困難な状況であればあるほど、人間への信頼というクライエント中心療法の根本に立ち返るべきこと、そしてセラピストが信頼をもってかかわるコミットメントの姿勢によってクライエントが力づけられるのだという、ロジャーズの信念が示されている。彼の考え方の根本が理解できる箇所でもあるし、彼らしい回答であることもうなずける。ただ、それが容易なことではないのは、誰もが感じるところだろう。セラピストは「基本的な苦闘」に向き合わざるを得ないが、クライエントの苦しみとともにセラピストも葛藤する相互性がそこには暗示されているように思われる。

　同様の問題について、ユング派心理学者の河合隼雄は、ロジャーズにも触れながら自らの心理臨床を論じている。彼によれば、ロジャーズが挙げた受容、共感、自己一致という3つの条件はきわめて重要なものだが、容易に達成しがたいものでもある。たとえば受容しがたい感情に出会う際には、受容と自己一致という基本的な条件の間でセラピストは矛盾を体験することになる。「ちょっと見ますと矛盾しているかのごとく見えるものを、矛盾せずに心の中に統合していくということを、ぼくらはやらねばならない」（河合, 1985, p.106）と彼は述べる。

　河合（1977）はさらに、「受容」がクライエントとの関係の中で進む相互的な過程であることも明らかにしている。セラピストがクライエントに対して受容的に接するとき、クライエントは単に受容され肯定されたというよりも、今まで自分自身でも十分に向き合えていなかった感情に直面する体験をする。このことを河合は、「受容は必然的に対決を生むものである」（同書, p. 113）と述べている。対決はクライエントの内面に生じるだけでなく、その困難な感情を受け止めようとするセラピストの内面においても生じており、セラピストは自らの

注8）引用箇所の最後の2文は、ロジャーズの原典と友田不二男による旧訳にはあるが、新訳（ロジャーズ, 2005）には見出せない。ここでは原典からの引用を行った。

葛藤と対決することを通して「共感」をも深めていく。こうした対決の過程は、クライエントとセラピストが「同型の対決」を体験することを通して進むことが多い。クライエントが抱えているのと「同型」の問題が、セラピー関係の中で、またセラピスト自身の人生において生じ、一つのコンステレーション（布置）をなしていることが多いというのである（同書）[注9]。

　河合による「受容」論は、ロジャーズの心理臨床論をより深く理解しようとする試みであると同時に、きわめてユング派らしい再解釈だとも言えるだろう。セラピストはクライエントに対して、自我とは異なる心の動きに対して、どうかかわり、どう答えていくのか、自らコミットしながら自分自身のものと言える答えを探していくのである。対立するものを統合し、意識と無意識を含んだ自らの全人格を通してかかわる姿勢は、ユングの言う個性化過程と重なるものだと言える。

　ロジャーズの言う受容の意義は、学派を超えて多くの心理臨床家が共有するものである。それをどう実現していくかは、学派の違いによって、セラピストの個性的な探究によって、そしてクライエントとのかかわりの中で、それぞれに深められていくものだと考えられる。

3. 相互的な関係性とその無意識的次元

　クライエント中心療法と他の学派が異なっている点として、人格理論だけで

注9）ここでの「対決」は、confrontationの訳語として河合が用いたものである。通常confrontationは「直面化」と訳されている。精神分析においてもクライエント中心療法でも用いられる技法であり、セラピストからクライエントに対して、しばしばクライエントが意識するのを避けている側面に注意を向ける介入を意味する。河合の場合は、クライエントとセラピストが、ともに自分自身の内面に向き合うことを意味するために、「対決」の語を用いている。なお、河合のこの論文は、「転移・逆転移」を相互的に理解する彼独自の臨床観を示した点で重要なものである。ユング心理学における「コンステレーション」の概念は、精神分析におけるセラピー関係への間接的言及と同様の現象について、異なる捉え方をしたものと考えることができる（西, 2009a）。

なく、セラピストとクライエントとの関係性を見る視点においても、無意識的次元を含めるかどうかという問題がある。

　ロジャーズは、クライエント中心療法と他の学派を比較する上で、「転移」をどう扱うかという問題を取り上げている。クライエントがセラピストに無視される夢を見た例や、セラピストに強い愛着を抱くようになった例などが挙げられているが、そうした場合においても、セラピストの態度は他の感情を受け止めるときと変わらない。その感情を受容し、共感し、純粋性をもって応えるとき、クライエントはその感情を自分自身で受け止めていけるようになる。クライエントはセラピストに向けていた感情が「自分の側のものの見方であって、不適切なものだったのだと受け入れるようになる」というのである (Rogers, 1951, p. 212)。

　この考え方は、クライエント中心療法の基本的姿勢から考えて当然のものではあるが、セラピーの関係性がきわめて限定的に捉えられているという問題がある。第一に、クライエントの抱く感情が「不適切」と見なされている点が挙げられる。クライエントがセラピストに向ける態度や感情は、必ずしも不適切で非現実的なものとは限らない。セラピスト側のかかわりをトリガーとして、それに対する正当な反応として生まれている可能性は十分にある。ロジャーズが取り上げているのが古典的精神分析における「転移」だからではあるのだが、非転移の問題が考慮されていないのである (第1章第6節参照)。第二に、ここでロジャーズは、「転移」をセラピストへの直接の言及のみによって捉えている。第1章でも見てきたように、セラピストからの影響や、セラピストに対する反応は、直接の言及を超えたところにも表れているのである。そうした無意識の影響をクライエントが直接意識しているわけではないから、一足飛びな解釈や直面化を行うのは確かにクライエント中心ではないかもしれない。だからといって、セラピスト自身もそうした自らの影響について意識化しないままでいてよいとは言えないだろう。関係性の問題については直接に言葉にされた次元だけでなく、意識によっては捉えがたい、無意識的な側面についての理解を加えていく必要があると考えられる。

　よく知られている『グロリアと3人のセラピスト』(Shostrom, 1965) の事例から考えてみよう。これはロジャーズと、ゲシュタルト療法のF・パールズ、論理

療法のA・エリスの3人のセラピストが、グロリアという同じクライエントと
それぞれに面接を行い、それを映画として記録したものである。グロリアは仮
名であり、これを研究のために用いることについてはクライエントの了解を得
ている。各学派の創始者による臨床実践のあり方を知り、それぞれに比較する
ことができる貴重な資料である。映像にはロジャーズがクライエントと向き合
い、温かく、穏やかに、苦しみを受け止めようとする姿が残されており、そこ
から私たちはクライエント中心療法を支える態度がどのようなものか実感する
ことができる。

　　面接ではシングルマザーであるグロリアが、自分の男性関係についての
　葛藤を言葉にして詳細に語り、それに対してロジャーズが即座に共感的に
　応じて、丁々発止の議論のようにも思える話し合いが進んでいく。夫と別
　れてから、グロリアは娘の父親とは違う男性たちと付き合い、家に連れて
　来ることについて、罪悪感を抱いてしまうという。面接が終わるころ、彼
　女は自分の父親がロジャーズのように受け容れてくれる人だったらよかっ
　たのに、と言う。ロジャーズは、「私にはあなたが、とてもいい娘のよう
　に思えますよ」とその願いに応じながら、父親との葛藤に焦点を当てよう
　とする。グロリアは涙混じりに、こう語った。父親は私のことを愛してい
　るとは言うけれど、私には全然耳を傾けてくれなかった。だから自分は医
　師たちのような父親代理を求めてしまうが、それも見せかけの関係だとい
　う。ロジャーズは自分とグロリアの関係は見せかけのものではなく、自分
　はグロリアを近くに感じていると伝え、そして沈黙が続いた。

　この面接において、グロリアは確かにロジャーズを受容的で共感的なセラピ
ストと感じたようだし、自分の父が彼のようであったなら、という願いさえ口
にしていた。実際にロジャーズがグロリアを娘のように感じていると伝えたと
きには、グロリアは涙ぐんでいるし、この面接で彼女の心が動かされたのは事
実だろう。クライエントにとってセラピストとの関係は、意識的次元において
はある程度良好なものだったようにも見える。ただその後で彼女は何か偽りや
騙しのようなものを感じていると言い、ロジャーズは自分の感情は偽りでない

と主張して、面接は押し問答のようになって終わったから、〈私にはいい娘だと思える〉というロジャーズの自己開示が「よかった」と言えるかどうかは、意識的次元においても判断に迷うところかもしれない。

　一方で、この関係性を無意識的な次元を含めて見てみると、それが良好なものだったとは言い切れないことが分かってくる。第1章で示したラングスの解釈論に基づくならば、関係性の無意識の次元を見るためには、セラピーの枠組みを含めた関係のコンテクストを知ることと、セラピー状況への直接的言及のみならず間接的な言及を見ていくことが必要である。この視点から振り返ってみると、この面接が、グロリアが3人のセラピストに出会っていずれかを選ぶという特殊な枠組みにおいて行われたことに気づく。そしてグロリアが語ったのは、夫と別れてから、多くの男性と付き合うことへの罪悪感だった。この語りは、意識的にはグロリア自身の現在の悩みであるが、それと同時に無意識的には、自分のプライベートな心を多くのセラピストに（そして不特定多数の観客に）さらすことへの葛藤が重ねられているように思われる。付け加えると、グロリアの娘が著した伝記によれば、グロリアはこの映画の企画者であるショストロムのクライエントだったという（バリー，2008/2013）。そうすると、夫と別れていろんな男性と関係を結ぶことへの葛藤は、ショストロムが自分のクライエントであったグロリアを3人のセラピストとのセラピーに行かせたというこの面接状況と重なってくる。

　もちろんグロリアは、意識的には自分自身の問題解決と、研究への協力のために、勇気をもってショストロムの提案に同意したのである。しかし、フロイトがすでに指摘しているように、意識的には「イエス」と答えたとしても、それが無意識においてどのような意味をもっていたかは、必ずしも明白とは限らない（Freud, 1937；第1章第7節参照）。

　ロジャーズの介入の中でも、彼がグロリアを自分の娘のように感じていると言った点は、一般的なセラピーの枠と考えられているものを大きく踏み越えるものである。これもまた、意識的には善意をもって、純粋性を示すものとして語られた言葉である。同時に、父親との関係について洞察を得ようとする意図もあったのかもしれない。しかし上述した面接状況を踏まえてみると、面接の終わりが迫る中で、ロジャーズが踏み込んだ介入を行った背景には、3人の中

から自分が選ばれるかどうかという懸念もあって、クライエントとの個人的な関係を強めようとする無意識的な動機もあったかもしれない。

　これに対してグロリアは、涙ぐんだことにも示されるように、何かしら自分自身の思いが満たされたり、苦痛だった過去の父との関係にどこか触れられる思いもしたのだろう。それは意識化可能な次元での反応である。グロリアの無意識がどう反応したかを知るためには、フロイトが言ったように、その後に続く連想に耳を傾ければよい (Freud, 1937)。グロリアは「愛してくれてはいるようだが、耳を傾けてくれない」人物や、見せかけの親密さについて語った。ロジャーズが個人的な親しさを伝えようとした介入がトリガーとなって、この連想が生まれたとすれば、それは、クライエントのニーズに沿わない「愛」を押しつけても、クライエントの思いに真に耳を傾けたことにはならないという「無意識のスーパーヴィジョン」を伝えているように思われる[注10]。ロジャーズはグロリアにとって、他の2人よりも期待を抱かせるセラピストだったとは思われるが、最終的には彼女はロジャーズを選ばなかった[注11]。これだけの話をしたあとでもグロリアがロジャーズを選ばなかったのは、ある種不思議にも思えるところである。意識的次元での印象に頼るだけでは、この面接過程を理解することは難しい。しかし、無意識の関係性を踏まえるならば、グロリアがロジャーズの「愛」から距離をとることにも理由があることが見えてくるし、面接過程はより理解可能なものとなる。

　セラピーの関係性について、意識的次元から捉えた場合と、無意識的次元から捉えた場合とで、その理解はまったく異なってくることが示された。意識的には良好な関係であっても、無意識的には必ずしもそうではない場合がありう

注10)　ラングスの影響を受けたD・ダニエルズは、グロリアの事例について、これと同様の解釈をより詳細に論じている (Daniels, 2014)。

注11)　結局のところグロリアが選んだのは、パールズだった。ちょっとした身体の動きにも直面化をしかけていくパールズにグロリアは苛立っているようでもあったのだが、そのプロセスを納得行くまでやり通したいという思いがあったのかもしれない。しかし伝記によれば、グロリアは撮影後にパールズから屈辱的な扱いを受けたという (バリー, 2008/2013)。

る。こうした無意識的次元を理解する上では、セラピストの意識的説明に頼る
だけでなく、事例を詳細に検討していくことが必要である。

4.「沈黙せる青年」の事例

　ロジャーズは詳細な事例記録を通して、自らの臨床実践を世に伝え、そして
検証の道を開いてきた。誠実な事例記述のあり方についてP・ケースメントを
例に挙げたことがあったが（コラム2参照）、ロジャーズほど数多くの逐語記録、
録音テープ、そして映画まで含めて、面接記録を残してきた人はいないだろう。

　ロジャーズについて学ぼうと読み始めたころ、印象に残った事例がある。そ
れはロジャーズが統合失調症に対するクライエント中心療法の可能性を探って
いたころのものである。そのころの筆者にとって、この学派に限らず、さまざ
まな事例研究に取り上げられた面接の様子を理解することは本当に難しく感じ
られたものだった。その中で、このロジャーズの面接については、クライエン
トの思いも、セラピストの思いも、どちらも自分なりに分かるような気がして、
またその出会いの中に何か大事な意味があるように感じられた。この事例を振
り返って、そこにあるクライエントとセラピストの相互的な関係を見ていきた
い。

　ロジャーズは統合失調症にもクライエント中心療法が貢献できるのではない
かと考え、そうした実践と効果検証に取り組んだ。この事例はその研究から得
られたものである（Rogers, 1967；ロージァズ, 1967）。クライエントのジェームズ・
ブラウン氏はこの研究プロジェクトのためにランダムに選ばれて、ロジャーズ
との面接ペアに入ることになった[注12]。彼が最初に入院したのは25歳のころ
で、面接当時は28歳である。「統合失調反応・単純型（schizophrenic reaction,
simple type)」との診断を受けている。ロジャーズとはこの1年近く、週2回の面
接を続けており、ほぼ時間通りに、自ら面接室にやって来ることができた。セ
ラピストとクライエントの関係は良好で、彼は病棟の医師に「やっと分かって
くれる人に出会えたんです」と語ったことがある。

　これまでの面接の中で彼は、父、継母、親戚たちからずっと否定されてきた

という体験を語ってきた。最近の面接では沈黙が続くようになっていたが、ロジャーズもそれが何を意味しているかつかめていなかった。ここに取り上げる面接の中で、ロジャーズは患者がどんな気持ちかを共感的に問いかけるとともに、クライエントを真摯に理解し支えたいという自分自身の思いに忠実であろうと考えていた。45分の面接時間のうち、40分近くは沈黙だったという。

　面接はこんなふうに始まった（セラピストの言葉をT、クライエントの言葉をCで示す）。

> T：タバコ、そこの引き出しのところにありますからね。今日、外は暑いですね。〔沈黙　25秒〕
>
> T：今日は怒っているような感じにも見えますね。私の思いすごしでしょうか。〔クライエント、わずかに首を振る〕怒っている、というわけではない？〔沈黙　1分26秒〕
>
> T：どんな思いであれ、伝えてみようとは思いませんか。〔沈黙　12分52秒〕
>
> T：〔穏やかに〕「もし少しでもお役に立てるのなら、あなたの思いを理解したい」、あなたにそう伝えたいんです。でも、もしあなたが何であれ自分の思いを感じながら、自分自身の中に留まる方がいいと思うなら、それでもいいんですよ。私が伝えたかったのは、「私はあなたのことを思っています。ここに座ってぼんやりしているだけじゃないんですよ」という、そのことなんだと思います。〔沈黙　1分11秒〕
>
> T：黙っておられるのは、今すぐには何も言いたくないし、言えないということなんでしょうね。それでいいんですよ。私もあなたに無理強いはしないようにします。ただ、私はここにいるんだということを、知ってもらいたいだけなんです。〔沈黙　17分41秒〕

注12）もちろん仮名だが、研究中にはVAC氏と呼ばれていた。日本語版の『ロージャズ全集』では、まず録音テープの記録であるVAC氏の事例が11巻に訳出された（ロージャズ, 1967）。またこの研究プロジェクトが刊行された後、全集に別巻が加えられ、ジェームズ・ブラウンの事例として改めて訳出されている（ロージャズ, 1972）。ロジャーズの最新の著書が次々と訳されていった関係と思われるが、内容は基本的に同じである。本章における引用は、基本的には原書に基づいている。

　クライエントがずっと黙っている中で、ロジャーズは時折、クライエントの思いへの共感を伝えようとしたり、また自分自身の思いを言葉にしたりしながら、ともに過ごしていた。

　面接時間の45分がほぼ過ぎたころ、セラピストが次回の面接時間を確認しようと話しかけると、クライエントは初めて口を開き、最悪な気持ちだと言った。セラピストはその気持ちについてクライエントに尋ねた。

> C：僕なんか誰の役にも立たなかった。今までもそうだし、これからもずっとそうだ。
>
> T：今、そう感じているんですね。あなたは自分にとっても、誰にとっても、役に立たない。これからもずっとそうだと。自分が本当に無価値だと思っているんですね。自分が何にも役に立たないと思うのは、とても嫌な気持でしょう。
>
> C：ええ。〔落ち込んだ様子で低く呟く〕この間、街に行ったとき、一緒にいたそいつ〔this guy〕が僕にそう言ったんです。
>
> T：街に一緒にいったそいつが、あなたは役に立たないと言ったんですか？今あなたが言ったのは、そういうことですか？〔C：ああ。〕
>
> T：今のお話を私がちゃんと理解できていたとしたら——誰かがあなたに、あなたのことをこう思っていると言ったんですね。それも、あなたが役に立たないなんてことを言った。それは本当に、自信を打ち砕かれるようなことだったんですね。〔クライエントは静かに泣く〕

　涙を流すクライエントに、ロジャーズは何度か穏やかに声をかけていた。ロジャーズはクライエントが絶望していることを感じ、自分の連絡先をクライエントがまだもっているか確認し、今日もう一度会いたい場合はいつ来ればよいかも知らせた。面接が1時間を過ぎたころ、次回の面接を確認して2人は別れた。

　この面接は、2人にとって一つの転換点であった。次回の面接も同様にクライエントは多くを語らなかったが、死にたいと言ってさらに泣いた。次の面接に来たいかどうかもはっきりしないまま帰ろうとしたが、しかしドアを開けて戻ってきた。「タバコありますか」などと何気ない振りをしてやって来たのだ

が、去りぎわに小さな声で「また来ます」と言った。そこから劇的な改善が見られたというわけではなかったが、このときの2回の面接で彼は、これまで触れられなかった感情を表現することができた。

　それから数か月が経って、彼は退院して学校に戻る準備を始めたが、いつもその時期が近づくと病院内の「暴力的な」いさかいに巻き込まれ、病院側が彼を入院生活に戻さざるを得なくなることが繰り返された。そのうち彼は自分自身でも外の世界に戻るのには恐れがあると認めるようになった。セラピストは、今後のことはクライエント自身が決められることだし、病院にいても退院しても面接することはできると伝えた。それによって、クライエントは少しずつ試行錯誤を重ねながら退院に向かい、学校に戻り、仕事もするようになった。今では病院も面接も離れて、自分の生活を続けているという。

　これは、精神病院に入院している青年が、何も話せないままにロジャーズのもとに通い、ロジャーズが彼に耳を傾けながらともにいることを通して、自らの苦痛な感情に触れることができた、そういう事例である。アンビバレントな気持ちを抱えつつもクライエントがロジャーズに期待を抱いていたこと、そしてロジャーズも真摯に取り組んだことが伝わってくる。

　その上で筆者には、この面接の中で耳を傾け、共感しているのはクライエントの方であるようにも思えてくるのである。そもそも、この面接の中で主として語っているのはロジャーズであり、もっぱら耳を傾けているのはクライエントの方である。ロジャーズは彼らしい落ち着いた親しさをもってクライエントに語り続けたのだろうし、クライエントが沈黙がちだったのは今回初めてでもなかったから、ロジャーズの側から意識的に不安を訴えるようなことをしたわけではない。ただ、ロジャーズにとって最近の沈黙の意味がつかみ切れていなかったことと、「今日は怒っている?」から始まるロジャーズの言葉からは、彼がそれなりにこの沈黙に当惑していたことがうかがえる。ロジャーズが繰り返し言ったのは、クライエントの気持ちを理解したいということに加えて、もう一つ、彼がそこにいて役に立ちたいと思っていることをクライエントに知ってもらいたいということだった。それはあたかも、クライエントに自分の存在を無視せず認めてほしいと言っているようにも響く。

　そうして面接時間いっぱいを過ごした後にクライエントが言ったのは、「自分は役に立たない、一緒にいたそいつが言った」ということだった。それはこの面接におけるロジャーズの体験と重なるように思われる。このところクライエントの苦しみは軽減されることもなく、むしろ沈黙の時間が増えていくばかりだった。今回の面接ではさらに、クライエントは面接時間のほぼすべてを無言のまま過ごしていた。それはあたかも自分はセラピストとして無力な存在だと、一緒にいるクライエントに言われているかのように体験されたかもしれない。クライエントの涙は彼自身の苦境から来るものではあるが、それと同時に、いま自分自身を無力に感じているロジャーズへの無意識の共感であるようにも思えるのである。

　それは筆者がこの面接記録に触れたときの印象に過ぎないと言ってしまえばそれまでのことだが、この面接時間の中で、クライエントとセラピストはある意味では一つの体験を共有していたように思われる。役立ちたいと真摯に願っていても、役に立たないと相手に言われてしまう体験である。面接の場において生じるあらゆる体験はバイパーソナルなものであり、クライエントとセラピストによる「共同の創造」だと述べてきた（第1章第6節）。こうした体験は、私たちが普段感じている以上に起こっていることが多いのではないかと思われる。先に挙げた河合（1977）の心理療法論から考えると、クライエントとセラピストは無意識のうちにも「同型」の体験を共有していると考えられる。面接の場における共感というものは、どちらか一方の側からからなされるものというよりは、相互的に生まれてくるものと考えるべきなのかもしれない。

5. 事例の再検討——関係のコンテクストから

　前節ではロジャーズの面接を取り上げ、そこで生まれている共感が相互的なものである可能性を示唆してきた。ここでは改めて、関係のコンテクストを踏まえて、この面接をより詳細に見ていきたい。

　この面接の中ではロジャーズ自身も無力さを感じていたのではないかと言ったが、精神分析的な観点からは、それが「投影同一化」によるものではないか

と考えられるだろう (コラム6参照)。クライエントはずっと沈黙したままでいることを通して、無意識のうちに、自分が感じている無力感をセラピストに伝えていたのだと捉えられるかもしれない。ただ、相互的な関係の中では、投影同一化の出発点がどこにあるのかは単純に判断できるわけではない。ラングスは「相互作用のスパイラル (spiralling interaction)」と呼んでいるが、関係性とはクライエント1人だけがつくり出すものではなく、セラピストとクライエント両者のかかわりが互いに影響を与え合って展開していく過程なのである。

　この面接は一つの転換点となったわけだが、言い換えれば2人はそれまでに相当な行き詰まりを体験していたということでもある。クライエントは苦痛な体験を語る中で沈黙がちになっていったし、ロジャーズはその意味を理解し状況を打開することができていなかった。クライエントの側から一方的に無力感をセラピストに押し込んだというよりは、むしろクライエントの無力感は混沌としたセラピー状況への反応として生まれていたのかもしれないのである。その場合は、セラピストの側からの投影同一化がクライエントの無力感を強めたとも考えられる。

　こうしたスパイラルを読み解く上では、この面接の時点ばかりでなく、関係のコンテクスト、とくにクライエントの語りや行動の「トリガー」となる枠の問題を参照することが有用である。この面接記録だけからでも、時間の延長、タバコに代表されるような非言語的充足、セラピストの自己開示といったさまざまな基本原則の「例外的要因 (parameter)」(Eissler, 1953) が存在していることが見て取れる。タバコは現在では面接室に常備するようなものではないが、グロリアの映画にはタバコを吸う場面が残っているし、当時はそれほど特別なことではなかったのかもしれない。ただ、タバコ以上に影響を与えたと考えられるのは、ロジャーズがこのクライエントに本を貸したり金を与えたりしていたという事実である。ロジャーズは、病院で患者たちは恵まれた状況にあるわけではないからやったまでであって、特別な意味があるわけではないと先の面接記録に注記して述べている。ロジャーズがオフィスと自宅の電話番号を伝え、時間外でも会えるよう呼びかけたのは、時間、場所、匿名性の例外である。さらには、クライエントの同意の下とはいえ、この面接が録音され公刊されていることからは、プライバシー、一対一関係といった枠も影響を受けていることに

なる。ごく単純に考えても、この面接での沈黙や語りにくさには、録音が影響している可能性はあるだろう。たとえ意識的には録音に同意したクライエントであっても、その状況にまったく影響を受けないとは考えにくい。沈黙の中にも、セラピスト側の要因が影響している可能性が考えられる。

　もう少し大きな枠組み、すなわちこの研究プロジェクトの条件を参照してみると、それもこの面接の関係性に影響している可能性が見えてくる。このプロジェクトは統合失調症へのクライエント中心療法の有効性を探るものであった[注13]。ロジャーズを含む8人のセラピストたちが、精神病院に入院している患者たちとの面接を行ったのだが、これらの面接は、クライエントの側のニーズによって始められたものではない。ロジャーズらが研究のために実施したものなのである。実際、プロジェクトに参加したE・T・ジェンドリンは、クライエントたちのセラピーに対する動機が低すぎることを嘆いている。クライエントたちはセラピストをあからさまに拒絶して追い返したり、身じろぎもせぬままの沈黙が続いたりすることも少なくなかったという。ジェンドリンは、研究目的でなければ、このようなクライエントたちと続けていくことは到底できなかっただろうと、率直に吐露している。したがってセラピストたちは「現実との接点」がもてるよう促すとともに、セラピー関係を保つために、一緒に外へコーラを買いに出かけたり、クライエントの要求に応じて金を与えたりもしていたという。研究の成果を測るために、患者たちは3か月ごとにロー

注13）ここで言う「統合失調症」がどのようなものであったのかも、現代から見れば疑問の残るところである。ジェームズ・ブラウン氏は「統合失調反応・単純型」とのことだから、必ずしも統合失調症だという診断があったわけでもなさそうだし、面接記録にもそれをうかがわせるような臨床素材はとくに示されていない。当時は現代のような診断基準が確立される以前であり、診断には幅があることをロジャーズらも認識していた。そこで彼らは研究協力を依頼したメンタ州立病院による診断を採用することとした。また、ロジャーズらは薬物療法がクライエントの気づきやセラピーの過程を妨げることを懸念したため、病院に依頼して、緊急状況以外では精神安定剤を使用しない患者たちを選んだのだった。こうした研究枠組みからは、ロジャーズらが対象としていたのが比較的軽症の患者であったり、今日では統合失調症とは見なされない患者たちを含んでいた可能性も考えられる。

ルシャッハ、TAT、MMPI、WAISなどを含む心理テスト・バッテリーを受けることになっていた。もっとも患者たちはこうした時間のかかるテストに非協力的であって、設定された時間には映画を見に行っていたりすることも多かったので、セラピーの初期と終結期以外は可能な範囲で行うこととしていた（Rogers, 1967）。

　こうした枠組みからは、この面接がセラピストのニーズによって開始されている点が、関係性に影響を与えている可能性が考えられる。研究の目的とセラピストたちの関心が、純粋にセラピーそのものというだけでなくクライエント中心療法の成果の証明にあることを、自分が選ばれた経緯や繰り返されるテストを通して、クライエントたちはどこかで感じ取っていただろう。ジェームズ・ブラウン氏の面接は、改善に向かうというよりはむしろ逆の方向をたどっているところだった。この時点で録音されたのが前節に挙げた面接である。録音した記録は詳細に検討され、クライエント中心療法の効果を測るために用いられる。そのような状況では、クライエントはロジャーズのために十分な成果を挙げられない自分は「役に立たない」と思ったかもしれない。それは、目の前にいる「そいつ〔this guy〕」、すなわちセラピストにそう見られているように感じられる状況なのである。

　クライエントはロジャーズへの依存関係の中にある。ロジャーズはクライエントを、金を恵まれるべき入院患者と見ており、また時間外の面接やセラピストの自宅への緊急電話など、特別な支持を得なければならない不安定な状態と捉えている。クライエントがそのことをどれだけ意識していたかは、分からない。ただそれらの状況が、対等な関係をもつことができず、見下げられている自己像を語ることに、無意識のうちにつながっていたのではないかと思われる。

　ではなぜブラウン氏が他の患者たち以上にカウンセリングに通ってきたのかだが、そこにも上記のようなロジャーズへの依存関係が働いていたのではないかと思われる。ブラウン氏はなかなか面接を立ち去りがたい人だったとロジャーズは記しているから、分離不安が強かったり、依存できる関係を求める部分もあったのかもしれない。さらに言えば、このクライエントは転院させられるのではないかという不安を抱いていたと、ロジャーズは同書の別の箇所で言及している。病院側からはこのクライエントはしばしば院内でトラブルを起

こす人物と見られており、改善が見込まれない場合は「地方病院」へと転院させられる恐れがあった。したがってクライエントにとっては、彼に改善の見込みがあるという「アセスメント」が得られることは一つの願いであっただろうし、ロジャーズはその鍵を握る人物のようにも見えたかもしれない。そう考えると、クライエント中心療法では受容、共感、自己一致がセラピーの「必要十分条件」とされているが、実際のセラピーを支える要因には、他にもさまざまなものがあったのではないかと考えられる。とくに枠の例外、面接時間の延長、追加面接、電話、金銭といった「充足」は相当な影響を与えたのではないだろうか[注14]。

　とはいえ、クライエントは依存と充足だけをロジャーズに期待していたわけではないだろう。この面接でもっとも印象に残るのは、やはりロジャーズが沈黙するクライエントとともにいようとした、その姿勢である。その沈黙を苦痛と感じるセラピストもいるだろうし、その場合は何らかの手段をもって、この状況を変え、この状態を逃れようとするかもしれない。しかしロジャーズはともかくも沈黙を受け入れようとした。どんな形であれ、希望をもってかかわり続ける意志がそこにあった。だからこそクライエントも、単なる充足を求めるのではなく、面接の終わりに何かをセラピストに伝えようとしたのだと考えられる。クライエントの世界を誠実に受け止め、ともにいようとする姿勢をロジャーズは示してきた。ここで示してきたような、関係性の無意識の次元に対する理解が加えられれば、それが「クライエント中心」の心理臨床を、より深めることにつながるのではないかと思われる。

注14) セラピーにおける「充足」の問題は、M・バリントが取り組み続けてきたテーマである。この問題については、バリントの心理臨床論を扱った第6章で論じる。

傾聴と共感
相互性の観点から

　語りに耳を傾け、共感することは、心理臨床の出発点である。それは相手の言葉を受け取って情報を収集するということとは違って、心と心のやりとりを要する相互的な過程である。それは保育・教育の臨床にも共通している。傾聴と共感を相互的に捉える観点について、ここでは心理臨床とやや違った角度から考えてみたい。共感を上辺だけのものとするのではなく、どのようにすれば深められるのか、その端緒について考える上で、筆者のもう一つの専門である保育学を参照する。

1. ある子どもの言葉から

　傾聴の営みについて、ある子どもの言葉をもとに考えてみたい。

　ウェールズ政府は障碍をもつ子どもたちへの医療、教育、福祉といったサービスについて、受益者である子どもたち自身がどう考えているか知るための委託調査を行った。その結果は、「ねえ、聴いてるの？（Are you listening?）」と題された報告書にまとめられている（Turner, 2003）。子どもたちの率直な意見からは、コミュニケーション、選択、参加、尊重が大きな課題であることが明らかになった。それは、周囲の人だけでなく子ども本人とのコミュニケーションがはかられること、子どもが自分自身で選択できること、サービスの運営に子どもが意見を表明し参加可能であること、人間として尊重されることを意味している。この報告書の中で、「参加」のテーマに関連して、子どもが語ったこんな言葉が取り上げられている。

> みんな私がどう思ってるか言わせるけど、それは義務だからしているだけ。私が何か言っても、それは自分たちにとってはやりたくないことだから、結局無視されてしまう（Turner, 2003, p. 27）。

　この言葉は傾聴について考える上で印象的なものであり、その後の保育研究においてしばしば引用されている (Crow, Foley & Leverett, 2008; Moran, 2017)。モランはこれを子どもの権利条約との関連から理解している。子どもの意見表明権を定めた第12条には、「締約国は、自己の意見を形成する能力のある児童がその児童に影響を及ぼすすべての事項について自由に自己の意見を表明する権利を確保する。この場合において、児童の意見は、その児童の年齢及び成熟度に従って相応に考慮されるものとする」と記されている (外務省, 2007)。この条文にも示される通り、意見はただ表明されるだけでなく、実際に「考慮」される必要がある。先に引用した子どもの言葉は、大人たちがただ義務として子どもの意見を聴くだけで、それを実際には「考慮」していないという問題を指摘しているのである (Moran, 2017)。

　つまり、子どもの声に耳を傾けるとは、単に「聞き置きました」という形式的なものではまったく不十分なのであって、その声が現実的な力となる可能性が開かれなければならないと考えられている。傾聴の意義については、こうした子どもの権利、社会参加、市民教育といった観点からの議論が積み重ねられてきた (Pascal & Bertram, 2009; Harcourt, 2011; Phillips, 2014)。

　環境心理学者R・A・ハートによる子どもの「参画 (participation)」論は広く影響を与えており、彼の挙げた梯子の比喩はよく知られている。子どもの参画と言われているものは、実際には参画とは言えない「①操り、②お飾り、③形だけ」の段階から、参画を深めていく「④役割は命じられたものだが、情報は与えられる、⑤意見を求められ、情報を与えられる、⑥大人が仕掛けるが、子どもとともに決定する、⑦子どもが始め、子どもが進める、⑧子どもが始め、大人とともに決定する」段階まで、さまざまでありうることが分かりやすく図示されている。たとえば子どもたちによる会議イベントでも、チャーミングな子どもたちが大人によって選ばれて、テーマについては何の準備もなしに議論がなされるなら、それらしい会議写真が飾られたとしても、それは「③形だけの参画」でしかない (Hart, 1992)。耳を傾ける、参加するということについて、形式的・表面的な次元を超えて考える手がかりが、そこには示されている。

2. 傾聴の心理的側面

　ここで挙げた子どもの言葉とそれにまつわる議論を手がかりに、傾聴の心理的側面について考えてみたい。と言うと、子どもが勇気をもって意見を表明し、社会参加しようとしているのに、それを単なる心理学的共感の次元に切り下げ、その社会的意義を損なうことになるのではないかという批判もあるかもしれない。とくに日本においては子どもの意見がたとえば学校運営のあり方に実際に大きな影響を与えるような民主的な教育は不十分な状況にあるから、それを子どもの心理的問題に還元するようなことはすべきでないだろう。この問題については、子どもの発言には社会的側面も心理的側面ももちろんあるし、その両方が尊重されなければならないと考えられる。以下の考察は、子どもの社会参加という次元を否定するものではない。むしろ、子どもの社会参加への動機を育む上でも、傾聴は心理学的にも配慮と共感のあるものであることが望ましいだろう。

　先の例に挙げた子どもが伝えているのは、初めから自分の言葉が何の影響も与えないと分かりきっているなら、いかに表面的な言葉が聞き取られても、それは傾聴と呼ぶに値しないということである。子どもの社会参加という観点からは、その子の発言が現実の社会に対して、さしあたってはその子を取り巻くコミュニティや制度の運営に対して、何らかの影響を与えうることが必要である。障碍をもつ子どもへのサービスについて尋ねているのだから、サービスの改善につなげる意志があること、そして実際に改善によって応えることが何よりも求められる。

　ただ、この子どもの言葉は、「本当には聴かれていない」体験をよく表現してくれている。それは、傾聴と呼ぶに値しない態度について、誰もが思い当たる体験と重なるもののように思われる。処遇改善のための意見表明についての傾聴なら、それが外的現実の変化につながるかどうかが問題になる。それを心理的側面から捉えれば、思いを伝えるための語りなら、それが聴き手の心に何らかの変化を起こす（make a difference）かどうかが問題になるだろう。

　クライエント中心療法をはじめとする多くの学派において、共感的理解を言葉にしてクライエントに返すことが重視されているが、それが真に共感と言えるものなのか、それとも単なる表面的な繰り返しなのかは重要な問題である。

真の共感と、見せかけの共感の違いについて論じ切るようなことはできないが、聴き手の心が動かされ、何らかの変化が起きたかどうかは、それを考える一つの手がかりとなるだろう。しばしば共感とは、相手の情緒的状態を「あたかも」という境界は維持しつつも自分のもののように追体験することにたとえられる（Rogers, 1957）。しかし、情緒体験の細部を想像しシミュレートしていても、セラピスト自身の心には変化が起こらないままであったなら、それはクライエントにとって聴き届けられ、共感を得られたという体験とはならないのではないだろうか。そもそもクライエントの心の内界を、セラピストが心の中で正確に複写するようなことができるのかどうかも分からないことだが、もし正確さには限界があるとしても、聴く過程の中で聴き手の心が動かされたのであれば、かえってその方が、語り手が求めている「共感」には近づけるように思われる。

　保育学者の津守眞はしばしば、相手を理解することは、自分自身が変化することだと述べている（津守, 2002）。また、自分自身の枠を「出る」ことなくしては、相手と「会う」ことはできても、「出会う」ことはできないとも語っている（津守・津守, 2008）。自分の枠組みは絶対に変えないと決め込んでいる人には、自分とは違う相手の話を本当に聴くことはできない。相手に耳を傾けるということを、その人の存在を受け止めるという次元で捉えるなら、それは自分自身の枠組みを問い直し、自ら変化するということにつながる。相手の全人的な成長にかかわる心理臨床や保育・教育の臨床では、その核心においてはこうした聴き方が求められるし、時に応じて、さまざまな次元で、聴き手は自分自身も聴くことを通して自分自身が変容していく体験をしていることだろう。

3. 心への参加

　傾聴において、聴き手の心が動かされる体験に意義があると述べてきたが、それではどういう心の動きがそれに値するのだろうか。個人的なコンプレックスが動かされるのであれば、それはいわゆる古典的な逆転移になってしまう。この場合は、語り手の心とは関係のないところで聴き手の心が動いているわけだから、相手の話を聴いて心が動いたとは言えない。とはいえ、心理臨床の学派によっても語りの解釈はさまざまでありうるわけだから、「共感的」な心の

動きもまた多様かもしれない。

　ここで先に挙げたハートによる「参画の階梯」を手がかりにしてみると、傾聴によって社会参加が深められる過程と同じように、心への参加も深められていくのだと考えられる。クライエントは語る行為を通して、セラピストの心に変化を生み出す。セラピストは自らの心に変化を体験することを通して、クライエントの心への参加を深めていく。

　心理臨床の場は「参加を通しての観察（参与観察；participant observation）」によって成り立つと言われるが、その「参加」にもさまざまな次元が考えられる。浅い段階では、表面的な言葉だけがやりとりされ、「分かったようなふり」が共有されているものの、実際には心への「参加」が生まれているわけではない。しかし参加が深まるにつれ、クライエントは能動的に語ることができ、そして心の動きはセラピストがコントロールしている枠内を超えて、2人が協働することによって創造されていく。傾聴とは、ともに心の動きを生み出していくための基本的な通路なのだと考えられる。その「動き」の向かう先は、2人の心がともに参加することによって新しく見出される。

　保育研究においては、子どもの権利を保障する観点からの傾聴について、写真や映像、カードといったコミュニケーションの媒体を用いるなど、さまざまな手法が提案されてきている。子どもは参加においては「有能」だが、意見を表明しやすくする促しが必要だというのである（Pascal & Bertram, 2009）。

　心の次元での傾聴において促しとなるのは、聴き手の心そのものである。子どもたちは生まれたときから、心のやりとりに「有能」であって、その存在を受け止めようとする者の心を動かして止まない。幼い子どもと付き合ってきた人々はそのことを、「有能な子ども」のモデル以前から身にしみて知っているだろう。

　海外の保育研究において傾聴が扱われる際には、先述のような「見える化」された手段がとられることが多いし、子どもの意見や「学び」が「見える化」されること自体に価値があると考えられているようである。これに対して、「全人的」な保育・教育を考えるならば、より内面的な次元での理解も必要になってくる。

　「傾聴」にかかわる議論ではあっても、社会と心理、文化差など、さまざま

に異なる次元の議論を手がかりに考えを進めてきたから、こうした違いが生まれるのは当然のことでもあるだろう。ハートらの社会参加に関する議論に共通するのは、社会は変わりうる存在であるという観点である。こうした議論を参照することによって、心理的な傾聴のイメージを広げることができる。単にその瞬間のスタティックな心的状態を把握するということを超えて、「共同の創造」行為として、また「相互的な変容」への通路として、傾聴を捉え直すことができる。傾聴とは、技法であるだけでなく、関係を深めていく過程とともにある。

....

・・

コラム
6

投影同一化とコンテイニング

◇

　「投影同一化(projective identification)」はM・クラインが、人間が発達の過程において、自己の一部を相手に投影することによって相手との関係に影響を及ぼす現象を、防衛機制の一つとして論じたものである(Klein, 1946)。現代の精神分析においてはセラピー関係の無意識的側面を読み解くキーワードの一つとなっている。ラングスはこれを次のように定義している。

> 　主体が自らの内的な心の状態、内容、無意識的防衛を、対象の中に投入しようとする相互作用論的な働きかけ。ここで「同一化」とは、外在化された内容と同一化したままでいること、そして対象の側にも主体に対する同一化を惹起しようとする願望を意味している(Langs, 1978, p. 414)。

　したがってこの概念は、自らの体験を、相手がそれを何らかの形で実際に体験することを期待して投げかけることを意味する。それは単なる投影と異なり、相手との関係に影響を及ぼす。無意識のうちに働くこの機制(メカニズム)は、苦痛を相手に押しつけるためにも用いられるが、かかわりを通しての相互的な人格的成長の機会ともなりうる。この概念を発展させたビオンによれば、クライエントが自分では抱えきれない感情を、投影同一化によってセラピストに手渡すとき、セラピストがその感情を「コンテイン」することができれば、クライエントもその感情を理解し受け止めていくことができる(Bion, 1959)。投影同一化とコンテイニングは、精神分析的な心理臨床過程の中心的メカニズムと考えられるようになっている[注15]。

　投影同一化は、必ずしもクライエントからセラピストに向けて一方向的になされるとは限らない。ラングスは「相互作用のスパイラル(spiralling interaction)」と呼んでいるが、関係性とはクライエント1人だけがつくり出すものではな

く、セラピストとクライエント両者のかかわりが互いに影響を与え合って展開していく過程なのである。こうしたスパイラルを読み解く上では、セラピストの逆転移的影響を振り返ることと、面接のある時点ばかりでなく、それまでの関係のコンテクスト、とくにクライエントの語りや行動の「トリガー」となる枠の問題を参照することが有用である。

　投影同一化は、現代の精神分析における中心概念の一つだが、一方ではこの概念が安易に使われていることへの批判もある。面接中にセラピストの中に怒りの感情が湧いてきたら、それはクライエントが無意識の怒りを伝えようとしたせいだと考える。面接中にセラピストが眠気を感じたら、それはクライエントの空虚感が押し込まれたせいだと考える。こんなふうに、セラピストの中に生まれる感情の動きはすべてクライエントの感情を正確に写し取るものであるかのような単純な解釈が事例研究やカンファレンスに多く見られるというのである。精神分析の理論研究を進めてきたM・イーグルはこのような傾向を指摘し、それを新しくかつ巧妙な「空白のスクリーン」ないし「空白の鏡」モデルと表現している (Eagle, 2000)。

　「空白のスクリーン」モデルは、セラピストはクライエントの姿を歪めずに映し出す鏡のようであるべきだというフロイトの技法論 (Freud, 1912) に基づいている。そこには、セラピストは匿名性を守って自己開示をすべきではないし、またクライエントの姿を歪める逆転移を交えてはならないという古典的精神分析のあり方が示されている。そのような逆転移は、教育分析によって取り除かれるべきだというのである (Freud, 1910)。しかし実際のところ、いかに教育分析を受けたところで、セラピストが人間である限り、逆転移的要素を完全に回避することはできないし、生きた人間が「空白のスクリーン」になることはできない。この事実を認めるところから、1950年代以降、逆転移を単に否定するのではなく、むしろ逆転移をも分析の対象としてセラピーの過程を理解する

注15)「コンテイン」という言葉は、苦痛な体験や感情であってもそれを自らの人格の中に保持し、理解し消化していける能力を意味する。「包み込む」「含み込む」などと訳されることもあるが、精神分析的な背景をもつ用語として「コンテイン」と訳されることが増えている。

議論が進められてきた。したがって逆転移分析は「空白のスクリーン」モデルを否定するところから始まっているはずなのだが、その行き着くところが新たな「空白のスクリーン」モデルとなり、実質的にはセラピストの自己省察を回避する道具となってしまっているのである。

　投影同一化の体験は、クライエントを理解するための重要な手がかりとなりうるが、クライエントをよりよく理解するためには、その体験は解釈のための一つの臨床素材として扱われなければならない (Langs, 1978)。苦痛な感情を安易にクライエントの側の要因に帰するのではなく、さまざまな臨床素材に照らし合わせながら、セラピスト側の要因とクライエント側の要因がそれぞれに考慮される必要がある。自らの逆転移的要因に向き合うことは容易なことではないから、それだけにこうした相互作用論的観点をもつことと、解釈の方法論への理解を深めることが必要だと言えるだろう。

第 *4* 章

フェレンツィの心理臨床論とその到達点

外傷論から相互的な関係性へ

◆◆◆

　シャーンドル・フェレンツィはフロイトの弟子であり、技法論上のさまざまな実験と革新を進めた。当時は精神分析における異端と見なされた彼の心理臨床論は、その後、関係性の意義が広く認められるにつれて、改めて再評価されることになった。その核心となるのは、彼がその生涯の最後に著した論文「大人と子どもの間の言語の混乱」（Ferenczi, 1933）である。そこには彼の生涯にわたる探究が込められており、それだけにさまざまな立場からの議論を呼び起こしてきた。

　本章ではフェレンツィのこの論文について、外傷論的観点から、そして関係性の観点からの再評価がなされていることを示した上で、それぞれを検討し、この論文を外傷論から評価するのは適切ではなく、無意識の相互的な関係性を探究したものとして理解することがふさわしいことを明らかにする。検討の過程では、フロイトやフェレンツィが行った「過去の再構成」の妥当性や、それに関連する「偽の記憶」の問題をも扱うが、それによってクライエントの語りをどう聴くかという課題についての理解を深めることができるだろう。

1. フェレンツィへの再評価

　ハンガリーの分析家、シャーンドル・フェレンツィ（Sándor Ferenczi, 1873-1933）は、フロイトにもっとも近い弟子であると同時に、また精神分析の異端

児でもあった。フロイトが精神分析の理論構築に熱心だったのに対して、フェレンツィは臨床実践の方に力を注ぎ、フロイト以上に心理臨床の実際問題を扱ったことによって活躍した。しかしフェレンツィの技法が古典的な技法論を逸脱するものとなり、またフロイトが自ら否定した外傷論を再興しようとしたことから2人の対立は深まり、そしてフェレンツィの最後の論文「大人と子どもの間の言語の混乱 (Confusion of tongues between the adults and the child)」(Ferenczi, 1933) によって対立は決定的なものとなった[注16]。フェレンツィの側では、フロイトに新たな理論を認めてもらいたいという願いも、かつてフロイトに受けていた教育分析を再開してほしいという願いもあったが、それは叶わなかった。同年、フェレンツィは60歳を前にして亡くなった。

　フェレンツィの晩年の心理臨床論から影響を受けたのは、ほとんど彼の直接の弟子たちに限られていた (De Forest, 1942; Thompson, 1943, 1964; Balint, 1968, 1969)。しかし、没後半世紀が経った1980年代半ば以降、論文「言語の混乱」を中心に、フェレンツィはさまざまな観点からの再評価を受けることになる。そのきっかけとなったのは、J・マッソンによる外傷論の再興と、精神分析における関係論の台頭であった。

(1) 外傷論的観点からの再評価

　マッソンは精神分析家であったが、後にフロイトと精神分析に対する根本的な批判を展開した。フロイトはそれまでの「誘惑理論」を否定して「心的現実論」をとることによって、児童虐待の問題を隠蔽し抑圧してきたというのがマッソンの主張である。フロイトとは対照的に、フェレンツィは「言語の混乱」を通してこうした児童虐待の問題を再び取り上げていた。しかしフェレンツィの死後、この観点はフロイトによって抑圧されたという。「言語の混乱」は国際精神分析学会誌にはドイツ語で発表されたものの、通例出版されるはずの英訳はこの論文に限ってなされなかった。マッソンは大きな反響を呼んだ著書

注16) 以下、この論文を「言語の混乱」と略称することとし、フェレンツィの用語としての confusion of tongues については、"言語の混乱" と表記する。

『真実の蹂躙』(Masson, 1984) において、この論文を取り上げ、その英訳を収録した。これをきっかけに、フェレンツィのこの問題への貢献が改めて注目されるようになった。

　ここで外傷論と心的現実論について簡単に整理しておこう。フロイトは初め、神経症の原因は幼少期に受けた (性的) 虐待による外傷体験だと考えていた。この考え方は「誘惑理論」と呼ばれている。しかしあまりに多くの患者が外傷体験を報告するので、フロイトはこうした外傷が実際に起こったものではなく、幼かったころの患者が願望とともに抱いた空想によるものがほとんどではないかと考えるようになった。それは空想ではあるものの、本人の心にとっては現実と同様の影響を与える。したがってフロイトは患者が過去に体験した「心的」外傷を発掘し再構成することを目指した。この「心的現実論」は、過去の虐待は事実ではなく患者の空想だと見なすものであるから、実際に起こっている虐待という事実に対する抑圧であり、「真実の蹂躙」だとマッソンは告発したのである。要点を言えば、患者が過去に虐待を受けたと訴えているのに、それを空想だと見なして分析するのは、きわめて非倫理的であり、それ自体が外傷的だということになる。確かに上記のような形で心的現実論を理解することには大きな問題があるが、フロイトやフェレンツィをそう理解してよいのかどうかには検討が必要である。

　以下、現実の外傷体験が病因となるというフロイトの初期理論を「誘惑理論」、それが空想だったとする立場を「心的現実論」、そして、現実に数多く存在する虐待を重視する、1980 年代以降に改めて注目されるようになった立場を「外傷論」と呼ぶ。

(2) 関係論からの再評価

　フェレンツィが臨床において実験し提唱した「積極技法 (active technique)」「リラクセーション技法 (relaxation technique)」は、解釈を基本とする古典的精神分析を大きく逸脱するものだった[注17]。しかしS・ミッチェルらに代表される「関係論的精神分析 (relational psychoanalysis)」が台頭するにつれ、言葉による解釈だけに頼るのではなく、関係性を重視する観点から非解釈的介入の意義を重視する流れが強まった。こうした関係論的な立場にとっては、フェレンツィはその

源流にあたるものとして、新たに再評価されるようになった (Aron, 1996a; Bergmann, 1996; Gordon et al., 1998)。

　時代を隔てた再評価を受けることとなった前提には、フェレンツィがその死後に「抑圧された」という経緯がある。その「抑圧」をもっとも明らかに示しているのは、フロイトの伝記を著した E・ジョーンズである。ジョーンズはフェレンツィに分析を受けた経験もあったのだが、フロイトの伝記には、晩年のフェレンツィが偏執狂的な精神錯乱の中で死んだと記している (ジョーンズ, 1961/1964)。ジョーンズを代表とする精神分析のコミュニティによって、フェレンツィは精神異常者であり、彼の著作は読むに値しないとの烙印が押されたのである。マッソンはこのことに異議を申し立て、フェレンツィの論文を取り上げた。

　その後、歴史的な研究が進むにつれ、フェレンツィに関するジョーンズの記述が偽りであることが明らかにされた。C・ボノミによれば、フェレンツィの死因は悪性貧血であり、晩年に至っても「精神錯乱」の徴候は見出せなかった。ジョーンズによる中傷は、ただフェレンツィがフロイトの見解に従わなかったということだけを根拠にしてなされたのである。また中傷はこの伝記によるものばかりではなかった。フェレンツィは1918年に国際精神分析学会の会長に選ばれており、次代の会長がジョーンズだったのだが、フェレンツィが会長だった事実は抹消された。国際精神分析学会がこの誤りを認め、フェレンツィの会長としての名誉が回復されたのは1996-1997年の名簿においてだった

───────

注17) フェレンツィは分析の展開を早めようとして、「積極技法」の実験を進めた。治療期間を限定したり、分析状況内外での欲求挫折といった課題を患者に与えて緊張を高め、それによって抑圧された心の内容を引き出そうとした (Ferenczi, 1919, 1921)。後にはこれと対照的な「リラクセーション技法」をとっている。古典的技法における「禁欲原則」とは対照的に、耽溺 (indulgence) の原則に基づいて、可能な限り患者の願望と衝動を受容し、時間の無制限な延長や身体接触などを介して、陽性転移の形成と外傷体験の想起を促進することを目指した (Ferenczi, 1930, 1931)。こうしたフェレンツィの技法論について、その可能性と危険性の両方を視野に入れて論じた著者がいなかったわけではないが (Glover, 1928; Alexander, 1933)、多くの場合は古典的な精神分析からの逸脱と見られたことから、フェレンツィは精神分析のコミュニティから孤立していった (Balint, 1968)。

(Bonomi, 1999)。こうしたことも、精神分析のコミュニティが彼を不当に扱って
きたことを示すものである。

　とくに「言語の混乱」は、それが書かれた歴史的経緯、とくにフロイトとフェ
レンツィの対立に関連して議論されることの多い論文である (Rachman, 1989)。
Ｈ・Ｐ・ブラム (Blum, 1994) はフェレンツィがこの論文を執筆した動機を、彼が
フロイトから受けた教育分析をめぐる感情的錯綜によるものと推測し議論して
いるが、このブラムの議論については事実誤認の問題が指摘されている上に
(Berman, 1995; Hoffer, 1995)、根拠なくフェレンツィが精神的「混乱」に陥ってい
たと見なすことによって、ジョーンズと同様にフェレンツィを病理化している
との指摘がなされている (Bonomi, 1999)。

　こうした不正義を乗り越えて、フェレンツィの論文が再評価されるように
なったのは、意義あることだろう。ただ実のところ、国際精神分析学会誌では
その後バリントの尽力によって、すでに1949年にはフェレンツィの特集号が
組まれ、「言語の混乱」と最晩年の臨床日記の一部である「覚書と断片」(Ferenczi,
1932) の英訳が掲載されている。晩年の著作集は1955年に英訳が出版されてお
り (Ferenczi, 1955)、彼の影響を受けたバリントの著作も同時期には出版されて
いた。文献としては十分アクセス可能であったにもかかわらず、著者の人格に
ついての噂や周囲の評価に左右されて研究を不当に扱う向きがあったのだとす
れば、それは学的コミュニティのあり方として問題だと言えるだろう。

　一方で、埋もれた論文を再評価する動きが生まれ、事実に基づかない中傷を
覆す歴史的な検証が進められたことは、コミュニティがもつ健全な力の表れで
ある。それと同時に、フェレンツィの論文そのものにそれだけの影響力が内在
していたのだと考えることができる。とはいえ、この再評価にも時流に影響さ
れた部分があるようで、フェレンツィへの再評価を行う著者らが、自らとフェ
レンツィの立場との相違を考慮しない傾向にあることが指摘されている
(Giampieri-Deutsch, 1996)。フェレンツィの議論の根拠や妥当性についての批判的
検討なしに、著者の立場との共通点のみが挙げられていることもまた多いので
ある。

　したがってここでは、フェレンツィの貢献を取り上げつつも、彼の議論の根
拠を吟味した上で、批判的な理解を進めていく必要があるだろう。古典派分析

家のK・R・アイスラー (Eissler, 1953) やJ・A・アーロウ (Arlow, 1981) は、分析的な理論と技法の価値は、分析家の個人的要因によってではなく、臨床的根拠によって判断されるべきものであることを指摘している。フェレンツィの理論そのものへの再評価においても、この問題が検討されねばならない。

　本章ではまず「言語の混乱」で何が述べられているのか、その概要を示し、次に現代における再評価を取り上げてその意義を検討し、この論文を外傷論的観点から再評価するのは適切ではないことを明らかにする。その上で、「言語の混乱」を相互的な心理臨床論として理解することが妥当であることを示し、その現代における意義を論ずる。

　「言語の混乱」という1本の論文をめぐって多様な理解がなされているのは、現代の精神分析にきわめて多様な立場が存在していることの反映でもある。この状況そのものを"言語の混乱"にたとえる著者らもいる (Jacobson, 1994; Blum, 1994)。本章でこうした議論を読み解くことは、単に文献学的な議論というだけでなく、精神分析の多様な立場の相違点を読み解き、クライエントにどう耳を傾けるかという解釈のあり方について理解を深めることを可能にするだろう。

2.「言語の混乱」においてフェレンツィが語ったこと

　本章で議論を進めていくために、まずは「言語の混乱」において、実際にフェレンツィが何を語っていたのか、その概要を示す。この論文の前半では彼の臨床経験からの洞察が、後半ではそれに基づく外傷論的考察が示されている。

（1）フェレンツィの臨床における「外傷の再体験」と「分析家の分析」

　フェレンツィは最初に、神経症の病因として現実の外傷が果たす役割を再認識すべきだと呼びかけている。そう考えるようになったきっかけは、自らの臨床経験であった。

　フェレンツィのセラピーの中では、「外傷の再体験」が幻覚に近いほどの強烈さをもって生じるようになってきていた。抑圧された外傷体験と強い情動を意識化することによって症状が軽減されるはずだとフェレンツィは考えたが、

かえって状態は悪化し、面接がヒステリー発作の場となることもたびたびだった。次第に彼は、患者の抵抗が強すぎるのだという言い訳を捨てて、自己批判を受け入れるようになった。フェレンツィ自身が意識的にはいかに善意をもっていたとしても、「外傷の再体験」の中で彼を残酷だと非難し、早く助けてくれと叫ぶ患者の言葉には、真実があると感じられた。

　とはいえ患者がこうして怒りを表現するのは稀なことであって、解釈を従順に受け容れるのが常だった。しかしそれも一時的なものだったので、患者は表面的には従順であっても怒りを感じていると思われた。彼は患者が自分に気を遣ったりしないよう励ましたが、どれだけ促してみても、患者たちはフェレンツィを批判することを強く拒むのだった。

　したがって患者たちは、分析家がまったく気づかないうちにも、分析家の心の動きや「職業的偽善」を繊細に関知するのだと考えられた。患者は分析家に抗うよりも分析家に同一化し、稀な興奮状態以外には批判を口にすることができない。「われわれが患者の連想から読み取らねばならないのは、過去の痛ましい出来事だけではない。これまで考えられていた以上に、抑圧・抑制されたわれわれ自身への批判を理解せねばならないのである」(Ferenczi, 1933, p. 158)。したがって、分析家自身の分析が重要となる。「われわれ自身の中にある障害の源を十分に意識化し、それは単なる可能性ではなく事実だろうと認めて患者と話し合うこと、それ以外に解決は見出せない」(ibid., p. 159)。こうして話し合うことによって外傷的ヒステリー発作は軽減され、「患者の人格水準は相当に引き上げられたようだった」(ibid., p. 159)。

　分析状況によって原初の外傷を再生産 (reproduction) するという重荷を課すことによって、分析家は患者にとって実際に耐えがたい状況をつくり出している。しかし患者の批判的感情を進んで受け入れ、これからは過ちを回避しようとすることによって、患者から分析家への信頼が生まれる。「この信頼こそが、現在と、耐えがたい外傷を生み出した過去との差異を、確かなものにする」(ibid., p. 160)。患者の批判から、彼は自らの積極技法やリラクセーション技法に含まれる問題を認識し、修正することを学んだ。

(2) 過去の外傷が生まれる過程に関する理論

　こうした臨床経験からの洞察に基づいて、フェレンツィは病因としての（性的）外傷について論じている。精神分析においては患者の語る外傷体験は空想だとする考えがあるが、臨床経験からは子どもたちは今まで考えられている以上に虐待に遭っている。近親姦的誘惑の過程は次のようにして進む。子どもが大人をいたわろうとする空想を抱くが、優しさ（tenderness）の次元にとどまっているこの空想を、病的な大人は性的な欲望と誤解する。それによって振るわれる暴力に対して、まだ堅固になっていない子どもの人格は、莫大な不安によって麻痺し、抗うことができない。不安が極限に達したとき、子どもは攻撃者の意志に従い、その欲望を満たす自動人形のように服従する。自分自身を捨てて攻撃者に同一化しそれを取り入れるのである。大人は何も起こらなかったかのように振る舞うか、厳格な仕打ちによって子どもを罰しさえする。子どもは大人の罪悪感を取り入れ、プレッシャーに抗して外界を変えるのではなく、自分を変えて対処するしかない。それによって、イドと超自我しかもたず、自ら苦痛に対処できない人格が形成される。この仮説によって初めて、フェレンツィのかかわりが間違っていれば抗議してよいのだというアドバイスに、なぜ患者たちが頑として従わなかったのか、理解することができる。

　子どもが必要としているのとは別種の愛が押しつけられるという、優しさの言語と激情の言語との混乱が、病理を生む。服従や敬愛の影には、恋愛性転移と同じように、この圧制的な愛を追い払いたい願望が隠されていることに、親、教師、分析家は気づかねばならない。同一化による反応や過重な転移を回避するよう援助できれば、人格をより発達させることができる。

　虐待を受けることで、退行ばかりでなく、「外傷性進行（traumatic progression）」が起こることもある。外傷を受けることによって、人格の早熟が引き起こされるのである。外傷を受けた子どもは、フェレンツィがかつて論じた「賢い赤ん坊の夢」のように、狂った大人を治療する精神科医のように成長していく。さらに外傷的なショックが繰り返されれば人格は分裂し、断片化・原子化に至ることもある。このような事態に対しても、分析家は希望をもって向き合うべきであり、多様な人格を結び合わせる糸が見つけられるはずだとフェレンツィは考えた。さらに、情熱的な愛や罰だけでなく、子どもを無理に大人にする方法

がある。それは「苦しみのテロリズム（terrorism of suffering；苦しみによる威嚇）」である。いつも嘆いてばかりいる母親は、子ども自身の真の利益を無視して、その子を生涯にわたる看護者にしてしまう。子どもたちは、そうした家族の機能不全を正さなければという、いわば他者の重荷をそのいたいけな肩に背負わなければという強迫をもっている。それは純粋な愛他性ばかりでなく、それを通して失われたケアと思いやりを取り戻すための試みなのである。

　外傷が引き起こすこうした関係性の問題を論じた上で、フェレンツィはこの論文を次のように締めくくっている。「ここで述べたことを、あなたが思索と実践において検討する労をとっていただければ幸いである。さらには、あなたの子ども、患者、生徒に対して、いわば彼らの重い口を開かせるような（loosen their tongues）考え方・語りかけ方があることを知っていただければと思う。こうした考え方は、これまでほとんど知られていなかったが、決定的な意義をもっている。学ぶべきものがきっと、数多く得られるだろう」（ibid., p. 166）。

　多くの洞察が含まれたこの論文を概観してきた。フェレンツィが傷ついた子どもの心に深く共感しようとし、子ども・クライエントの立場に身を置きながら、精神分析理論と心理臨床の実践を根本的に考え直そうとしていることが感じられるのではないかと思う。この論文が広く取り上げられるようになったのも、第一にはこの論文に示されているフェレンツィの真摯な態度によるところが大きかっただろう。

　フェレンツィがここで訴えているのは、セラピストがクライエントに、大人が子どもに、新しい態度をもって出会うべきだということである。論文の根拠となっているのは彼の臨床経験、とくに彼の技法が生み出した関係性の問題であり、外傷論はそこからの再構成として生み出されている。現代における再評価のあり方を考える上でも、フェレンツィが何を主張したか、その根拠は何であったかを踏まえておくことは重要だと考えられる。

3.「言語の混乱」と外傷論

　フェレンツィが再評価されるきっかけをつくったマッソンをはじめ、多くの著者らが「言語の混乱」を外傷論的観点から理解している (Jacobson, 1994; Mohacsy, 1988; Rachman, 1989)。確かに、フロイトと精神分析のコミュニティが外傷の現実性を否定して心的現実論をとる中で、現実の外傷が重大な影響を及ぼすと主張したという結論だけをとってみれば、フェレンツィは先駆者だと言えるだろう。ただ、フェレンツィがそう主張する根拠は十分なものではなかった、というより、きわめて疑わしいと言わざるを得ないのである。外傷論からフェレンツィを再評価する著者たちは、彼が挙げた根拠に対する批判的吟味を行っていない。ここでは、フェレンツィが「現実の外傷」を発見できてはいないことを明らかにする。加えて言うならば、フロイトの「誘惑理論」も、現実の外傷に基づくものではなかった。彼らは虐待を発見できていたわけではなかったし、彼らが行った「再構成」の妥当性も疑わしいものであった。

　「言語の混乱」には、患者が過去に虐待を受けたという事実が、どうして分かったのかは書かれていない。根拠として挙げられているのは、患者が面接の中で、幻覚に近いほどの「再体験」を示したということである。この「再体験」とは何を意味するのだろうか。具体的な材料は示されていないが、面接の中で増えてきた「ヒステリー発作」の中で、患者がフェレンツィを残酷だと罵り、フェレンツィに助けてくれと訴えたことは分かる。ただ、それが「過去の再体験」だと考える理由ははっきりしない。過去に虐待された体験が生き生きと蘇り、虐待者とフェレンツィが「幻覚に近いほど」に重ね合わされる中で、恐怖や怒りをフェレンツィに向けたということなのだろうか。過去のどんな虐待が、なぜフェレンツィと重ねられたのか。どんなところが彼と似ていたのだろうか。それは幻覚の中で過去から蘇った虐待者ではなく、今目の前にいるフェレンツィ自身に対する抗議ではなかったのだろうか。

　このことを確認するには、フェレンツィの臨床実践がどのようなものであったかを見てみる必要がある。マッソンは外傷論的な観点からフェレンツィを再評価し、「フェレンツィは患者が彼に告げたことが真実だと強く主張した」(Masson, 1984, p. 148) と述べている。患者がフェレンツィに過去の虐待の苦しみ

を訴え、フェレンツィがそれが空想ではなく真実だと受容し、それを社会に告発したのである。しかしA・エスターソン (Esterson, 1998) は、フェレンツィの実践がマッソンの考えるようなものではなかったことを指摘している。

　フェレンツィの臨床実践を検討する上では、彼が日々の実践を記録した『臨床日記』(Ferenczi, 1988) が手がかりとなる[注18]。マッソンも本書から、患者が過去の虐待を「告げた」とする事例を取り上げている。しかしこの事例の中で患者が実際に「告げた」のは夢であり、フェレンツィがそれを外傷体験の「文字通りの反復」だと受け取ったのだった。

　夢の内容は、〈雄牛が患者のいとこを強姦し、次の場面ではいとこが死んだように水に漂っている〉というものだった。フェレンツィはこの夢が過去の虐待体験を映し出すものだとして患者に解釈を告げた。それに対して患者は、「なぜ私はそのことを思い出せないのか、なぜそれを夢にしか見ることができないのか、それもこんな歪んだ形で」(ibid., p. 179) と聞き返している。患者はそのような虐待のことを覚えてもいなかったし、フェレンツィの解釈を聞いて自ら努力しても思い出すことはなかったし、信じることもできなかった。なぜこれほどまでに思い出すことができないのかについてフェレンツィは、外傷を受けた心の部分が死んだようになってしまい、記憶と人格に亀裂が生じたのだと説明している。

　少なくともこの夢は、フェレンツィが言うような「文字通りの反復」とは見なし得ないものであることは明らかである。また患者の問いは、患者自身がこの「外傷体験」を自分の身に現実に起こったこととは思ってもいないことを示している。フェレンツィから外傷体験の再構成を聞かされてもなお、患者は記憶を「回復」することができなかった。フェレンツィや、それを引用したマッソンの理解とは違って、「外傷体験」は患者がフェレンツィに「告げた」というようなものではなかった (Esterson, 1998)。フェレンツィは、患者が実際に告げ

注18)『臨床日記』は、フェレンツィの事例の記録や理論的考察をまとめたものであり、執筆されたのは1932年である。バリントは本書の出版にも取り組んだが、果たすことはできなかった。本書が出版されたのは、フェレンツィが再評価されるようになった1980年代末のことである。

たことよりも、夢を材料に彼が行った再構成の真実性を信じたのである。

　この事例に限らず、フェレンツィの『臨床日記』では、彼が「外傷」を再構成して患者に伝えても、患者が想起しない、思い出せないという問題が、一つの通底する主題と言えるほどに、全編にわたって言及されている。フェレンツィはほとんどの場合において、患者が実際に回想した内容からではなく、夢や症状の解釈のみに頼って、彼が想像する「外傷」を再構成していたと考えられる。患者もフェレンツィの言葉を信頼しようとして、自分でも思い出そうと努力したらしいことがうかがえる。しかしその結果は、「なぜ私はそのことを思い出せないのか」という疑問に終わった。そしてこの問いをフェレンツィは、自分の解釈が誤っている可能性を示唆するものとしては受け取らず、むしろ患者の抑圧が強すぎるからだと考えて、さらなる外傷のイメージを探し求めた。

　時代は変わって1980年代以後、外傷論が注目されるとともに、夢のイメージをもとに外傷体験を発見したとする事例研究が再び現れてきている。外傷体験と記憶の問題の研究を進めてきた精神分析家のC・B・ブレナイスは、「幼児期の外傷は夢から再構成されうるか」について論じている。彼は、外傷体験がまったく変容されることなく文字通りの形で夢に現れ、セラピストに報告されると考える根拠はほとんどないことを指摘している。外傷体験を自分でも記憶している人が、それと似通った夢を見ることはありうる。その場合は実際に起こった出来事と夢を照らし合わせることができ、夢がどのような部分を変形してイメージや物語としたのかを知ることができる。問題は、夢を外傷体験のメタファーだと仮定して、そこから未知の外傷体験を再構成しようとする場合である。もともとの外傷体験を知っているのでなければ、夢の中で何が変形され、何が文字通りであるのか判断することはできない (Brenneis, 1994)。過去の外傷体験を覚えていて、それに関連する夢を見たなら、夢は過去の体験の意味づけを考えていく手がかりにはなりうるだろう。しかし、クライエント自身が思い出すことのできない外傷体験があったとして、それを夢に基づいて再構成しようとするならば、それはセラピストの先入観を反映する恣意的なものとなる可能性がきわめて高いと考えられる。

　そこには、過去の外傷体験を再構成によって発掘し意識化することこそが治癒への鍵だとする、精神分析的・外傷論的な信念がある。フェレンツィの場合

は、その根拠を探すことも、妥当性を確認することもできなかったのだから、信念というよりは、やはり先入観と言ったほうがいいかもしれない。フェレンツィは、過去に原因があるはずだという先入観をもって患者の夢に耳を傾け、そのイメージに沿った外傷体験を思い出すよう患者に強要したが、手がかりをつかむことはできず、そのことによって患者もフェレンツィ自身も苦しむこととなった。

　「なぜ私はそのことを思い出せないのか」という患者からの問いに対して、フェレンツィは自分の再構成が間違っていたのではないかと考えてもよかったところだろう。本人の証言が得られない状況で、夢だけを手がかりとして過去の事実を発見しようというのは、控えめに言ってもきわめて不確実な企てであるには違いない。しかし彼はその代わりに、患者の病理がきわめて重いからだと考える方を選んだ。彼は、患者の中で自分の解釈に合うような人格部分が存在しているのに、患者の重篤な病理のせいで発見できないままなのだと仮定した。

　現代の外傷論的な立場においてはしばしば、過去の外傷を意識的に体験することができなくなる「解離」の機制を先取りするものとして、「言語の混乱」が再評価されることがある (Davies, 1996)。しかしこの問題について、もしフェレンツィから教訓を得るとすれば、過去の外傷体験が解離される可能性ばかりでなく、過去の体験についてのセラピストの再構成に誤りがある可能性も、検討する必要があるだろう。

　「言語の混乱」は、外傷論的な立場からの再評価を受けてきた。しかしそうした論者の多くは、フェレンツィが患者自身の記憶にない外傷体験を再構成していたという事実を、十分に認識していないように思われる。たとえばJ・G・ジェイコブソンは、フェレンツィが「言語の混乱」において、セラピストが患者に対して虐待の事実を認めるというアプローチを提唱したと受け取っている。彼は「明らかに性的虐待が存在している場合には、その現実性を患者に対して確証することが強い治療的価値をもつ」(Jacobson, 1994, p. 28-29) と述べ、フェレンツィが「明らかな」外傷の存在を認めて「確証」したと理解している。おそらく彼は外傷についての記憶をセラピストに「告げる」患者を想定しているようだが、フェレンツィの臨床実践はそのようなものではなかった。

　さらに言えば、そもそも「言語の混乱」では、外傷の「現実性を患者に対して確証する」というアプローチは言及すらされていない。過去を再構成して聞かせても患者が何も思い出せないためにフェレンツィは苦しんできたのだから、ジェイコブソンの言うようなアプローチは、提唱したくてもできなかったというのが正直なところだろう。「言語の混乱」においてフェレンツィが認めるべきだと言ったのは、過去の他者によって与えられた外傷ではなく、患者の「われわれ自身に対する批判」であり、「われわれ自身の中にある障害の源」であった。

4. 過去の再構成から現在の再構成へ

　フェレンツィの事例に見られるように、「過去の再構成」はさまざまな方法論的問題をはらんでいる。近年研究が進められてきたものとして、「回復された記憶」の問題と、フロイトの「誘惑理論」に対する批判的検証を取り上げる。いずれも過去の再構成に成功したと称するものであるが、実際にはそうではなく、むしろ現在のセラピー関係の中で何が起こっているのかを理解する必要があるのだと考えられつつある。

(1) 過去の再構成と「回復された記憶」

　現代において過去の再構成がはらむ問題が改めて認識される契機となったのが、セラピーにおける「回復された記憶 (recovered memory)」、あるいは「偽の記憶 (false memory)」という現象である。1980年代以降のアメリカでは、性的虐待による被害の重大さが注目される一方で、心理療法を受けることによって実在しない性的外傷の記憶を「回復」するという、いわば医原病に類する現象としての「偽の記憶」が社会的な問題となった。

　もちろん、虐待を実際に受けた人々は数多くいるし、そうした人々を支援し、虐待を起こさないようにする取り組みは、社会的にも心理臨床の世界においても重要なことであって、そのための取り組みは続けられなければならない。ただ、そうした人々は通常、虐待を受けたことを覚えているものである。その記

憶が否定されるようなことがあれば、それはマッソンが言う通り、「真実の蹂躙」となってしまうだろう。しかしここで問題になっているのはそのような人々のことではない。

　これに対して、「回復された記憶」「偽の記憶」の事例においては、それまで虐待を受けた記憶のなかったクライエントが、セラピーを受けることを通して、実は自分は虐待されていたのだという記憶をもち始めるのである。こうした事例が裁判などの検証過程につながることを通して、実際にはクライエントが「回復した」と主張する虐待や事件の記憶には、事実に反する点があることが判明し、「記憶」と称するものがセラピーによって植え付けられたものではないかと考えられるようになった（コラム7参照）。

　心理学者E・ロフタスは記憶研究、証言研究の第一人者であるが、偽の記憶についても多数の実証研究を重ねてきている。被験者に対してさまざまな暗示的手法を用いることにより、存在しない出来事を「覚えている」かのような証言を引き出すことは可能であることが示されている。彼女は、外傷についてある程度持続している意識的記憶をもたない患者に対して、セラピストが想起を強いる場合、暗示によって患者に「偽の記憶」を植え付ける危険性があることを指摘している（Loftus, 1993）。また精神分析家のブレナイスやM・グッドらは、セラピストがあからさまな形で想起を強いてはいない場合でも、セラピストとクライエントの相互の暗示が無意識のうちに働き、根拠が不確実であっても過去に虐待が存在したのだと信じる事態がありうることを、「記憶を回復した」と称する事例の詳細な検討に基づいて示している（Brenneis, 1997, 1999; Good, 1998）。

　こうした議論からは、虐待の可能性がある事例への対応ばかりでなく、心理臨床においてクライエントにどう耳を傾けるかという根本的な問題について学ぶことができる。セラピストが強い先入観をもってクライエントと出会うとき、その先入観がクライエントに影響することは十分ありうるし、クライエントはセラピストへの依存関係の中で、セラピストが望んでいる通りのことを自ら語り始めるかもしれない。これを意図的かつ徹底的に行えば、それは「洗脳」と言うべき事態となるが、セラピストたちは誰も意図してそのようなことをしているわけではないだろう。ただ、早く確実な答えを見出したいという焦燥感によって、無意識の相互暗示の中で、それと同様のことが起きてしまう可能性

はありうる。セラピストは、自分にはそのようなことはあり得ないと切り捨てるのではなくて、むしろ自らがクライエントに無意識のうちに暗示的影響を与えていないかどうか、振り返ることが必要だと考えられる。

(2) フロイトの「誘惑理論」とセラピーの関係性

　フロイトが初期に提唱した「誘惑理論」は、過去に (性的) 虐待が実際に起きており、その記憶を回復することが治癒につながるとするものであった。しかしフロイトは後にこの誘惑理論を否定し、患者は空想の中で願望し傷ついたのだとする「心的現実論」をとるようになる。マッソンをはじめとする外傷論者たちは、フロイトがこれによって虐待の現実を否認し抑圧したのだと批判し、誘惑理論に回帰しようとしたフェレンツィを再評価した (本章第1節参照)。

　それではフロイトの誘惑理論は正しかったということになるのだろうか。この問題についても批判的検証が進められている。

　フロイトが誘惑理論を否定することになった理由は、一般には次のような彼の説明に沿って理解されてきた。「幼児期の性的外傷を発見することに主要な関心が向けられていた時代には、ほとんどすべての女性患者が筆者に、父親によって誘惑されたと告げた。筆者はついに、これらの報告が偽りだと認めざるを得ず、ヒステリー症状は現実の出来事ではなくて空想に由来しているのだと理解するようになった」(Freud, 1933, p. 120)。どの患者も虐待体験を「告げる」ので、それは事実でなく空想なのだろう、人間はそのような空想を幼児期に抱く傾向があるのだろうと理解するようになったと、フロイトはそう説明しているのである。

　精神分析家の J・G・シメックは当時の論文と書簡の詳細な検討に基づいて、フロイトによるこの公式見解が事実に反するものであることを明らかにしている (Schimek, 1975, 1987)。初期のフロイトが焦点を当てていたのは、抑圧された外傷であった。患者が意識できない、現在覚えてはいない過去の記憶である。したがってフロイト自身、患者たちは性的外傷の「情景 (scenes) について何も知らなかった」(Freud, 1896, p. 204) と述べている。そうした外傷の情景を求めて分析を重ね、フロイトが再構成を伝えても、患者たちはそれを「覚えている感じがまったくない」(ibid.) と語った。後のフロイトの説明 (Freud, 1933) とは違っ

て、患者たちは外傷について意識的に「告げる」、あるいは「報告」することはできなかった。フロイトが見出したという「外傷体験」はほとんど、彼自身が再構成によってつくり出したものだった。彼は外傷体験を発掘するために、「治療による揺るぎない強制力」(ibid.) を加えて患者から連想を聞き出そうとした、そうした「強制力」には、言語的圧力ばかりでなく、催眠などによる暗示や、当時彼が用いていた「前額法」(患者の額を手で押さえて記憶を呼び戻すよう促す) など、身体接触による圧力も含まれていた。そうして得られた夢や空想のイメージといった断片的な素材から、フロイトは過去に患者が体験したとおぼしき外傷を再構成したのである。しかし後年のフロイトは、それは彼の想像ではなく、患者自身が「告げた」ものだと述べた。この記述は、彼が「意識的に想起されたもの、無意識に再生産されたもの、ほぼ再構成によるものの区別を行わなかった」(Schimek, 1987, p. 947) ことを示している。

　誘惑理論を否定する際、フロイトは虐待は存在しなかったのではないかと疑い、それは患者の非現実的な空想と願望なのだと考えた。しかし、むしろ否定されなければならなかったのは、フロイトが行った再構成だったのである。患者たちは誰もが虐待の体験を「告げた」わけではない。フロイトのしてきたことは、虐待を受けてきた苦しみとその記憶を自ら語る患者に耳を傾ける支援者とは異なるものであった。そうではなくて、どんな患者と出会っても、患者たちにまったくその記憶がなくても、夢や催眠の中での言葉の断片からきっと性的虐待があったはずだと、フロイトが推測したのである。いくら患者に強要しても、フロイトは自分の推測を確かめることができなかった。しかし彼はそれを自分自身の「空想」だったと認めるのではなく、患者の方が空想し、そして抑圧したのだと考えることを選んだ。このように、フロイトが見出した「空想」概念の根拠が脆弱であることを考えると、同様にして導き出された心的現実の概念、さらには転移の概念も、根本的な再検討を要すると考えられる[注19]。

　初期のフロイトによる臨床実践を詳細に検討した著者らの多くが、彼の患者たちが語った性的な意味合いをもつ連想には、患者自身の過去の虐待体験よりも、身体接触を含むフロイト自身の圧迫的・侵襲的技法が反映されていると考えている (Brenneis, 1997; Langs, 1984; Schimek, 1975, 1987; Simon, 1992; Smith, 1991)。フェレンツィの臨床も同様のものであったと推測されるが、一方でフェレン

ツィはそうした問題を受け止め、クライエントに耳を傾けるよう自らの姿勢を
変化させている。このような彼の心理臨床論の変化を初めて明らかにしたの
が、「言語の混乱」であった。

　フェレンツィは「言語の混乱」において、患者の連想から過去の外傷を発掘
しようとするだけでなく、現在のセラピストに向けられた「隠された批判」を
聴き取らねばならないと主張している。ラングス派のP・マイアーズ（Myers,
1996）は、フェレンツィが次のような問題に取り組み始めていたことを指摘し
ている。フェレンツィは1932年の「覚書と断片」において、「再生産はどれだ
けが空想なのか、どれだけが現実なのか」「どれだけが完全に現在の生活状況、
何よりも分析状況が『歴史的装飾』を受けたものなのか」（Ferenczi, 1932, p. 259）と
いう疑問を記している（Myers, 1996）注20)。ここで「再生産」とは、過去に存在し
たと考えられる外傷体験が、直接の形ではなく、メタフォリカルなイメージや
行動化を通して断片的に表現されたものを指すと考えられる。この記述に示さ
れるように、フェレンツィはそれが過去の記憶だけでなく、現在の状況、そし
て何よりも今目の前にいるセラピストを指し示している可能性を考え始めてい
た。過去の体験がシンボリックな形で面接の中の語りに反映されるだけでな
く、現在のセラピストとの関係が、過去の体験に仮託されて語られているとい
う観点を、ここに見出すことができる。

　語りが「歴史的装飾」を通して現在の状況を伝えているのだとする観点は、
すでに「隠蔽記憶について」（Freud, 1899）をはじめとするフロイトの初期解釈論

注19）過去の再構成を提唱したのはフロイトだから、彼は外傷論者からは虐待の記憶を否
　　定したとして批判され、後には「偽の記憶」が社会的問題を引き起こすとフロイトが原因
　　だとして批判された。しかし、いずれの非難も的確とは言いがたい。フロイトの患者た
　　ちは虐待について彼に「告げた」わけではなかったし、おそらくフロイトもフェレンツィ
　　も、「偽の記憶」を植え付けられるほどの「成功」を収めてはいなかったのだろう。彼ら
　　は自らの再構成が効果を上げなかったために、自らの理論を変更していったのである。
注20）「現在の生活状況」とした部分は、原典では 'ganz aktuellen Lebenssituation' である。
　　英訳では「実生活の状況（a real-life situation）」となっているが、マイアーズはそれが
　　'aktuellen（現在の）' に対する誤訳であることを指摘している（Myers, 1996）。本章での訳
　　はこれに従っている。

において示されていた（第1章参照）。ただしフロイトは、「誘惑理論」が破綻して以来、この視点に基づいて現在の状況がもつ無意識的意味を理解しようとするのではなく、語られた記憶よりもさらに過去にあったかもしれない未知の外傷的空想の再構成へと向かった。彼の再構成がさまざまな問題をはらんでいたことはすでに指摘してきた通りである。フロイトが「再構成」すべきものがあったとすれば、それは過去の空想ではなく、現在のフロイト自身と患者との関係性における無意識的側面だったのではないかと考えられる。患者との関係を意識的に見えている次元ばかりで捉えるのではなく、その無意識的背景を含めて捉え直す、いわば「現在の再構成」が必要だったと考えることができる。

　外傷論をとる著者らは、フロイトとフェレンツィの対立は、フェレンツィが誘惑理論に回帰したからだと考えている。しかし、フェレンツィは外傷の現実性を強調する論文を発表してきており（Ferenczi, 1930, 1931）、それも対立の要因になった可能性はあるものの、「言語の混乱」がもっとも強くフロイトの抵抗を受けた理由を十分に説明できないように思われる。むしろフェレンツィがこの論文で、セラピストが逆転移による過ちを認める必要性を示したことが、フロイトがフェレンツィの分析家だったこともあって、フロイトの反発につながったのではないかという指摘がある（Bonomi, 1999; Smith, 1999）。こうした観点は、「言語の混乱」において初めて論じられたものである。

5. 関係性をどう読み解くか

　これまで見てきたように、「言語の混乱」におけるフェレンツィの心理臨床論は、外傷論的観点よりも、セラピストの逆転移を含めて現在の関係を再構成し読み解くものとして再評価する方が妥当だと考えられる。関係論的立場からの再評価においては、こうしたセラピーの関係性が取り上げられているが、その理解にもさまざまな幅があるように思われる。

(1)「言語の混乱」の心理臨床論的意義
これまで外傷論的観点からの「言語の混乱」の意義について再検討を行って

きたが、心理臨床論的観点からはどのような意義をもっているのか、ここで再確認しておきたい。

　フェレンツィの技法は、とくに「リラクセーション技法」によって知られており、「フェレンツィのように患者を能動的に愛し甘やかすのか、フロイトのように鏡として映し返し転移を分析するのか」(Lothane, 1983, p. 436) といった対比によって語られてきた。しかしフェレンツィは「言語の混乱」において、古典的技法、積極技法、リラクセーション技法のいずれとも異なる、新しいアプローチを提示している。

　それまでのフェレンツィの技法は、外傷体験の表現を促し、行き詰まったセラピーの過程を短縮するという目的から生み出されていた。積極技法がかえって患者の抵抗を強め、さらなる困難を生んだことから、今度は彼は緊張の緩和に向かった (Ferenczi, 1925)。新たなリラクセーション技法によって連想が引き出され、患者はほとんど幻覚的に外傷を「再体験」するほどとなったが、それはセラピーの短縮にはつながらなかった (Ferenczi, 1931)。

　積極技法も、リラクセーション技法も、過去の「再体験」を促す一方で、かえってセラピーの行き詰まりを生み出していた。これらの技法を超えて、「言語の混乱」では新たなアプローチが提示され、それがセラピー状況を改善したとされている。その核心は、「われわれが実際に耐えがたい状況をつくり出した」(Ferenczi, 1933, pp. 159-160) という、セラピストが現実に行った外傷的介入を認めることにある。「われわれは患者の連想から、過去の痛ましい事象だけではなくて、抑圧ないし抑制された、われわれに対する批判を見抜かねばならない」(ibid., p. 158)。患者の連想は、過去を再構成するための素材として見られるだけでなく、現在のセラピストとの関係を反映するものとして捉えられるようになった。

　セラピストが過ちを認めるとき、患者との信頼関係が生まれ、セラピー過程の困難はそれによって初めて打開された。セラピー体験は「外傷的発作」の次元を脱し、言語的なコミュニケーションを通して扱えるものとなった。結語において述べられている「〔患者に〕自ら語らせるような……決定的な考え方と語りかけ方」(ibid., p. 166) とは、このような態度を意味していたと考えられる。それは古典的技法とも、積極技法、リラクセーション技法とも異なり、セラピス

トが、クライエントの連想に基づいて逆転移的要因を認識し、自らのかかわりの中にあった外傷的側面を是正するものである。

　フェレンツィは「言語の混乱」において、「逆転移」という言葉は用いていないものの、新たな逆転移分析のあり方を提示したと言うことができる。精神分析において逆転移分析に関する議論が進められるのは、M・リトル (Little, 1951) らをはじめ1950年前後からのことだと考えられているから、フェレンツィはこうした議論の先駆者だと考えられる。

　こうした関係性の観点からフェレンツィのアプローチが再評価されることが増えているが、こうした再評価においても「言語の混乱」への理解は多様なものとなっている。以下にそれらを取り上げて検討する。

(2) 非転移と転移

　古典的な「転移」の概念においては、クライエントがセラピストに向ける感情は、基本的には過去の重要な対象に向けていた態度の反復であり、現実のセラピスト像とは関連をもたないものとされてきた (Freud, 1912, 1914b)。これとは対照的に、フェレンツィは患者が分析家に向ける批判を、妥当なものとして受容している。これは患者の態度を、歪曲に基づく転移ではなく、妥当な知覚に基づく非転移 (Greenson & Wexler, 1969; Langs, 1978) と見る立場を示している。非転移を認め、それを受け容れることがセラピーの展開を可能にするという考え方は、リトルによる「患者からの逆転移解釈」の概念や (Little, 1951)、患者が分析家に対して無意識のうちに治癒的働きかけを行うというH・F・サールズの心理療法論 (Searles, 1975)、そしてラングスの「無意識のスーパーヴィジョン」(Langs, 1978) につながるものである。対象関係論、対人関係論的な立場をとる臨床家ばかりでなく、現代構造論においても、ベスキーによる「医原性抵抗」の概念のように、セラピストの側がクライエントに与える影響としての非転移要素が重要視されてきている (Boesky, 1990)。このように、フェレンツィのアプローチは、クライエントからの非転移的メッセージを受け止めて、セラピストが自らのかかわりを修正し変容させていく立場の先駆的存在だと考えられる (Zaslow, 1988; Myers, 1996; Silver, 1996; Smith, 1991, 1999)。

　一方で、「言語の混乱」への関係論的再評価の中には、こうした非転移的観

点をとらず、クライエントの転移と投影同一化を重視する立場、構成主義の立場からのものがある。これまで、フェレンツィが実際に何を述べたかを示し、その根拠を批判的に吟味することによって非転移的観点からの理解が妥当であることはすでに示してきた。それとは異なる、転移と投影同一化の観点から、そして構成主義からの再評価がどのようなものかについて、以下に触れておく。

　転移と投影同一化の観点からの理解について、関係論の立場からは次のような評価がなされている。「フェレンツィの最も重要な貢献は、分析家は患者の原初的外傷を、いまや虐待者の役割において反復することが不可避なのだと述べた点にある。この臨床観察は、40年、50年後の発見を先取りするものであった。それは、幼いころの外傷が再体験されるとき、患者が分析家に関与者としての役割を与えることによって、分析家が患者の転移的期待を現実化する可能性があり、患者は今度はこの力動を知覚して反応する、ということである」(Gordon et al., 1998, pp. 34-35)。

　心理臨床関係においてはさまざまな揺れやもつれが体験されうるし、そうした問題に取り組むことを通して互いに学ぶことも多いから、おそらくはそうした問題へのフェレンツィの貢献を取り上げたものと言えるだろう。大まかにはそういう趣旨だと思われるのだが、詳細を見てみると問題含みの議論となっているように思われる。

　ゴードンらの言っていることをもう少しだけ平易な言葉にしてみよう。〈過去に外傷体験をもっている患者たちの面接では、しばしば分析家は過去のつらかった話を聴くだけではなくて、実際に患者を傷つけるような関係に陥ってしまうことが避けられない。それは分析家があえて患者を傷つけているのではなく、むしろ患者の側の転移がそうさせているのである。患者は過去の虐待者の役割を転移によって分析家の中に投げかけ、実際にその役割をとらせることによって、無意識の「期待」を現実化している。そうしたもつれた関係の中で患者は分析家にさまざまな形でかかわってくるが、そのかかわりは患者自身の転移的空想に対してなされている〉。

　これが非転移とは正反対の見方であることは明らかであろう。ゴードンらの理解においては、分析家が現実に「虐待者」の役割をとっていることが認めら

れているにもかかわらず、その原因は患者の側にあると見なされている。関係がもつれた原因は、患者が「転移的な期待」によって虐待者の役割を分析家の中に投影同一化したからだと考えられているのである。

　しかしこうした患者から分析家に向けての操作という観点は、「言語の混乱」の中にはほとんど見出すことができない。そもそも〈私はあなたを実際に傷つけたが、それはあなたの心の無意識の要因がさせたことである〉というのは、少なくとも傷つけた側が言うことではなさそうだ。ゴードンらの言いたかったことは、おそらくこんなことなのだろう。〈人間関係で苦しんできた人は、セラピーにおいても関係に苦しむことが多いが、セラピーにおける関係性の問題に向き合っていくことが、その人の心の問題を乗り越えることにつながるはずである。セラピストは単に話を聴くだけでなく、関係の中に巻き込まれながら、それを糧としてセラピーを進めていくのである〉。こう言い換えるとやや共感しやすくなるかもしれない。ただ、どう言い換えてみても変わらないのは、セラピストからの現実の関与が否認されているということである。

　精神分析の理論的再検討を進めてきたM・イーグルは、投影同一化概念が安易に用いられる傾向を指摘し批判している。投影同一化概念は、あたかもセラピストが、クライエントの心的内容を直接かつ正確に反映し行為化しているかのように用いられることが多く、それは新たな、そしてより巧妙な「空白のスクリーン」モデルに陥っているというのである (Eagle, 2000)。セラピー関係において生じるさまざまな問題を、患者の転移や無意識的要因の反映と受け取ることによって、セラピストの側の要因は存在しないかのようにされてしまう。こうしたことを考えると、外傷の「再演」「再体験」「再生産」といった用語は、現在のセラピスト自身は実際の影響を与えていないことを前提とするものであって、安易に使うことのできないものだと思えてくる。

　フェレンツィに戻れば、「言語の混乱」において彼が述べたのは、これとは反対に、自らの要因を真摯に認めるということだった。患者の要因としての転移や投影同一化を重んじる再評価は、その観点自体の是非はともかくとしても、フェレンツィの観点とは異なるものと言えるだろう (投影同一化についてはコラム6を参照)。

(3) 転移・非転移と構成主義

　心理臨床において、クライエントがセラピストに向ける態度・感情は、一般的には「転移」と呼ばれていることが多い。しかし本来の定義に基づいて考えれば、転移とはセラピスト像を歪めている場合を指すのであって、そうでない場合、つまりクライエントが正当にセラピスト像を捉えている場合は数多くあり、それが非転移と呼ばれるようになった (第1章第5・6節参照)。

　こうした転移・非転移の両方を認める立場に対して、そのような区別は不可能だとする立場が、精神分析における構成主義 (constructivism) である。Ｉ・Ｚ・ホフマンは、セラピストの理解はつねに、個人的な要因と治療関係の影響を受けて成立している「構成」であり、そのために転移と非転移、すなわち患者の知覚が妥当なものであるのか否かを、セラピストが判断することは不可能だと論じている (Hoffman, 1983, 1991)。どちらの立場をとるかによって、心理臨床のあり方は大きく変わってくる。フェレンツィはセラピストが過ちを認めることがクライエントとの関係を改善すると論じたが、構成主義の立場からは、何が「過ち」かは判断することはできないわけだから、それを認めることも修正することも必要とは限らなくなる。

　セラピストが転移と非転移を妥当な形で区別できないというのは、たとえば逆転移的な感情にとらわれている場合にはありうることだろう。しかし、それはつねに不可能と言えるだろうか。ホフマンの主張は、解釈の方法論に関する研究をほとんど参照しないままになされていることによって、一面的なものになっている。間主観的アプローチをとるＤ・Ｍ・オレンジは、ホフマンの構成主義が十分な基礎づけをもっていないこと、またクライエントの態度を「構成」、すなわち一つの解釈可能性としか見ないことによって、クライエントの観点の妥当性を否定する古典的転移概念と同様の危険性をはらんでいることを指摘している (Orange, 1992)。

　構成主義の立場から「言語の混乱」を評価したものとして、Ａ・Ｈ・モデルが挙げられる。彼はフェレンツィが構成主義の先駆者だとして、"言語の混乱"とは「現実に対する子どもの構成と、養育者によって子どもに伝えられる現実への構成との間に著しい差異があるとき、それに続いて生じる外傷的な影響」 (Modell, 1991, p. 228) を意味すると述べている。このような "言語の混乱" の具体

例として彼は、ある患者は彼の解釈につねに同意していたが、実際にはそれを吸収してはいなかったという事例を挙げている。患者は幼いころ、養育者との間で互いの「構成」に外傷的なほどの齟齬を体験してきたために、他者から学ぶ能力が傷ついてしまったのだというのがモデルの解釈である。

　これは構成主義の立場を標榜しているものの、患者と分析家の関係については転移の観点から解釈されているように思われる。セラピー関係におけるコミュニケーションの齟齬は、基本的に患者の過去に起因しているとされており、セラピスト側の捉え方や伝え方がどうだったかは考慮されていない[注21]。むしろモデルは、患者が分析家から学ぶことができていない点を患者の病理としているのである。これはまったく非転移の可能性を含まない、転移による歪曲を意味する。

　フェレンツィはセラピストが自らの過ちを「単なる可能性としてではなく、事実として認め」なければならないと述べている。また彼は大人と子どもの関係についても、大人の側に病理的な誤解があるからこそ虐待が起こるのだと論じた。どちらの理解が妥当かについて、彼は判断を曖昧にしてはいない。フェレンツィの心理療法論は、構成主義の対極にあるものと言えるだろう。

(4) 解釈と介入のあり方

　「言語の混乱」における心理臨床論は、言語的解釈を中心とする古典派技法を超えるものとして捉えられている。たとえばリラクセーション技法の中に共感が含まれるとして再評価する向きもある (Rachman, 1989)。確かに「言語の混乱」には「硬直発作を起こしている患者に対してさえ、われわれが冷静で教育的な態度を取り続けるなら、患者をわれわれに結びつけている最後の糸を引き

注21) "言語の混乱"はしばしば、コミュニケーションの齟齬を表現したものであり、しばしば患者の過去に起因すると捉えられている (Balint, 1958; Eyre, 1975)。しかしフェレンツィ自身は、第一に大人の側の誤解、あるいは治療者の逆転移を問題にしていたわけだから、こうした理解とはまったく逆のものになっている。後にバリントはフェレンツィをより詳細に検討することによって、"言語の混乱"をより相互的なものとして捉え直している (Balint, 1969；第6章参照)。

裂いてしまう」(Ferenczi, 1933, p. 160) として、「母性的な優しさ」が必要だと述べられている箇所もあるが、それは患者が「ヒステリー発作」の中にあるときの緊急対応であって、結局のところそのリラクセーション技法そのものにも問題があることが分かったというのが事例記述の流れであった。フェレンツィはこの論文において、数年間実験してきたリラクセーション技法から、セラピスト自身の「障害の源泉を十分に意識化」する心理療法論へと転回を遂げようとしていたのだと考えられる。

　それではセラピストが自らの内なる障害を意識化していく過程は、どのように進められるのだろうか。「言語の混乱」に基づいて、クライエントに直接尋ねてみるのがよいという分析家もいる (Chused, 1992)。しかし、フェレンツィがいかに励ましても、患者は容易に口を開かなかったのである。彼は、「彼らの重い口を開かせるような考え方、語りかけ方がある」のであり、それはこれまでほとんど知られていなかったやり方なのだと述べている。

　直接の意識的な応答によって関係性を理解するのには限界があると言えるだろう。すでにフロイトが指摘しているように、クライエントに対する意識的な問いかけは、セラピストとの関係によって左右されうる。フェレンツィはさらに、クライエントはセラピストに対するネガティブな内容を伝える代わりに、セラピストに同一化することによって批判を抑圧してしまう傾向を指摘した。セラピストに対する「抑圧された批判」を聞き取るには、意識的次元での応答では十分とは言えない。「言語の混乱」においては、「直接尋ねる」という方法を超えるものが探究されていた。

　また「言語の混乱」は、「逆転移の開示 (disclosure)」を提唱するものだったとの再評価もある (Aron, 1996a)。実際にフェレンツィが逆転移的感情を患者に直接伝えていた様子は『臨床日記』にも記されているし、患者と役割を交換する「相互分析 (mutual analysis)」の試みにおいては、彼は自らの自由連想を患者に分析させてさえいる。アーロンがこうした側面を強調しているのは、彼が主に『臨床日記』を参照しているからでもあるだろう。

　容易に想像されるように、フェレンツィによる自己開示が、患者にとっての重荷となる危険性は早くから指摘されてきた (Thompson, 1964)。「言語の混乱」においても、フェレンツィは自らの逆転移を振り返り、それを患者に伝えよう

としていたように思われる。しかしこの論文では、単なる逆転移の開示や相互分析を超えるものも提示されている。彼は「抑圧された批判」を患者の連想から読み取り、それを解釈し伝えようとしていた。それは、セラピーの流れとは関係のない個人的問題や自由連想を面接に持ち込むのとは違って、逆転移の分析と解釈がクライエントが生み出す連想によって基礎づけられ、それによってクライエントの「いま、ここ」において意義あるものとなることにつながる。

　マイアーズは『臨床日記』を詳細に検討し、きわめて少ない例ではあるが、フェレンツィがこのような解釈を行っていることを示している。そこに描かれた臨床実践が、萌芽的なものではあるものの、翌年の「言語の混乱」における新たな心理療法論につながったと考えられる。マイアーズはさらにラングスの解釈論を用いて、『臨床日記』における患者の夢の中に、フェレンツィが行っていた相互分析という枠組みが与えたネガティブな影響が潜在的に現れているという解釈を提示している (Myers, 1996)。

　その後、「言語の混乱」を超えて発展してきているのは、こうした解釈の方法論である。ラングスは非転移を重視する解釈の方法論を構築してきた (第1章参照)。転移解釈と違って、非転移解釈は必ず面接の中でセラピストとクライエントが共有した事実にかかわるものであるから、臨床的根拠によって基礎づけていくことができる。現代構造論のベスキーがこうした臨床的根拠の必要性を指摘したことはすでに述べた (コラム2参照)。また「回復された記憶」に関する論争からは、臨床的根拠の詳細な検討に基づく事例の再検討が進められている (Brenneis, 1997, 1999; Good, 1998)。「言語の混乱」におけるフェレンツィの洞察を受け継ぎ、発展させていく上では、セラピストが自らの逆転移を振り返ることのできる解釈の方法論が必要だと考えられる。

　本章では「言語の混乱」をめぐるさまざまな再評価について検討してきたが、それは一つの論文を手がかりに、セラピーの関係性を捉える多様な観点を概観することでもあった。本章も新たな「再評価」を加えることにはなるが、フェレンツィの論文のどこからそう言えるのか、根拠と理路を示して論じることはしてきたつもりである。「再評価」の中には、フェレンツィの論文の内容とはずいぶん離れたものもあり、精神分析の世界における議論が「混乱」している印象を与えたかもしれない。ただ、それも学的コミュニティの健全性の表れと

も考えられる。一人ひとりの心理臨床家が、自らの心理臨床論や技法論を省察し、言葉にし、議論のテーブルに乗せることには意義がある。日本では「それでは研究にならない」と言われることもあるが、そうとは限らない。もちろん多様な研究があっていいのだが、心理臨床論や技法論という分野での自由な対話や議論が積み重ねられることも重要であり、それを通して学的なコミュニティも、心理臨床家のコミュニティも育っていくのではないかと思われる。

過去の記憶にどう耳を傾けるか
「回復された記憶」の問題を通して

　外傷論が台頭してきた背景には、虐待が社会的問題として認識され、子ども
の権利を擁護する動きが高まったことがある。このこと自体は、社会がよりよ
い方向へと向かうための大きな変化であり、これからもさらなる取り組みが求
められるだろう。一方で、こうした大きな流れに伴って、「回復された記憶」
という現象が見られるようになり、さまざまな議論を呼び起こしている（飛鳥
井, 1998）。ここで取り上げるのは虐待問題の全体ではなく、それに付随して問
題となった現象である「回復された記憶」を通して、心理臨床において過去の
記憶にどう耳を傾けるかについて考えてみたい。

　虐待を受けた人は、通常その記憶を忘れてはいない。語りにくいと感じるこ
とはあっても、それは記憶を失くして語れなくなっているのとは違う。これに
対して「回復された記憶」とは、それまで虐待を受けた記憶のなかった人が、
セラピーを受けることによって、実は自分は虐待されていたのだという記憶を
「回復」する現象を指している。

　この「回復された記憶」が問題になったものとして、ジョージ・フランクリ
ン／アイリーン・リプスカーの事件はよく知られている。カリフォルニア州で
1969年、8歳の少女が殺される事件があり、犯人は見つかっていなかった。20
年後の1989年、アイリーン・フランクリン・リプスカーは、父のジョージが
自分の目の前でこの少女を強姦し殺したという記憶を「回復」した。物証はな
かったが、アイリーンの記憶が現場の様子と一致したため陪審員は有罪を評決
し、1990年、ジョージは終身刑となった。

　しかし1995年の再審ではこれが覆された。アイリーンの証言は、事件そのも
のを見たのではなく、新聞報道を材料にしたものではないかと考えられたので
ある。また姉の証言によって、アイリーンの「回復された記憶」は催眠によっ
て得られたものであることが明らかになった。催眠に基づく証言は法廷で認め

られないことが分かっていたために、アイリーンは催眠による回復ではないと偽証していたのだった。またアイリーンは他に2件の殺人を父が犯したという記憶を「回復」していたが、いずれもDNA鑑定で別の犯人が確定したため、「回復された記憶」の信憑性が疑われることになった。ジョージは解放され、2018年にDNA鑑定に基づく別の犯人が発見された（Denzel, 2022）。

　これは「回復された記憶」が冤罪を生んだ事件である。アイリーンの側では、事件の記憶はあまりに外傷的なために抑圧されて思い出されることがなかったが、しかし精神的な症状を引き起こしていたのであり、セラピーによってそれが初めて「回復」されたのだという主張だった。

　記憶が「回復」されたのは、アイリーンと面接していた2人のセラピストによってだった。彼らは夢や記憶やイメージを呼び覚ますように、「浮かんでくるイメージが現実かそうでないかは問題じゃない、あとで考えればいいから」とアイリーンを促し続けた。最初に浮かんだのは誰かが少女に岩を打ち下ろしている場面だが、それが誰かは分からなかった。こうした面接を何回か続けることで、それが父の顔だと分かったのだという。面接を重ねながら場面は鮮明なものとなっていったが、中には事件そのものよりも当時の誤報の方に一致する部分もあった。アイリーンは事件後の9歳から5年間、頭頂部の髪を自分で抜いてしまうことが何度もあったが、それは事件の際の少女の傷跡を再現するものだと主張した。しかし当時の写真でも、母親の記憶でも、そのような髪の変化は確認できなかった。アイリーンと父の間はうまくいっておらず、また事件の記憶を回復することが救いになるとするセラピストたちの誘引もあった（Crews, 1995）。

　この事件からは、セラピストが強い先入観をもって過去の事実を再構成しようとする際に、さまざまな暗示を通してクライエントの中に偽の記憶を植え付けてしまう危険性があることが分かる。M・オーンの古典的な暗示研究（Orne, 1962）が示すように、暗示の影響は当人たちの気づかないうちに、さまざまな場面で働いている。

　同時期には精神分析の世界にも、虐待の記憶を「回復」したとする事例研究が現れ始めた（Alpert, 1994; Viederman, 1995など）。これらについてC・B・ブレナイスやM・グッドらは詳細な検討を行い、そうした「回復」が妥当とは言えない

ことを論証している。

　ブレナイスによれば、多くの「回復」の事例において、その「回復」が起こる前にセラピーが行き詰まっているという共通点が見出されるという。典型的な過程は次のように進む。クライエントはセラピストに依存しており、その意味ではセラピーが助けになっているのだが、症状は改善せず、ますます重くなっていく。原因が分からないままの苦しみは、人間にとって耐えがたいものである。何が原因なのか、何であってもかまわないので早くはっきりしてほしいという圧力が増していく。あるいは過去の外傷を重視するセラピストなら、よっぽど重い虐待体験があったのだろうと思い始める。苦しみが頂点に達したところで、過去の外傷を思わせるような「回復」の手がかりが現れる。夢の中によぎるかすかなイメージの断片が、あたかも過去の外傷の証拠であるかのように思えてくるのである。セラピストは曖昧な手がかりを過去の外傷を表すものとして解釈するし、想像力をもっているクライエントであればさらにイメージがふくらみやすい。これまでの行き詰まりは、抑圧されていた過去の外傷によるものではないかという思いを2人は強くする。そこでセラピストは虐待を受けたサバイバーの自助グループをクライエントに薦めることも多い。クライエントは参加して救いを感じるが、他のメンバーのようには自分の虐待を語ることができない。メンバーたちはむしろ忘れることのできない虐待の記憶を語っているのである。過去の虐待の記憶があればもっと救われるのに、という圧力がかかっていく。それと並行してセラピーの中ではおぼろげな夢やイメージが過去の記憶という形をとり始め、より確かなものになっていく。こうした過程は、過去の外傷の再構成を目指すセラピストによって強いられる場合もあるが、無意識の相互暗示によって進む部分も大きい。

　この過程は、意図的・意識的に進んでいるとは限らない。むしろセラピストたちは意識的には善意でそうしているのである。クライエントはこのセラピーを頼みの綱としている状況であり、ある意味ではこのセラピーはクライエントの役に立っている。だからこそこのような問題が生じてくる。心理臨床は人間関係によって成り立っているが、人間関係という「この新鮮な土壌からは、よいものも、悪いものも育ちうる」ものである (Brenneis, 1997, p. 169)。

　このような分析に基づいて、ブレナイスは新たな仮説を提示している。クラ

イエントが語るイメージは、セラピストの侵入的関与の反映ではないかというのである。これはラングス（Langs, 1978）やM・ギル（Gill, 1994）らの関係性理解と共通する考え方だが、性的虐待について執拗に尋ねてくるセラピストや、催眠、身体接触、その他さまざまな侵入的なかかわりが、過去の虐待者のイメージに仮託されて象徴的に表現される、いわば「セラピーの現在を過去に転移している」のではないかというのである（Brenneis, 1997）。これは非転移を尊重して関係性を読み解く観点だと言えるだろう。悪化する症状の原因が過去の外傷であるならば、他の人間関係はともかく、現在のセラピー関係は傷つかなくて済む。これに対して、現在の葛藤が過去に投影されていると考えれば、セラピストは自分自身に向き合わねばならなくなる。しかし、セラピーの行き詰まりを打開する可能性はそこから生まれるのである。

　ブレナイスらの観点は、「回復された記憶」の問題を考える際だけでなく、セラピーをはじめ、広く人間関係のあり方を考える上で示唆的だと考えられる。たとえば、教育現場などで発達障害の「グレーゾーン」といった言葉が使われることがあるが、こうした診断風のジャーゴンも、とくに客観的な基準によってというよりは、さまざまな社会関係、人間関係とその圧力が加わる中で次第に具体化されていくものだし、その過程を通して、いつしか本人自身もその通りに自己規定するようになっていくことがありうる（西, 2009b）。人間の自己規定は、周囲からプラスの影響を受けて生まれることもあるが、複雑な人間関係のプレッシャーを受けて、無意識のうちに歪められ、思い込まされていくこともある。セラピストには、自分自身が両方の影響を与えうることを自覚しつつ、クライエントの個性的な語りを読み解いていくことが求められるのではないだろうか。

・・

第*5*章

ウィニコットにおける移行

変化の臨界点

◆◆◆

　D・W・ウィニコットの「移行対象」は、精神分析の中でももっとも知られた概念の一つかもしれない。その代表的なイメージは、子どもがいつでも自分と一緒に連れて行く、くまのぬいぐるみである。成長の過程でいつの間にかどこかに行ってしまうそのぬいぐるみは、もう子どもではない世界への「移行」への橋渡しをしてくれる象徴的存在である。しかしウィニコットは、移行対象・移行現象論によって単にぬいぐるみの話をしているわけではないと言明している。本章ではそれが何を意味するのか、彼が挙げている具体例、とくに臨床事例をもとにして検討する。それは癒しへと向かう変化の臨界点を示すものであり、セラピーにおける関係性の展開にとって重要な局面を示すものと考えられる。

1. 移行対象・移行現象と錯覚－脱錯覚

（1）移行対象と移行現象

　D・W・ウィニコット（Donald Woods Winnicott, 1896-1971）は、独自の心理臨床論を展開した精神分析家である。「抱えること」をはじめ、彼が創造した独自の概念はどれも解き明かすことのできない逆説を含んでいるとともに、他の言葉では言い表せない魅力をたたえている。「移行」もそうした概念の一つである。

　「移行対象と移行現象（Transitional objects and transitional phenomena）」（Winnicott, 1953,

1971b) は、ウィニコットの論文の中でももっとも知られているものであろう。この論文では「移行」の概念が提示されるとともに、その背景が「錯覚・脱錯覚」の概念を通して検討されている。この論文は彼の主著『遊ぶことと現実』(Winnicott, 1971b) の第1章として収録されているが、この章は3つの論文を合わせた形になっている。「Ⅰ．最初の仮説」は初めて彼が「移行 (transition)」の概念を提示した論文であり (Winnicott, 1953)、「Ⅱ．理論の応用」は子どもの臨床事例を描いた「紐 (String)」という論文 (Winnicott, 1960b)、そして「Ⅲ．臨床素材」は本書に合わせて新たに書き加えられた成人の分析事例である。以下それぞれを「第1部」「第2部」「第3部」と呼ぶ。20年近くにわたって書かれた3つの論文は、それぞれに異なる角度から移行を取り上げており、ウィニコットにとってのこの概念そのものの「移行」を示しているかのようである。

　ウィニコットは第1部において移行対象の例を挙げながら、その定義を示している。移行対象は「最初の所有物」であり、テディ・ベアや人形、おもちゃなど、幼い子どもがどこに行くにも持ち歩いて愛着するようなものが挙げられる。喃語や眠る前に歌を一通り歌うことなども同様の意味をもつ「移行現象」だと考えられる。それらは不安への防衛として、あるいは眠りに就く際などに、子どもにとって重要な意味をもつ。「筆者は『移行対象』および『移行現象』の語を、親指からテディ・ベアまで、口唇的性愛から真の対象関係まで、一次的創造活動から取り入れ済みのものの投影まで、恩恵に気づかない原初の段階から恩恵に感謝を示すことまで、その間にある (intermediate) 体験領域を指すために導入してきた」(Winnicott, 1953, p. 89)。

　ずいぶんいろいろなものの「あいだ」にあるもののようだが、多くの人にとって印象的なのは、この定義よりも彼の描写であろう。ウィニコットは、移行対象はこんな性質をもっていると言う。子どもが好きな人形や毛布が汚れてきたからといって、急に洗ってしまうとその子にとっては体験の連続性が失われてしまう。また、大人になってから、あれだけ好きだった人形はどこに行ってしまったのだろうと思い返す人もいるだろう。そうした移行対象への愛着は次第に薄れていき、いつかは忘れられる、というより、忘れてしまったことにも気づかないような形で、いつの間にかどこかに行ってしまう。ウィニコットはこの概念を通して、誰にでも思い当たるような、しかし忘れかけていた幼いころ

の思い出に触れており、多くの人の共感を呼んでいるのもこうした側面である
ように思われる (コラム8参照)。

　しかしウィニコットは先の定義に続けて、「筆者は子どもがもっているテ
ディ・ベアだとか、幼児が最初に拳や指を使うといったことそのもののことを
言っているのではない」(ibid., p. 90) と述べている。彼のこの記述に反して、移
行対象に関する多くの発達研究は、子どもが愛着している「もの」の次元にと
どまっていることが指摘されている (Arthern & Madill, 1999)。「『移行対象』と言
えばテディ・ベアが思い浮かぶ。しかし実際にはこの概念はより複雑なもので
ある」として、ウィニコットは移行対象を物理的特徴によっては定義しなかっ
たという指摘もなされている (Hughes, 1989)。ウィニコットは移行対象・移行現
象を通して、その背景にある錯覚－脱錯覚 (illusion-disillusionment) の過程につい
て論じようとしていた[注22]。

(2) 錯覚と脱錯覚

　ウィニコットは錯覚－脱錯覚の過程を次のように説明している。精神分析的
観点からは、乳児は快感原則の世界に生きており、そこから現実原則を受け容
れていくには、「ほどよい母親 (good-enough mother)」の存在が必要である。ここ
で母親と言っているのは必ずしも実母のことではなく、養育を果たす人物のこ
とを意味する。養育者は乳児のニーズに能動的に応答していくが、やがて子ど
もが欲求不満に耐えられるようになるにつれて、ニーズに合わせるのを徐々に
減らしていく。

　乳児期の子どもはニーズが満たされることによって、世界が自分の魔術的
支配下にあるような錯覚を抱く。乳児は内的世界の中で自分のニーズを満たす
乳房をつくり出しており、母親の役割はそれに応じたものを与えることであ
る[注23]。乳児の求めるものと母親の与えるものが一致すれば、子どもは錯覚を
抱くことができる。このとき子どもは自分の内界に沿う限りにおいてのみ乳房

注22)「錯覚－脱錯覚」は「幻想－幻滅」とも訳される。
注23) ウィニコットは「乳房」を養育行為 (mothering) の全体を指す言葉として用いている。

を知覚しているのであり、「母親と乳児の間に相互交流は存在しない」(Winnicott, 1953, p. 95)。

　そうした万能感的な錯覚を抱いている状態から、徐々にニーズへの適応が減っていくにつれて、子どもはよい面も悪い面も併せ持った「現実的」な世界観をもつようになる。一度達成された錯覚的充足の状態から、離乳をはじめとする脱錯覚の過程を進めていくことは、養育者・教育者にとって主要な課題である。ただ、人間は内的世界と外的現実をつなぐという重荷から解放されることはないし、現実を受け容れるという課題も決して完結することはない。現実世界と出会っていく過程においては、中間領域が必要である。それは主観に属するか客観に属するかを問われない領域である。大人もそれぞれの個人的中間領域をもっているが、それが重なり合う場合は共有することができる。こうした共有の中間領域は遊び、芸術、宗教から人間の文化全体に広がるものであり、また錯覚的体験を共有することが、人間の集団の基礎となっているのである(ibid.)。

　以上がウィニコットによる錯覚−脱錯覚の説明の要約であるが、精神分析における「現実」の概念が大変厳しいものであることを思い起こさせられる。さかのぼればフロイトの快感原則・現実原則がもとになっているわけだが、とくにウィニコットが人間は本来現実世界に出会うことのできない存在だと捉えている点、「母親と乳児の間に相互交流は存在しない」と断言している点は印象的である。テディ・ベアに代表されるような、忘れかけていた子ども時代の懐かしい思い出の世界とは確かに違ったことが述べられているし、人間観としてもある種、独特なものが展開されていると言えるだろう。

　何が独特かと言えば、①対象と関係をもつ能力は乳児には備わってはいないという断定、②中間領域が現実との関係にはつながっていかなさそうに見える点、③現実とは変化不可能なものと捉えられている点が挙げられる。①については、実際の乳児を見る人なら、乳児がそれほどいつも完全な幻想的満足の状態にいるわけではないことが分かるだろう。乳児たちはむしろ他者や外界に関心をもって、能動的に自らかかわろうとするものである。②については、ウィニコットは移行対象や移行現象あるいは中間領域を、現実と出会うショックを和らげるものと捉えているように思われる。したがって中間領域の体験を重ね

ること自体は現実と出会うよりは、むしろ一種の退却あるいは防衛と見なされているように見えるのである。③もウィニコットの、そして精神分析の独特な世界観を反映しているように思われる。乳児たちはその存在によって、世界を変える力をもっている。その微笑みは、まわりの人々にケアする心を生み出している。ウィニコットが人間と出会うことの難しさを強調するのに対して、中間領域における錯覚的体験は容易に共有されるように考えているのも奇妙な点である。そうした錯覚的体験の共有に基づいてつくられる文化や集団においては、現実を変えることも人間どうし向き合うことも難しそうに見える。しかし実際の人間社会や文化はその逆に、現実を変革する歴史を積み重ねてきたのである。

　錯覚−脱錯覚の概念が、必ずしも実際の乳児−養育者関係にはそぐわない可能性があると述べてきた。その理由の一つは、精神分析の発達論が、発達研究とは異なる来歴をもっているからだと考えられる。ウィニコット自身、彼の発達論は実際の子どもたちよりも、セラピーの実践の中から導き出されたと述べている（Winnicott, 1960a）。エビデンスの性質から言っても、精神分析の発達論は実際の子どもの発達というよりは、子どもの発達過程に仮託して、セラピーにおける関係性の展開過程を象徴的に描いたものと理解することができる（コラム4参照）。この観点からは、ウィニコットの臨床例を検討することが彼の移行論・心理臨床論を理解する手がかりになると考えられる。

（3）対照的な臨床例から

　第1部に挙げられているのは、2人の兄弟、XとYの臨床例である。それぞれに移行対象をもっているが、Xの場合は歪んだ形で、Yの場合は典型的な形で使われているという。

　　〈Xの成長の過程は平坦なものではなかった。彼は長子であり、母親は彼を育てながら母親とはどうあるべきかを学んだ。他に頼れる人もあまりない中で、彼女は母であることを深刻に捉えたために母乳で7か月育てたが、振り返ってみれば離乳が遅すぎたと思うし、彼の場合は離乳の過程も困難だった。おしゃぶりも何もなかったので彼には頼るものもなく、母親

という人そのものにきわめて強い愛着をもっていた。1歳ごろからうさぎ
の人形を気に入り、それは5、6歳ごろまで続いた。それは「慰めるもの
(comforter)」ではあったが、真の移行対象の性質をもっていなかった。真の
移行対象なら、ほとんど子ども自身の一部となり、母親よりも重要なもの
となるはずである。離乳の際に生じた強い不安は、喘息につながり、よく
なるまでにはかなりの時間がかかった。故郷から遠い街で就職したのは、
彼にとって重要なことだった。母親には今も強い愛着をもっているが、彼
は広い意味では正常であり健康である。彼はまだ結婚していない〉。

　〈Xの弟のYは順調に育ち、今では3人の健康な子どもの父親である。X
と違って指吸いをしたこともあって、4か月のころにはすんなりと離乳が
できた。5、6か月のころには毛布の端っこを気に入って、毛糸で自分の
鼻をくすぐるのだった。喃語が出せるようになると、彼はそれを「バア」
と名づけた。1歳ごろからはその代わりに、赤い紐のついた緑のジャージ
を使うようになった。これは抑うつ的な兄の場合とは違って、「和らげる
もの(soother)」であり、いつでもよく効く鎮静剤だった。「バア」を手渡し
さえすれば、Yはすぐに吸い付いて不安は消えるし、寝る前なら数分で
眠ってしまうのだった。指吸いは3、4歳まで続き、親指にタコができた
ほどである。父親となった彼は今、子どもたちが指吸いをしたり彼らの
「バア」を使っているのに興味をもっている〉。

　ウィニコットは断言はしないものの、Yが心理的に健康であって、Xはそれ
とは異なると見ていることが見て取れる。離乳をはじめとする母親との分離の
危機に際して、Xは母親そのものに執着して移行対象は幾分かの慰めにしかな
らなかったが、Yは母親ではなく移行対象の方で不安を和らげることができ
た。母親への愛着を移行対象に置き換えられる方が、より健康だと見なされて
いることになる。

　しかしウィニコットが提示した材料からは、XとYのいずれが健全なのかは
判断できることではないように思われる。母親その人に愛着することはおかし
なことでもないだろうし、それをもので置き換えられることが素晴らしいとも
限らない。ウィニコットとしてはYが自立しやすかったことを重視しているの

だと思われるが、それは現実に直面するというよりも、「鎮静剤」という防衛によるものである可能性も考えられなくはない。母親への愛着も、必ずしも依存性の表れとは限らないだろう。母親からの自立は、移行対象に頼るばかりでなく、母親という人間との関係が変容していく形で進むこともありうる。母親とは養育機能の化身ではなく一人の人間なのであって、母親とのかかわりが依存的なものから自立的なものに変わっていくことは一つの成熟の表れでもある。移行対象は病理的な側面をもちうるものであり、しばしば理想化されているとの指摘もあるように (Brody, 1980)、単に移行対象が用いられたから、母親を代替するものになったから健全であると考えるよりも、母親との関係、移行対象との関係のあり方を見ていくことが必要なのだと考えられる。

2. コミュニケーションと防衛の間

　ウィニコットは第2部において、移行に関する臨床事例を取り上げている。『遊ぶことと現実』出版時にこの論文を収録した際、彼は「これまで筆者は移行現象の正常性を強調してきた。しかし事例を臨床的に吟味する際には、精神病理が見て取られなければならない」(Winnicott, 1971b, p. 15) と追記している。ここでは移行対象を理想化するのではなく、関係性の質を見ていく視点が加えられている。以下、「紐 (String)」と題された事例の要約を示す。

(1) ある少年と紐の事例

　　〈7歳の少年が両親に連れられて、小児科医院の心理科にやって来た。特別支援学校に通う10歳の姉と、健常児らしい4歳の妹も一緒だった。ウィニコットはまず両親と面談して話をゆっくりと聴いた。母親は抑うつ的な人だった。少年が3歳のころには妹が生まれ、その後は母親が手術で入院したり、精神病院への入院などもあったが、その際は母親の妹が彼の面倒を見てくれた。彼は扱いにくい子どもだと言われており、気分が変わりがちで、おばを切り刻んでやるなどと言っては皆を驚かせた。またさまざまな強迫症状もあった。

　両親との長い面接の後、ウィニコットは2人の精神科ソーシャルワーカーと2人の見学者の前で、少年と個人面談を行った。ウィニコットと少年はすぐにスクイグル・ゲームを始めた。ウィニコットが即興で書いた線が何かに見えるように彼が描き加え、今度は彼が線を描いてウィニコットに描き加えさせ、それを交互に繰り返すのである。不思議なことに少年は、投げ縄、鞭、ヨーヨーの糸、結び目など、ほとんどすべてを紐のようなものに描き変えてしまった。

　この後ウィニコットは再び両親と面接し、紐のことについて尋ねた。両親は、その話をしてくれてよかった、実は少年が家の中のあらゆるものを紐で結ぶようになっており、家具ばかりでなく妹の首にまで巻いていたのだと言った。

　ここで、両親と少年が田舎に住んでいるために、面接には半年に1度来られるかどうかだということが分かった。そこでウィニコットは母親に、この少年は紐を使うことで、分離への恐れに対処しようとしているのだと説明し、それは友人との別れを電話によって否認するようなものだと言った。母親はあまり納得しなかったが、ウィニコットはもし今の話に何か意味があると感じたときは、少年と一緒に話し合ってみることを勧めた。

　半年後に来談したとき尋ねてみると、母親はウィニコットの言ったことはばかげているとは思ったが、しばらくして少年に話してみたという。そのとき彼は、母親との接点がなくなることが怖いんだと言い、母子はさまざまな分離の場面を振り返って話し合った。この話し合いの後、紐の遊びは止んだ。そこから、単に母親が不在にすることよりも、他のことに気をとられて彼との接触が失われることが問題だったのだと分かってきた。さらにその1年後に来談した際には、母親はこんな話をしていた。母親がまた手術で入院するころ、紐の遊びが復活した。母親は、「紐で遊んでいるのは、私がいなくなるのが心配だからかもしれないね。今度の入院は2、3日だし、それほど重い病気の手術じゃないんだよ」と伝え、その後はまた紐の遊びは止んだという。こうした経過を繰り返しながら彼は成長しているが、父親から見れば紐の遊びは母親の不安と関連しているようだという。精神的には不安定な部分もあり、母親への同一化や紐への熱中も今後

に影響するかもしれない〉(Winnicott, 1960b, pp. 49-51)。

　ウィニコットはこの事例に基づいて、紐がもつ意味について考察している。紐はコミュニケーションの手段であり、まとまらないものごとを一つに抱える (holding) 働きをもっている。少年は母親との分離に対する不安を、紐を通して象徴的に表現していた。同時に紐は分離を否認する手段にもなりうるし、そのとき紐は象徴的意味をもつよりも、「ものそのもの」になってしまう。そうなると行動化による二次利得が生まれるために、それを癒やすことは難しくなる。『遊ぶことと現実』では1969年の追記として、少年が10年後、引きこもって薬物嗜癖に陥ってしまったとして、移行現象の病理的側面を見ていく必要があると述べている。

　また、この事例では家庭の事情から、半年に1回程度両親との面接を続けたが、このような状況では、親に子どものセラピストの役割をとってもらうことも有効な手段だとウィニコットは論じている。ウィニコット自身の役割は、親が子どもとかかわる過程を理解し、その意味を言語化することだという (Winnicott, 1960b, 1971b)。

(2) 心理臨床的観点から見た移行現象

　この事例解釈からは、移行対象についてのウィニコットの理解が、第1部よりも深化していることが分かる。紐は象徴的コミュニケーションの媒体でもあり、分離を否認する手段ともなりうるものであった。ここでは第1部とは違って、紐という移行対象を用いることが、それ自体で治癒的だとは見なされていない。ここでの移行対象は、母親との関係の中で満たされなかったニーズを置き換えによって充足する手段というよりも、むしろ母親にこのニーズを伝えるコミュニケーションの媒体として理解されている。この事例の展開にとっては、分離が生む危機に際して、理解しがたい遊びの中からも子どもの思いを汲んで、母親と少年がその思いに向き合って話し合うことが重要な意味をもっていた。

　第2部においてウィニコットは、移行対象を、治癒に向かうコミュニケーションと、病理的充足との両面をもつものとして捉えている。第1部では発達

論的な理解が示されていたが、第2部ではより心理臨床的な観点からの理解が
なされている。心理臨床的な観点からは、移行とはコミュニケーションと防衛
との間、癒しと病理との中間領域と捉えることができるだろう。夢の顕在内容
が、潜在内容を覆い隠しながらも象徴的な形で伝えているように、精神分析に
おいては一つのものが対極の意味をもちうるが、移行現象もそれと同様の性質
をもっている。移行現象はそれ自体が癒しとなるわけではなくて、そこに癒し
に向かう側面を見出し、信頼関係の中で生かしていくことが重要なのだと考え
られる。心理臨床における移行は、かかわり方によって癒しにも病理にも向か
いうる、変化の臨界点と捉えることができる。

　その際には、移行現象の背景にある思いへの理解と解釈が必要である。第1
部の発達論においては、欲求充足を徐々に減らしそれに慣れていく錯覚―脱錯
覚の過程が強調されていたのに対して、第2部の事例においてはコミュニケー
ションを理解し受け止めること、そして理解が関係性を変化させることの意義
が示されている。ここでは癒しの過程が、量的な次元を超えて質的に捉えられ
ている。

　その過程をウィニコットは主として母親と少年との関係性の変化として論じ
ているのだが、移行現象はウィニコット自身の面接状況にも生じているように
思われる。この面接自体にも難しい条件があり、半年に1回しか会えない状況
であることが分かってきた。なぜ半年に1回なのか、そこに距離的な問題ばか
りでなく、長い時間をかけた面接の中での心の動きや「抵抗」が関係していな
いかどうかについては、判断できる材料はない。移行現象は分離の危機におい
て意味をもつが、そうした危機は、ウィニコットとこの家族の間にも起こって
いることになる。この危機に直面して、ウィニコットは少年の遊びの背景にあ
る分離の問題についての解釈を、母親に伝えた。ここでウィニコットは、なか
なか会えない家族との関係を、解釈というある種の「紐」によって結びつけた
ように思われる。面接関係の困難に直接向き合っているわけではないが、しか
しこの解釈はウィニコットと家族との関係をつなぐものとなった。

　面接状況についてはもう一つ、セラピーの関係性が直接的なものというより
は、さまざまな媒介物を含んで成り立っていることが特徴的である。この家族
が来談する背景には、家族それぞれの心理的ニーズがあったかもしれない。抑

うつ的な問題を抱えている母親は、自分自身のニーズをもってウィニコットのもとを訪れた可能性も考えられる。その場合は、ウィニコットとの関係をつなぐ媒介として少年が連れて来られたとも言える。少年は母親の心理的ニーズを象徴的にコミュニケートする媒体であり、同時に母親の問題を置き換えによって解消する防衛的手段であったかもしれない。そこにも、癒しに向かう側面と防衛に向かう側面の両方が含まれている。

　この両面を受け止めてどう応えるか、どういう面接の枠を設定するかによって、その後の展開は変わってくる。関係性にとっては臨界点となる場面だが、ウィニコットは両親の意向に沿って面接を行った。まず両親に長い面接をしてから少年に会っていることからも、ウィニコットが少年よりも両親の意識的意向を尊重していることが分かる。少年との面接には見学者も介在しており、ウィニコットは少年と話し合うことはほとんどせず、スクイグル・ゲームを始めている。ここで少年自身がどのようなニーズをもって来談したのか、少年自身の声に耳を傾ける試みはほとんどなされていない。スクイグルは少年との関係をある面ではつないでいるが、ウィニコット自身が少年と向き合うということにはあまりつながっていないように思われる。

　臨床場面に即して事例を検討することから、クライエントの語りも、またセラピストの介入も、セラピーの関係性も、移行的な性質をもっていることが示された。面接の中で起きる出来事には、コミュニケーションと防衛、癒しに向かう力と病理へ向かう力の両面が考えられる。その両面について、バランスをとっていくという量的な次元よりも、理解によって支えるという質的な次元が重要であることを、ウィニコットの事例は示唆している。事例の中の紐がそうであるように、それは関係を結ぶ働きをもつと同時に、統合しがたいさまざまな出来事や心の要素をつないで「抱える」ことを可能にするだろう。さらに相互的な観点からは、セラピストが自らの介入の中に含まれる、癒しの側面と病理的な側面の両方を振り返ることによって、事例理解を深めることができると考えられる。

3. 現実への直面

（1）ある女性との面接

　第3部では、ある女性患者の分析事例が取り上げられており、ウィニコットはこの事例においては喪失感が自己体験を統合する手段となっていると述べている。1回の面接記録がそのまま挙げられていて、それ以上の詳しい事例検討が示されているわけではないが、そこからはウィニコットの心理臨床論を具体的に検討するための素材を得ることができる。

　以下、この事例の要約を示す。面接はほとんど患者の自由連想によって成り立っているから、話題がさまざまに転換していく上に、ここには要約しか示せないということもあって、分かりにくく感じられるかもしれない。自由連想とは、意識的・論理的なつながりを超えた語り方であるから、その意味では患者は精神分析にとって望ましい語り方をしているとも言える（第1章第2節参照）。フロイトの「平等に漂う注意」と同じく、意識的に整理し分析する前に、夢を聴くのと同じような思いをもって、患者の心に耳を傾けてみたい。

　　〈患者は子どもを数人育てている母親であり、知的な仕事をしてもいるが、「分裂病質（schizoid）」的症状のために来談している。周囲からは好感をもたれており、病んでいるとは思われていなかった。

　　この面接での患者の自由連想は、抑うつ的な夢で始まった。明らかに、分析家への転移が強欲で支配的な女性像として現れていた。そこから患者は以前会っていた分析家を求める気持ちと、彼こそが自分にとっての男性像そのものだったことを語った。

　　患者はよく空想することに心を奪われる。彼女は列車で旅に出る。すると事故が起こった。彼女の身に何が起こったか、子どもたちは、そして分析家はどうやって知るだろうか。叫んでも、彼女の母親は聴こうとしないだろう。"以前、猫をしばらく置いて出かけたことがあったんです。帰ってくると猫は何時間も泣き通しで、本当に最悪もいいところだったわ"。そこから彼女は子どものときからずっと経験してきた数々の外傷的な分離の体験を語った。

　だから彼女は自分の子どもには気をつけて接してきたのだが、最初の子が2歳になる前、その子を置いて夫と3日間の旅行に出かけ、そこで次の子を授かった。置いていかれた子どもは、4時間も泣き通しだったという。帰ってきても関係を再建するには相当に長い時間がかかった。患者と分析家はこう話し合った。小さい子には何が起こっているか理解できないが、20か月ぐらいにもなれば、子どもが理解できるような言葉で説明することもできるようになってくるだろう。何の理解も与えられずに母親が不在となるなら、子どもの視点から見れば母親は死んでいるのである。死が意味するのは、そういうことだ。

　彼女の人生はずっとそういうことばかりだった。彼女にとって現実と言えるのは、間隙、死、不在、記憶の消失だけだった。面接の中でどうしても思い出せないことがあったが、そのもっとも重要な意味はそこに空白があり、それだけが現実であるということだった。転移を通してそのことが分かってきたのだが、これに関連して彼女は、面接室の膝掛けのことを思い出した。以前にも退行した際に使ったことがあるものである。"先生はそれを私に掛けてあげようと思っているでしょうけど、それがないことの方が現実的なんです。今いる分析家よりも前に会っていた分析家の方がいつでも大事なんです。先生の方が親切にしてくれるでしょうけど、前の先生の方がよかった。あなたがいることよりも、彼がいないことの方が現実的なんです"。

　そこから現実と想像についての話が広がった。"天使が私のベッドの傍らに佇んでいるなんて、私は信じない。でも腕につないだ鷹や、どこにでも連れて行ってそこらの木にでもつないでおける白馬なら現実的だわ"。ウィニコットは、つなぐというイメージに注目した。"私は、決して去ってしまわないものが欲しいのだと思います"と彼女は言った。彼女は分離にどう対処してきたか語った。母親が不在の時期は、紙でできた蜘蛛の足を毎日1本ずつ引きちぎった。トビーという犬の人形ももっていたが、ふとしたときに思い出す以外は忘れてしまっていた。そう言えばひどい出来事があった。彼女の母親は、「離れていても、あなたが泣くのは"聞こえた"わよ」と言ったのだ。4マイルも離れていたのに。彼女は2歳だったが、母

親が嘘を言っていることは分かった。しかし誰もが素晴らしいと言う母親が、嘘をつくなど信じられなかった。

　「私が手に入れたものと言えば、手に入らなかったということだけだった。先生は何をしてくれるんですか?」　分析家は黙っていた。「私が黙っていたのは何を言っていいか分からなかったからです」という分析家の言葉に、彼女は大丈夫です (this was all right) と答えた。

　セッションの終わりに、彼女は1週間旅に出ると言った。それは夏の休暇のリハーサルでもあった。"先生も一緒に来られたらどうです?　途中まででもかまいませんから。そう、それで先生は途中の駅で降りて帰るんです。子どもたちが先生にまとわりついて大変でしょうね。いい気味だわ"と、彼女は分析家の母性的側面を冷やかした。

　去りぎわに彼女はこう言った。"戦争中に疎開したとき、私はそこに両親がいるかどうか確かめに行ったんだと思います"。両親はいなかった。それが現実だった。彼女はこうも語っていた。"膝掛けはとても心地よかったでしょうね。でも現実は慰めよりも大事なんです。だから膝掛けがあるよりも、ないということの方が大事なんです"〉(Winnicott, 1971a, pp. 20-25)。

(2) 事例の解釈と再解釈

　ウィニコットはこの事例についての理解をまとまった形では示していないが、およそ次のようにまとめることができる。ここでの移行対象は、「不在」あるいは喪失感そのものである。患者にとっては母親が信頼できる存在ではなかったために、移行対象の現実性は疑わしいものとなり、むしろ「喪失感そのものが自己体験を統合する手段」(ibid., p. 20) となった。それは「すべての終末に抗して、否定的なものを絶体絶命の防衛に転じる絶望的な試み」(ibid., p. 24) である。喪失感をめぐる語りに続く患者からの問いに、ウィニコットは沈黙によって答えている。この沈黙によって、彼は患者が探し求めていた、しかしとっくに忘れ去ってもいた以前の治療者と結びついたのだろう。ウィニコットと結びついた「前の分析家は主観性の漠たる淵に沈み込み、母親が生きていたころの体験——自分の母親には養育者として欠陥があり不在だったのだと気づく前に、彼女が見出したと思ったものとつながった」(ibid., p. 25) ことを彼女

は言ったのだろう、とウィニコットは言う。この箇所は大変持って回った表現になっているが、要するに分析家が分かったようなことを言うのではなく、何も言えないでいたことが、喪失感を支えとして生きているこの患者にとっては意味があったということかと思われる。

　ウィニコットによるこの解釈は、患者が多様なイメージを通して喪失の体験について語ったところから、そして「ないということの方が大事」だと語ったことから来ているのだろう。ウィニコットはその理由を、患者の過去の外傷体験に帰している。しかし、相互性の観点、バイパーソナルな場の観点からは、患者の要因ばかりでなく、分析家の側の要因も考えられなければならないはずである。

　またこの患者にとって、喪失感が実際に自分を支えるものとなっているのかどうか、移行対象としての役割を果たしているのかどうかにも疑問がある。もちろんウィニコットも特殊な例だとは考えているのだが、もともと移行対象とは現実が与えるショックを緩和するものであったはずだから、喪失感によって自分を支えるというのは相当特殊な場合であるには違いない。患者は社会的には相当に適応がよい状況だから、こうした深い病理を推測するにしても、それが分析家との関係においてのみ生じている可能性を考慮してよいように思われる。さらに言えば患者は、この面接を通してずっと喪失の痛みを訴え続けてはいるが、必ずしも喪失によって支えられたというようなことは言っていないように思われる。そうではなくて、表面的な慰めよりも、喪失感の方が現実的なのだということを、患者は繰り返し伝えている。表面的な慰めよりも、痛ましい現実に向き合うことを患者は求めている。

　そこで相互性の観点からこの事例を振り返ってみよう。ウィニコットが言う通り、確かに自由連想は次々と変わる話題を通して、分離、不在、喪失感といった共通のテーマを描き出している。そこには患者の側の要因ももちろんあるが、分析家の側の要因も考えられる。この面接は、夏の休暇が近づく直前のものだった。海外の精神分析事例においては、夏の休暇が数週間から2か月程度に及ぶことも少なくない。患者は面接の最初から、不在の間に何かあったら、分析家はどうやって気づくのかという、セラピー関係の問題に言及している。患者はそのリハーサルとして1週間の旅に出ると言っており、面接の終わりに

ウィニコットに対して改めて分離の問題を持ち出しているのである。それはただ置き去りにされるだけでなく、自分の側が分析家を置き去りにするのだという、「攻撃者への同一化」(Ferenczi, 1933；第4章参照) や、自らの見捨てられ不安を分析家に少しでも感じさせようとする投影同一化 (コラム6参照) の試みなのかもしれない。

　相互性の観点からは、患者の語り全体を、分析家の不在というトリガーへの反応として理解することができる。さまざまな話題がこのトリガーに関連している。①休暇の間、自分に何かあったら分析家は気づかないのではないかという不安。離れていても分かるというのは偽りの慰めである。②理解が与えられないまま置き去りにされれば、関係を再建するのに時間がかかってしまう。③分析家は膝掛けのような表面的な慰めよりも、不在という現実に出会うべきである。④この面接室のカウチの傍らに佇んでいる分析家には、天使の役割は期待できない。そのことよりも、関係がつながれることの方が重要である。⑤こうした喪失に対して、分析家は何をしてくれるのか。⑥途中で放り出されるのはどんな気持ちか、分析家も体験してみるといい。⑦旅に出るのは、それによって失われた「抱え」が得られるか確かめるためだった。しかし、それは得られなかった。

　いずれの話題も、分析家が休暇を取ることに伴って、長い別れを目前にしているというセラピー関係のコンテクストに呼応するものとして理解することができる。加えて言うならば、この事例がおそらくはウィニコットの晩年のものであることも関係していたかもしれない。この事例は1971年に出版された『遊ぶことと現実』に書き加えられたものだが、同年ウィニコットは亡くなっている。患者は彼の健康状態など、面接の継続に不安を感じるような要素を感じ取っていたかもしれないが、ここに示された臨床素材だけでは確かなことは言えない[注24]。

　この事例に移行現象を見出すとすれば、それはクライエントが不安を感じながらも、それを象徴的に伝えようとしている点ではないかと思われる。患者の旅行という行動化[注25]は、分離不安への防衛でもあるが、同時に分析家にこの問題を扱ってコンテインするよう求めるコミュニケーションでもある。患者の側から面接をキャンセルする形をとっていた可能性も考えられるが、休暇、旅

行、キャンセルといった枠の問題の背景にあるものについて、ともに話し合い理解していく必要があったのではないかと思われる。前節で明らかにしたように、移行現象は癒しに向かうコミュニケーションとしての意味をもちうるとともに、防衛と否認の手段ともなりうるという両面をもっている。どちらに向かうかは、患者からの問いかけに分析家がどう答えるかによって変わってくる。この面接には、そうした変化の臨界点が現れている。

　しかしウィニコットは患者の問いに対して何も答えなかった。彼はそのことがセラピューティックな意味をもったと考えているが、それを示す具体的な臨床的根拠は、喪失感が患者の支えになっているというウィニコットの仮説以外には、患者の「大丈夫ですよ」という言葉しかないように思われる。しかしすでにフロイトは、患者からの「イエス」は臨床的根拠としての価値をもたない

―――――

注24）この事例を具体的に取り上げた研究は、A・グリーンによるもの以外にはほとんど見当たらない。グリーンは偶然に、この患者と思われる女性のセラピーを引き受けており、ウィニコットの事例報告との関連について論じた。グリーンは、患者がウィニコットとの面接を中断しており、それからほどなくしてウィニコットが亡くなったと述べている（Green, 1997）。ここで取り上げた第3部の事例は、やはり彼の最晩年のものと推測される。彼の晩年の健康状態が思わしくなかったことを考えると（Gillespie, 1971）、この事例における分離の問題は、直接には分析家が休暇を取ることによって喚起されているものの、背景には面接をどれだけ安定して続けられるのか、あるいは分析家の文字通りの生存に対する不安がかかわっていたかもしれない。

　グリーンは彼自身がこの患者の面接にあたる中で、ウィニコットの事例報告と同様に、患者にとっては「否定的なもの（the negative）」が重要な意味をもっていたと述べている。しかしグリーンの面接枠組みは、彼が渡英したときのみ患者と面接するという、相当に不安定なものであったから、そのことも分離の問題に大きな影響を与えていたと考えられる。相互的な観点からは、グリーンの言う「否定的なもの」は、患者個人の心の要因であるよりも、こうした不安定な枠組みの反映である可能性が高いと考えられる。しかしグリーンは、その影響をほとんど検討していない。

注25）行動化（acting out）とは、無意識の問題に意識的に向き合うのではなく、行動によってその情動的負荷を発散することを表す概念である。そうした行動の次元も患者理解のための素材となる（Freud, 1914b）。旅行に行くこと自体はとくに行動化と呼ぶべきものとは限らないが、分析家の休暇に対抗する旅行話で分析家を挑発するのは、この面接の流れの中では行動化としての意味合いをもっている。行動の背景にある意味を理解することが、事態と関係性を変えていくことにつながると考えられる。

と指摘している（Freud, 1937；第1章第7節参照）。直接の意識的応答は、相手との関係に左右されやすいものであり、また無意識を含めた反応とは見なし得ないのである。したがって介入が妥当だったかどうかは、それに続く患者からの連想に照らして検証されなければならない。分析家の沈黙の後にクライエントが持ち出してきたのは、患者の側が旅に出ることによって分析家にも分離の痛みを感じてほしいという行動化であった。患者は去りぎわに、旅に出る理由はそれによって「抱え」が得られるか確かめるためだったが、それは得られずに終わったと言い残していった。こうした患者のコミュニケーションからは、ウィニコットの自己理解とは逆に、患者は分析家によって抱えられなかったと感じているように思われる。

　それでは患者は何を必要としていたのだろうか。その手がかりは、患者の語りの中に見出すことができる。分離不安を乗り越えることは、理解によって可能となるのだと患者は語っている。何が起こっているのか理解できないままに置き去りにされるのではなく、理解できるように言葉で説明するということが求められている。今日の面接の中で分析家の不在がどれほど心にかかっていたのか、分析家は理解することができただろう。その際に求められるのは、痛みを「慰め」によって防衛するのではなく、不在という現実に向き合うことである。患者は最後に、分析家による慰めは心地よいものだっただろうが、それよりも現実に向き合うことの方が大事なのだと言っている。それはこの面接全体に対する患者の解釈とも、面接のあり方を指し示す「無意識のスーパーヴィジョン」（Langs, 1978）とも捉えられる（第1章第6節参照）。

4.「現実」を捉え直す

　前節に挙げた事例において、ウィニコットは患者が特殊な形で移行対象を用いていたと解釈していた。患者は分離という苦痛な現実に出会う代わりに、喪失感というものを移行対象として逆説的に自らを支えていたというのが彼の解釈である。これに対して相互性の観点からは、患者は行動化や投影同一化などの防衛機制を用いながらも、痛みを伴う現実にともに直面してほしいと分析家

に求め、呼びかけていたと考えられる。個人の病理を重んじる観点をとるか、相互性の観点をとるかによって、事例の解釈も、分析家の介入の妥当性への評価も、ずいぶん違ったものになることが示された。

　こうした違いが生まれる背景には、ウィニコットの理論において、現実への直面がきわめて困難なものだと仮定されていることも影響している。現実に対するこのような見方は、精神分析にとって根強いものではあるが、再考することも必要だと考えられる。

　精神分析の防衛機制の中でも、「昇華 (sublimation)」は特別な位置づけをもっている。無意識のエネルギーはしばしば社会的不適応を起こすものとしてさまざまな防衛機制を用いて心の中に留め置かれたり、「置き換え」の機制などによって別の形で発散されたりする。しかし昇華においては、それが創造活動のためのエネルギーとして用いられ、社会的にも意義あるものとして表現される。精神分析においては意識と無意識の対立が強調されるが、昇華においてはそのどちらもが生かされるのである。一般に創造過程がそうであるように、昇華のメカニズムには解き明かしがたい部分があるように思われる。

　芸術的創造と昇華について研究してきたF・J・ハッカーは、精神分析における「現実原則」を再考している。彼によると、多くの精神分析理論において、現実原則とはほとんど順応と断念を意味するものとなってしまっている。これに対して彼は、「未来の現実原則 (the reality principle of the future)」を考えるべきではないかと言う。それは現実の変化と改善を命ずるものである。

　　成熟した現実の体験は、つねに過程にあり、変化を──おそらくは根本的な変化を必要としているものとして、現実を捉えることを含んでいる。上辺だけのイメージよりも美が、同調よりも批判的判断に基づく自律性が、そして受けのいいもっともらしさよりも真実が、未来の現実原則にとって妥当な (実現可能という意味で現実的な) 要素となる。〔中略〕

　　未来の現実原則は、願望充足的で楽観的な確実性の原則と混同されてはならないものである。未来の現実原則においては、自我が現実を認識して、ある部分では自分自身を現実のイメージに沿って形成するだけでなく、世界も自我から教えられるであろうことが想定されている。自我の力によっ

> て世界は、正当かつ成熟した人間的期待にとってより生きやすく、報われ
> ると信頼できるものとなりうるのである (Hacker, 1972, p. 222)。

　ウィニコットの理論においては、現実に直面することの困難さが強調される
あまり、自我が現実と相互作用し、現実を変えていく可能性がほとんど見えな
くなってしまっていた。ハッカーの「未来の現実原則」においては、現実との
相互作用は必要とされているだけでなく、可能なものと前提されている。先の
事例にも、患者自身が理解をもって現実に直面しようとする願いが示されてい
た。この事例を理解する上でも、より相互的な観点から現実を捉え直すことが
適切だと考えられる。

　未来の現実原則においても、万能感からの一種の脱錯覚の過程が想定されう
る。錯覚を超えて認識されなければならないものは、幻想を砕く「現実」ばか
りとは限らない。むしろ、自分が現実を変えていく力のありようや、その達成
と限界を学ぶことが必要になる。このような認識は、ウィニコットが想定して
いたものとは異なる意味での苦痛、そして希望を生むだろう。

　セラピーも、ただ苦痛を受け容れるためにしていることではない。セラピス
トとクライエントは相互的なかかわりの中で、心の現実をともに変えていこう
としている。その過程は現実を変革する、「未来の現実原則」によって捉えら
れるべきものである。先に挙げた相互作用論的解釈は、患者にとっては理解を
もって分離に直面しようとする治療的ニーズを実現する一方で、行動化によっ
て問題を回避しようとする防衛的ニーズを断念することを必要とし、また可能
にもするであろう。分析家にとっても、自らの関与が患者に与えている妥当な
影響とそうでない影響の両方を認識することが必要となる。それは分析家の万
能感を損なう一方で、より有効な介入を模索していくことを可能にする。そう
考えると、相互性の観点をとることは、心理臨床論における脱錯覚の過程を進
めていくことだとも言えるだろう。セラピストは、自分自身の影響を振り返り、
その解釈的理解を深めることによって、セラピーの中で生じている現実に向き
合い、それをクライエントとともに変えていくことができる。

コラム ⑧

『ジェインのもうふ』と移行対象

◇

1.『ジェインのもうふ』という物語

ウィニコットは子どもにとっての移行対象を、誰にも思い浮かぶ形で描き出している。児童文学にも、そうした移行対象を描いた物語が数多くある。心に残る移行対象を描いた物語を論じれば、それだけで一冊の本ができあがるだろう。

アーサー・ミラーの絵本、『ジェインのもうふ』（ミラー, 1963/1971）はその一つである。ごく単純に要約すればこういうお話である。

> ジェインは赤ちゃんのころからピンクの毛布が大好きだった。寝るときも悲しいときも、その毛布に触れたりくるまったりすれば、いつでも安心できるのだった。しかしジェインがもう赤ちゃんではなくなったころ、毛布が見つからなくてジェインは必死で探し回る。ぼろきれの袋の中からお母さんが出してくれた毛布は、もうぼろぼろで小さくなっていた。そしてジェインは学校に行くようになり、ずいぶん大きくなって、いろんなことができるようになった。ある日、毛布のことをいつの間にか忘れてしまっていたことに気づく。毛布はいっそう小さなきれになっており、窓辺に置いておくと鳥がついばむようになった。そうしているうちに、ついに毛布との別れが訪れる（ミラー, 1963/1971より）。

ウィニコットはこの物語が自分の移行対象論にヒントを得たものと考え、そのことについてミラーに手紙を書いた（Winnicott, 1967）。ウィニコットがそう思うのも頷けるほど、この物語とウィニコットの描写には共通点がある。実際、ぼろぼろになっても自分のものとしての意味があることや、あれだけ大事にし

ていたのに、忘れたことさえ気づかないでいたことなど、この毛布はウィニコットの描写とぴったりの性質をもっている。ミラーの側では、この物語は自分の娘の姿を見て書いたものだと答えているから(Kanter, 2004)、彼がウィニコットの論文から影響を直接受けたわけでもないだろうが、それだけにウィニコットによる描写は多くの子どもに共通する普遍性をもっていたのだと言えるだろう。

2. 脱錯覚と別れの体験

この物語で印象深いのは、毛布が急速に小さくなり、ぼろぼろになっていく様子である。ジェインの成長過程も相当に早回しで描かれているから、それだけ時が経ったのだとも考えられる。しかしその成長過程は、主としてどんなことができるようになったかという能力面でしか描かれていないから、理解はできるけれども実感をもって追体験できるような形にはなっていない。それだけに、毛布の綻び具合がいかにも急激に思えるのである。挿絵も相まって、まるで夢を見ているときのように、非現実的なほどに毛布は小さくなっていく。したがって読者にとってはジェインの成長よりも、脱錯覚の過程が印象づけられる。幼いころ気に入っていたものが、いつまでも大切にされるでもなく、あるいは思いがけなく発見されて懐かしまれるというほどのこともなく、『ジェインのもうふ』では最後の糸が消え去るまでの過程が徹底して描かれている。そんなところからも、やはり別れの喪失感が強調された物語なのだと感じられる。

移行対象を描いた物語から忘れかけていた子ども時代の思い出を連想したり、子どもの成長過程に心温まるものを感じたりする向きもあるかもしれないが、こと『ジェインのもうふ』に関しては大人の苦いリアリズムもいくらか加えられているように思われる。最後はある種のハッピーエンドであって、ジェインは幼児期を卒業し、残された毛布の繊維は鳥たちのために役立てられていく。そうしてジェインはまたぐっすりと眠ることができるのだが、こんなふうに葛藤や悲しみが直接には描かれないことによって、それを感じるのは読者自身に任されているようにも感じられる。

こうした脱錯覚の過程は、著者の代表作『セールスマンの死』にも共通している。筆者が見たのは映画版(ラズロ・ベネディク監督、1951年)だが、アメリカン・

ドリームを胸に抱き、誇りをもって働いてきた主人公の人生は、すでに行き詰まっていた。息子たちも願ったようには育てることができず、収入も尽きていく。ついに悪夢のような幻覚に見舞われながら死に至る過程は、脱錯覚をさらに急激に描いたものとも考えられる。『ジェインのもうふ』はそうした外傷的な脱錯覚の形をとってはいないが、物語の展開には共通点があるように思われる。

そのことは、『ジェインのもうふ』の背景に別れの体験があることからも理解できるだろう。この物語はミラーの最初の妻との間に生まれた娘、ジェインに捧げられたものである。ミラーは1956年に離婚し、マリリン・モンローと結婚したが、1961年には再び離婚することとなった。1962年には3度目の結婚をし、同年、モンローが死去している。この物語が書かれたのは、その翌年、レベッカという娘が生まれるころのことだった（Abbotson, 2007）。さまざまな喪失の中で描かれた物語であることを考えると、確かにそれほど甘いものにはならないようにも思える。喪失の体験を知る著者が、子どもたちへの願いを込めて書いたのが、この物語だと言えるかもしれない。そんな現実の厳しさをどこか感じさせるだけに、移行対象の登場する物語の中でも、ウィニコットの観点にもっともよく合っているように思える物語である。

もっともウィニコットの観点はミラー以上に厳しいものだったかもしれない。彼は後に、ミラーの物語の結末は感傷的であって、実際の子どもの姿から離れてしまっていると付記している（Winnicott, 1971b）。実際の子どもとどう違っているのか、この短い付記からだけでは分からないが、ウィニコットとしては脱錯覚の過程を、ミラーが付け加えたハッピーエンドへの願いさえ否定して、過ぎ去った夢への思いなど残さないような幻滅（disillusionment）として描きたかったのかもしれない。

3. 物語に込められた願い

しかし、ミラーにとってはこの結末を描くことにこそ意味があったのである。この物語の最後に、ジェインは父親と語り合う。そのころにはジェインは大きくなっていて、毛布のことはそろそろ卒業しかけていたのだった。窓辺にやって来る鳥が毛糸を一本一本ついばんでいくのは、ひな鳥を温める巣をつくるためなのだろうと父親は語る。それはジェインの心にも響くところがあった

ようで、彼女はこんなふうに父親に尋ねる。

> 「鳥の赤ちゃんには必要なものなのね。もし、要らなくなったら返して
> もらえるかしら」
> 「そうもいかないだろうね。でも、喜ぶべきことかもしれないよ。ジェ
> インは大きくなって、赤ちゃんのころのものをあげられるようになった
> んだから」
> 「鳥さんたちがあったかく過ごせるようにね。鳥さんの巣になっても、
> それってまだ私のものなの？」
> 「いつだってそうだよ。ただ思い出しさえすればいいんだ。そのことを
> 思うだけで、いつでもまた自分のものになるんだよ」(Miller, 1963 より)

　こんなやりとりがあって、ジェインは毛布が誰かの役に立つことを願い、そして毛布がなくても安心して眠れるようになったのである。この結末だけを表面的に見るならば、子ども時代の夢などは適切な時期に思い切るべきものであって、その代わりに他者への貢献に喜びを見出せるようになるのが大人になるということだといった、いささか教訓めかしい話のようにも受け取れるところである。

　しかし、ミラー自身がジェインに語りかけている物語だと考えれば、そこにはそうした表面的な意味とは違う思いが込められていることが分かる。ミラーの物語にしても、ウィニコットの脱錯覚にしても、これから起こる別れを予期して、その傷つきを和らげようとする過程を描いているように筆者は思っていた。しかしミラー自身の人生の物語においてはおそらく、「これから」ではなくて、別れはすでに起こってしまったことなのである。温かな毛布がすり切れていくのと同じように、家庭の絆は、そしてジェインとミラーとを結ぶ糸は、もはやすり切れてしまっていた。今やミラーは別の女性と愛の巣をつくり、新しい赤ちゃんを育てているのである。ジェインにとって、父親は完全に失われてしまったのだろうか。いや、別れてしまったとしても、そしてもはや戻って来ることはないとしても、ミラーがジェインの父親であることには変わりがない。それはただ、ジェインが思い出しさえすればよいことなのだから。それは

夢が失われていくのを甘受する物語ではない。むしろ、失われそうな絆を、イメージの次元における「糸（string）」（Winnicott, 1960b）によって再生しようとする試みなのである。

　こんなふうに言えば、あまりに直截に過ぎるだろうか。しかし、この物語が新しく生まれる娘ではなく、別れた娘の方に捧げられていることからは、そう考えてよいように思われる。もちろん、家を出て行った父親としては勝手な言い草と言うべきかもしれない。家庭を出て行った父親に、"別れた娘のことも思っているんだよ"などと言われたところで、心温まるとも限らない。ただ、離婚と再婚といった人生の波乱を経ても、なお親子関係は残されている。ジェインが心の中で求めるならば、彼が父であったという事実はいつまでもそこにある。ミラー自身、新たな家庭で新しく父親となっていく移行期を体験していた。そんな中で別れた娘への思いを伝えることが仮に許されるならば、それはこの物語を捧げるという形になるのではないだろうか。

　受け止めがたい事態、どうにもならなくなってしまった人間関係にも、人は何かしら思いをもって向き合おうとする。叶わぬ夢から醒めなければと言い聞かせたところで、夢の生命はそう容易く尽きるわけではない。物語は、そんなときにこそ生まれてくる。そこには語り手の願いが、そして聴き手への思いが込められている。

4. 相互的で多様な脱錯覚の過程

　この物語を通して、脱錯覚を相互的な過程と捉え直すことができるだろう。ウィニコットの脱錯覚論においては、養育者の側はもっぱら欲求充足の管理者として描かれている。初めは赤ん坊の生命維持のために献身しつつ、自然な流れの中で充足を「ほどよい」ものへと漸減させていくというのが、彼の脱錯覚論における養育者イメージである。しかし実際のところ、親は単なる管理者、調節者ではなくて、喜びも悲しみも葛藤も抱いている一人の人間であり、子どもの成長に向き合う過程は親の側の内的な体験をも伴っている。別れを惜しんで悲しむこともあれば、自立によって離れていく子どもに対して、親は親なりにさまざまな思いや願いを抱きもするだろう。転移に対して逆転移の概念があるならば、脱錯覚においても、子どもの自立を受け入れる養育者の側における

逆ー脱錯覚（counter-disillusionment）とも言うべき過程が考えられる。もっとも、子どもに対する親の思い、親に対する子どもの思いを「錯覚」と呼ぶのが適切かどうか、その出発点から考えさせられるところではある。その展開は、転移・逆転移と同じく、複雑かつ多様な過程をたどるだろう。

　物語は結論ではなく、過程を描くためにある。脱錯覚の過程も、一人ひとり、そのときどきによって、多様な形をとるだろう。ウィニコットの脱錯覚論も、『ジェインのもうふ』も、それぞれに一つの成長の過程と、それをどう受け止めるかを描き出している。それは子どもの成長や脱錯覚の過程にとって、唯一のあり方だとは限らない。だからこそ児童文学の中には、移行対象一つをとっても多様な描き方の物語が生まれてきたのだろう。移行対象にかかわる多様な物語はそれぞれ、子ども時代との別れというものに、人がどう向き合ってきたかを描いていると考えることができる。心理臨床において移行現象や脱錯覚の過程を考える際にも、私たちは一つの道筋だけを前提とするのではなく、一人ひとりのクライエントとその個性的な歩みをともにし、そこから学んでいくべきなのではないだろうか。

第 *6* 章

バリントにおける相互的な「認識」

人間として出会う

◆◆◆

　バリントは、心理臨床における関係性の意義を明らかにした、精神分析における先駆者の一人である。それまでの精神分析において言語的解釈の役割が重視されていたのに対して、バリントはクライエントが成長へ向かうニーズを満たし、クライエントの存在を「認識」し、穏やかに支える「環境」としての関係性が重要な役割を果たしていることを示してきた。本章では事例の再検討を通して、彼の心理臨床論の到達点が、相互的な「認識」を通してクライエントとともにセラピスト自身も変容を遂げるものであったことを明らかにする。

1. バリントの心理臨床論とその意義

　マイケル・バリント（Michael Balint , 1896-1970）は、セラピーの関係性を心理臨床論の核心とした点で、現代の心理臨床の先駆者だとされている（Sandler & Dreher, 1996）。こうした観点は分析家としてのキャリアの最初期から見られるが、どのような関係性を目指すべきかについては、彼の生涯にわたってかなりの変遷を遂げている。

　バリントは師であるフェレンツィの死後、その理論と技法の修正と発展を担ってきた。フェレンツィは晩年に「リラクセーション技法」を用いて、クライエントの要求にどこまでも応えようとしてきたが、それがかえってセラピーを混沌とさせることになってきたのをバリントは見てきた（第4章参照）。した

がってその技法には修正が必要だとは考えてきたものの、周囲の分析家たちのようにフェレンツィを全否定することは彼にはできなかった。むしろ彼は、フェレンツィの実践の中に心理臨床にとって何か大切なものがあると考え、自らの理論と実践の中で探究を続けてきた。その核心となったのが、当時は十分に認識されていなかった関係性の問題である。バリントはフェレンツィの著作の英訳にも携わり、彼の貢献が正当に理解されることを求めてきたが、自らの理論と実践においてもまた、バリントはフェレンツィの第一の批判的継承者だったと言える。

　バリントの心理臨床論は主に、クライエントからのセラピストに対する要求をどう扱うかという問題を通して展開されてきた。初期にはクライエントの要求を「充足」することが分析を進める意義をもつと強調したのに対して (Balint, 1933, 1952)、晩年には要求そのものよりもセラピストがクライエントの存在を「認識 (recognition)」するという、関係性の質的側面がより重視されるようになっている (Balint, 1963, 1968)。こうした変化が生まれたのは、「充足」が要求の繰り返しに陥りやすいからでもあるが (Balint, 1936, 1952)、「二者心理学 (two-person psychology)」(Balint, 1950, 1956a, 1969) の視点を得ることにより、セラピーの関係性への理解が深められたからだと考えられる。この概念はJ・リックマンの着想をもとに、バリントが精神分析の理論と技法を根本的に再考するものとして提唱してきたものである (第8章参照)。

　精神分析においては、セラピストがクライエントの要求やニーズを「充足」すべきかどうかは、重要な問題と考えられてきた。フロイトの古典的精神分析をはじめ、多くの心理臨床論においては直接の「充足」は避けられるべきものと考えられていたが、フェレンツィは「リラクセーション技法」によって、充足によってこそクライエントを支えられるのだと考えた (Freud, 1915; Ferenczi, 1931)。フェレンツィの技法は直接的な支持を得ることはできなかったが、20世紀後半以降、いわゆる「境界例」のように、セラピストとの関係がきわめて重要となる事例が増える中で、クライエントからの要求をどう扱うかは改めて重要な論点となってきた。このような問題に貢献してきたのがバリントの心理臨床論だったと言える。「充足」の問題についてはその後の「関係論的精神分析」の台頭に伴って、改めて議論が続けられている (Meissner, 1998)。こうした議論

においては必ずと言っていいほどバリントの心理臨床論が取り上げられるが、多くの場合は初期の充足論のみが扱われ、「認識」のようなその後の理論展開は十分に論じられていない。

　バリントの心理臨床論は「充足」から「認識」へと重要な転回を遂げた。彼自身は「充足」論を否定しているわけではなく、両立あるいは場合によっていずれかを選ぶことを考えていた。しかし、彼が最後に示した事例の中では、実際には「充足を否定しての認識」が展開の鍵となっている。それはこれまで「充足」論をとってきた彼自身にとっても大きな変化であった。事例がもつこうした側面については、バリント自身によっても、彼の心理臨床論に関する研究 (Khan, 1969; Haynal, 1988; Stewart, 1996) においても、十分に論じられてこなかった。

　本章ではバリントの心理臨床論の変遷をたどるとともに、事例を再検討することによって、彼の心理臨床論の最終的な到達点が「相互的な認識」であったことを明らかにする。事例の再検討は、バリント自身の「二者心理学」とも関連する相互性の観点から行う。それによって、「認識」の事例では、クライエントばかりでなく、関係の中でクライエントとセラピストがともに変容し、それぞれに自らへの「認識」を深めていることが示されるだろう。

2. 充足から認識へ──バリントの心理臨床論の変遷

　バリントの心理臨床論の変遷を、ここでは3つの時期に分けて捉えることとする。以下、①充足を通しての新たな関係の開始、②充足を媒介とする認識、③認識による関係性の実現としてその概略を示す。

(1) 充足を通しての新たな関係の開始

　バリントは彼の心理臨床論の出発点において、セラピーの目標を「対象関係」の発達と捉え、それを可能にするきっかけの一つにセラピストによる充足を挙げている。彼によれば、多くのクライエントの問題は対象関係、とくに不安なく愛する能力の欠如にある。この問題はセラピー関係の中にも現れるが、これに対してセラピストが古典的な受動的解釈的態度をとるだけでは、セラピーを

進めることができない。必要なのは関係を妨げる防衛を捨てて、新たな対象関
係を解釈すること、すなわち「新規蒔き直し (new beginning)」である (Balint, 1933)。

　ここでバリントが「対象関係」と言っているのは、実質的には対人関係であ
り、面接においてはセラピストとの関係を意味するものと理解してよいだろ
う。バリントの著作の中で、「部分対象」が言及されることはきわめて少なく、
あるとすれば関係性が全人的なものになっているかどうかという文脈で用いら
れているのがほとんどである。また「愛」というのもきわめて広い意味で用い
られているのであって、性愛的な意味が込められていることもあるが、建設的
で「気のおけない」人間的なかかわりを意味していると捉えることができる。
当時の精神分析的な用語法を通して表現されているからこうした言い回しに
なっているが、バリントが想定していたのはおそらくはそうした穏やかな信頼
関係を結ぶことであったのだろうと考えられる。晩年の心理臨床論ではそれが
より率直な言葉で語られるようになっている。

　もはや妨げとなった防衛を捨てて、新たな関係を開始するというのも、バリ
ントが初期から一貫してもっている考え方である。防衛は高くつくというのは
精神分析の基本的な発想であって、たとえ痛みを伴っても真実に直面する方が
結局はより人間らしく生きることができるというのがフロイトの姿勢であった
(第1章第2節参照)。フロイトの場合は痛みに耐えて真実に直面するという意味合
いが強いが、バリントの場合はむしろ、赤ちゃんが世界のあらゆるものに関心
をもち、養育者との間に掛け値なしの信頼関係を築いていくというイメージが
原点となっている。後にはこれが、子どものような無心の信頼関係に立ち返る
「治療的退行」の概念につながっていく (Balint, 1968)。

　こうした人間の原点となる関係のあり方を、彼は「一次愛 (primary love)」と
呼んだ。人間はナルシシズムから始まるというフロイトの仮説に対して、そう
ではなく愛から始まるのだと論じたことも、バリントの理論的貢献の一つだっ
た。その詳しい論証は晩年になされているが (Balint, 1960)、発想としては最初
期から彼が抱いていたものだと言えるだろう。

　大人は不要な防衛を積み重ねて、その重みで自分自身耐えがたい状態に陥っ
ている。その不要な防衛を捨てて、世界への信頼という原点から歩み直すこと
がセラピーにとって重要なのだと彼は考えている。これが「新規蒔き直し」で

ある。よりシンプルに「新たな始まり」と訳すべきか迷うところだが、邦訳者である中井久夫によるこの言葉は、不要な防衛を捨てて原点に立ち返るイメージを端的に表していると思われる。

　この「新規蒔き直し」の具体例として、彼は分析家の指を握っていたいと言った患者の例を挙げている。

> 　この時期、患者はいつも夢の話をしていた。夢の中で彼女は子どもに返っていたが、夢を見るごとにその子は成長しているのだった。これがセラピーの展開における重要なきっかけとなっていった (Balint, 1933)。

　この事例でバリントはこの患者の要求を「充足」しているわけだが、あからさまな明言は避けているようにも見える。ただ、要求が変化のきっかけとなったこと、またこの記述の後に、要求が繰り返され強まる場合があることへの言及があること、そしてフロイトの基本原則を守っているだけではセラピーを進めることはできないと論じられることからは、彼が枠を逸脱して要求に応じたことは明らかである。この事例は繰り返し、バリント自身によっても、また他の著者らによっても、「充足」に基づく新規蒔き直しを示すものとして取り上げられている。

　この「充足」論がさまざまな問題を孕んでいることを、バリント自身もすでにこの時点で認識していた。ただそれは、これまでの心理臨床論には何か核心となるべきものが欠けているという問題意識の表れでもあった。フロイトは分析過程においてワーキング・スルーが重要だと論じた。ワーキング・スルー (working through) は「徹底操作」とも訳されているが、無意識の問題は一度の解釈によってすべて解き明かされるわけではないし、人間が変化していく上では、そうした無意識への理解を繰り返し積み重ねていく必要があるということを意味している (Freud, 1914b)。転じて、分析的に心の問題に取り組む過程全体を表すものとして用いられている言葉である。しかしバリントは、フロイトが心理臨床においてこの過程がもっとも重要だとしながらも、その過程をどう可能にしていくのかについては、繰り返し解釈を重ねること以外にはほとんど論じていないことを指摘している。それによってバリントがとった「充足」が単

純に正当化されるわけではないが、しかしそれによって彼は、セラピーの関係性が心理臨床の原動力となるという観点を打ち出したのだと考えることができる。

　バリントが挙げている「充足」の例は特殊なものだと思われるかもしれないが、たとえばフェレンツィの「リラクセーション技法」にも含まれていた、面接時間の延長なら、現代でも身近な問題だと言えるだろう。面接時間の終わりごろ、クライエントが語る中で涙がこぼれ、感情が押さえきれなくなったとき、セラピストは時間を延長するべきだろうか。あるいは、バリント自身が後に挙げているように、苦しんでいるクライエントが予定外の面接を追加してほしいと言った場合に、その要求を「充足」すべきだろうか。ロジャーズの事例でも見てきたように、自殺企図が考えられるクライエントに、緊急連絡先を渡すべきだろうか（第3章参照）。現代の心理臨床においても、「充足」の問題は至るところで生じていると考えられる。

(2) 充足を媒介とする認識

　初期の「充足」論を展開する中でも、すでにバリントは、クライエンが繰り返しセラピストからの充足を求め続けるようになる危険性があることに気づいていた (Balint, 1936, 1952)。バリントによれば、こうした「退行」には「良性」と「悪性」の2種がある。「良性の退行」においては、セラピストによる充足を媒介として関係性に変化が生じ、この関係性を基盤としてクライエントは前進することができるようになる。この関係性がもつ雰囲気を彼はドイツ語のarglosによって表現しており、率直な、無邪気な、無害な、疑念のない、といった訳はあるものの、英語には正確に対応する言葉がないという。これを中井久夫は「気のおけない」雰囲気と訳している。この場合、クライエントは充足そのものよりも、充足を一つの媒介としてクライエントが自己の内面の問題に取り組むこと、そしてそれがセラピストに認識されることを求めている。これに対して「悪性の退行」では、充足それ自体を求める要求が悪循環に陥り、セラピストとの信頼関係も壊れやすいものになる (Balint, 1963)。

　ここでも充足が必要な場合があると考えているものの、それは一つのきっかけであって、新たに「認識」の概念が生まれている。初期の充足論が、充足そ

のものの意義を強調していたのに対して、ここではそれがセラピストとクライエントの関係性にとってもつ意味が重視されている。

　バリントは「良性の退行」が認識を可能にした事例として、2つのエピソードを挙げている。一つは「でんぐり返り」の事例である。これは1920年代の彼にとって最初期の事例で、不安が高くリスクをとることを恐れていたクライエントが、自分はずっとでんぐり返りができなかったんですと語ったとき、バリントが「いまはどうですか」と言うと、その場でカウチからでんぐり返りをやってのけ、そこから外的にも内的にもより自由な行動が広がったというものである。

　もう一つは沈黙する患者の事例であり、これはバリントの心理臨床のあり方を示すものとしてしばしば引用されるものである。

　　患者は、当時までにすでに約二年間精神分析を受けていたが、面接時間の始まりからたっぷり三〇分以上押しだまったままであった。分析者はそのことを受容した。そして、患者の中で何が起こっているかがおおよそ分ったので、全然、沈黙に干渉しようとせず待った。実際、分析者はイヤな感じがしなかったし、何かしなければならない強迫感も覚えなかった。付言しなければならないが、沈黙はこの患者の治療中、前にも何回か起っていたので、患者も分析者も耐える訓練はある程度済ませていたわけである。沈黙を突然破ったのは患者のほうだった。患者はすすり泣きはじめた。沈黙はこれで終わり、まもなく患者は口がきけるようになった。患者は分析者に話した、とうとう私は自分自身になれたのだ、と。患者は幼年時代この方ひとりで放って置かれたことがなく、いつも誰かがそばにいて、何々をしなさいと言ってきたのだった。何回か後の面接で患者は、「沈黙している間中、ありとあらゆる連想が湧いてきたが、どうでもよいもの、ただ邪魔するだけの表面的な有害物だ、と全部斥けていました」とうちあけてくれた（Balint, 1963 [1968], p. 142；引用はバリント，1968/1978, p. 188より）。

　こうした患者が求めているのは、言葉の次元を超えて存在を受容し認識されることであり、そうした関係に支えられて患者は自分自身に触れることができ

る。古典的な精神分析においては、沈黙はセラピーへの「抵抗」と見なされる。しかしバリントはこの沈黙の中で、重要な変化、あるいは「創造」の過程（Balint, 1958）が進んでいるのだと捉えた。それは過去への退行ではなく、新しい関係性を開始するための「新規蒔き直し」であると彼は考えている。分析家はこうした過程を、自らの重みを預ける者を大地や水のような環境が支えるように受容する（Balint, 1963 [1968]）。

　ただしこれらの2事例はそれぞれ、患者の要求からではなく、分析家の側が「患者を恐れていた状況に曝すことによって患者の緊張を高めた」（ibid., pp. 130-131）点、「何ら明確な本能充足が存在しない」（ibid., p. 143）点で、初期の「充足」の事例とは異なっている。にもかかわらずバリントは、これらを含めて自らの充足論の根拠としている。初期と異なるのは「悪性の退行」があることを認めた点だが、何が2つの退行を分けるのかは明らかではなく、結果次第の判断となっているようにも見える。また、「悪性の退行」については回避すべきだということしか言われておらず、それをどのように打開するかはこの時点では分からないままである。この問題は彼の心理臨床論の課題として捉えられるよりも、扱うことのできない患者の重い病理に帰されてしまっている。

(3) 認識による関係性の実現

　『治療論から見た退行——基底欠損の精神分析（The Basic Fault: Therapeutic Aspects of Regression）』（Balint, 1968）は、バリントの最後の著書であり、また彼の心理臨床論の集大成とも言える主著である（訳語の問題についてはコラム9参照）。前項で取り上げた論文が収録されており、主として論じられているのは「良性の退行」における充足を媒介とする認識の心理臨床論である。バリントによる理論化は基本的には前項と同じだが、本書出版時に追記されたと思われる部分においては、関係性の意義がより強調されるようになっている。問題は患者の要求を充足するか否かではなく、患者が求める関係性に応えていくことが重要だとされている。その関係性は「一次愛」的で調和的なものであり、分析家は万能感的な対象となることを回避しつつ、分離を際立たせることなく患者の存在を支える。これまで彼は良性と悪性の退行を分けるのは患者の病理の重さだとしてきたが、ここでは彼が「二者心理学」と呼ぶ相互的な観点から、分析家の関与が決

定的に重要だと捉え直されている。

　バリントはこのようなあり方を示す事例を本書の終章に挙げている。これは彼が初めて「悪性の退行」に見えるかのような事態の打開を描いたものであり、新たな臨床的展開を示した重要な事例だと考えられる。しかしこの事例は実際のところ、追加面接の求めを断った事例なのである。したがって彼が理論化している「押しつけがましくない (unobtrusive)」分析家のあり方や、調和的で分離を際立たせないあり方とはずいぶん異なるものであり、以前の「充足」のモデルを否定するものである。この事例に見られる「充足を否定しての認識」は、バリント自身による理論化を超えた、新たな心理臨床論の可能性を示している。以下、この「充足を否定しての認識」についての理論的検討と事例の再検討を行う。

3. 充足の問題

　心理臨床過程を進める上で、解釈的理解が意味をもつためには、その前提としてクライエントとセラピストの間に信頼関係が結ばれていなくてはならない。こうした関係を築く上で、セラピストが非解釈的な介入、とくに枠を超えた「充足」を行うかどうかについては、現在に至るまでさまざまな議論が続けられている。ここでは「充足を否定しての認識」に関連する2つの観点を取り上げる。

(1) 古典的精神分析における「禁欲原則」

　フロイトはその古典的な技法論において、「禁欲原則 (abstinence rule)」について論じている。この原則は、患者の人間的ニーズをすべて否定するようなものではないが、分析家がその要求を満たすべきではないとするものである。フロイトはこう述べている。「患者のニーズと願望は、患者が作業し変化するのを促す力として働くように、患者の中に留められなければならない。こうした力を代理物によって慰撫せぬよう注意しなければならない。要求に応えて何かを提供しようとしたところで、それは代理物にしかなり得ない。抑圧が取り除か

れない限り、患者は真の満足を得ることができない状況にあるのだから」(Freud, 1915, p. 165)。この観点からは、バリントの言う「充足」は、むしろ抑圧を強化し、実質的なセラピーに取り組む力を妨げるものとなる。

　この論点をバリントは、『治療論から見た退行』において初めて取り上げている。彼は充足が生み出す結果は一時的なものに過ぎないとして、「渇望の源泉には触れられてもいないから、しばらくすれば同じだけの強さで、新たな充足を求める次の渇望が現れるだろう」(Balint, 1968, p. 161)と述べ、欲動論の観点からは彼の充足論が誤っている可能性が高いとしている。精神分析の本来の観点からは、患者が分析家に何かを要求したとすれば、その要求の背景にどんな心の動きがあるのか、ともに探索していく必要があるだろう。そうした作業をすることなく、ただ要求そのもの充足するならば、その心の動きに向き合う機会は失われることになる。

(2) 関係のコンテクストの観点

　バリントは充足論の妥当でない側面を認めたと言ったが、それは欲動論的側面についてであって、続いて彼は関係性へと観点を変える。それは患者個人の心にフォーカスする一者心理学から、セラピーの相互作用を捉える二者心理学的観点への転換とも言えるだろう (第8章参照)。「成人の間で通用しているよりも原始的な、ある特殊な対象関係形式への患者のニーズに応えることは、正当な技法的手段かもしれない」(Balint, 1968, p. 161)として、充足論の可能性を改めて探ろうとしている。そこで彼は事例を提示するのだが、それが先述の追加面接を断った事例であり、彼が論じようとする関係ニーズの充足とは食い違う部分をもつものだった。関係性を重視する精神分析の流れから言っても、たとえば「抱え環境」のような関係ニーズを満たすことは重要と考えられているから、バリントが欲動論ではなく関係性の充足に理論を修正したことは妥当だったと言えるだろう。しかし彼が挙げている事例はただ関係ニーズを満たすだけでなく、行為の上では患者の要求を断るという積極的な否定の契機を含んでいる。この食い違いについて、バリントは論じることができていない。

　バリントと関連する充足の問題を関係性の観点から検討したものとして、彼のスーパーヴィジョンを受けてきたH・スチュアートによる議論がある。とく

に身体接触の問題について、スーパーヴァイザーとしてのバリントはきわめて慎重だったと彼は言う。「分析が十分進んだ時期のarglosな雰囲気の中であったとしても、手や指を握ることを許した後、患者が強姦されたり性的に蹂躙されたりする夢を見ることに、筆者も同僚たちも気づいてきた。患者の無意識的な体験は、無邪気な身体接触とはかけ離れたものであったと推測される」(Stewart, 1989, p. 226)。表面的には穏やかな雰囲気であったとしても、患者の無意識はそれが不適切な侵入であったと捉えていることが示唆されるのである。「そこからは、arglosな雰囲気の本質についても疑問が生じる。おそらくヒステリー的な防衛行動によって、迫害的な外傷的・性的不安という心的現実が、無邪気さや率直さという対極の状態を残して分裂排除・否認されたために、arglosな性質を帯びた雰囲気が生まれる場合も十分ありうる」(ibid., pp. 226-227)。

　ここでスチュアートは、分析家の介入がクライエントに与える影響を、その場の雰囲気ばかりでなく、それに続く面接の中で何が語られたのかという臨床的根拠から検討している。フロイトは解釈の妥当性を考える上で、関係性に左右されやすい直接の応答に頼るのではなく、それに続く患者の連想に耳を傾けるべきことを指摘した (Freud, 1937；第1章第7節参照)。バリントは充足の事例について、その場にポジティブな雰囲気が生まれたことは述べているが、その後にどんな展開があったか詳細を述べてはいないから、彼の「充足」がどのような影響を与えたのか判断することは困難だが、もしスチュアートが指摘したように、その後に続く患者の語りに耳を傾ければ、その介入の意味を伝える「無意識のスーパーヴィジョン」(Langs, 1978) を受け取ることができたかもしれない。

　関係性を重視する立場からは、P・ケースメントがバリントにも言及しながら、「手を握ること」が問題となった事例を取り上げている。

　　患者は、1歳ごろに火傷を負い、手術を受けた際の外傷体験を、面接の中で「再体験」していたという。手術中に患者の母親は気を失ってしまい、患者の手を離してしまった。にもかかわらず医者はそれを顧みることなく手術を続けた。この傷つきを「再体験」する中で、患者はセラピストが手を握ってくれなければセラピーを続けられるかどうか分からないと訴えた (Casement, 1982)。

　この事例は、古典的な心理臨床の「枠」を超えてクライエントとの信頼関係をどう築くかという問題を詳細に扱っていることから、多くの論者たちによって取り上げられてきた。また、ケースメントが患者の要求を慎重に受け止めてともに検討していく過程を、自分自身の内的体験を含めて真摯に描いていることから、この論文は議論を巻き起こしながらも概ね肯定的な評価を受けてきたと言えるだろう。

　これに対して現代構造論の立場をとるD・ベスキーは、ほとんどの論者が、患者が「手を握る」ことを要求する前に、セラピストと患者との間で何が起こっていたかを考慮していないと指摘している。ケースメントは患者が自分の過去を理想化し、1歳のときの火傷以前は幸福だったと思い込もうとしているのではないかと問いかけていた（ベスキーは、これだけ幼い時期の記憶をどのようにして発掘できるのか、その「再体験」とはどのような性質のものなのかについても疑問を呈している。臨床的根拠の問題についてはコラム2、過去の再構成・再体験については第4章参照）。患者はすぐに手を挙げて、セラピストの言葉を押しとどめた。にもかかわらずセラピストは同じ解釈を繰り返し、そして長い沈黙が続いた。次回の面接にやって来た患者は、セラピストは、支える手が失われてしまったのに非情にも手術を続けた医者と同じだと言ったのである。このような事例経過を考慮するなら、自らの解釈の正しさに固執することによって、ケースメント自身が医原性抵抗 (iatrogenic resistance) を生み出したという解釈が成り立ちうるのではないかとベスキーは論じている (Boesky, 1998)。患者が求めていたのは、身体的な手そのものを握ることよりも、傷つける言葉を押しとどめようとする「手」が伝えているものを、セラピストが受け取ることであったのかもしれない。

　スチュアートは「充足」の後の、ベスキーはそれが起こる以前の、関係のコンテクストを参照している。必要なのは「要求」の背景にあるものを理解することであって、それはセラピストとクライエントの関係がどのように展開してきたのかというコンテクストを参照することによって可能になる。こうした理解がないままに充足がなされる場合は、古典的技法においてアイスラーが言うように、解釈がうまく行っていないという現実を、枠を逸脱することで覆い隠すことになってしまう (Eissler, 1953)。

　バリントが充足論を肯定してきたのは、彼が主として患者の意識的次元での

反応を判断基準としており、関係のコンテクストに基づいて充足の意味を理解するという観点をもたなかったからではないかと考えられる。しかし彼はその晩年に、「退行に対する分析家の応答が、いかに患者・分析家関係に影響し、それによって以後の治療の展開に影響するか」(Balint, 1968, p. 168)を事例に基づいて検討すべきだと述べており、詳しく論じるには至っていないものの、ここにはコンテクスチュアルな関係理解の萌芽を見ることができる。

4. 充足を否定しての認識

　バリントは充足と認識という両方の心理臨床論を掲げてきたが、彼が最後に著した事例報告は、「充足を否定しての認識」を示すものだったと述べた。理論的には、一者心理学、二者心理学のいずれの観点からも、充足論は肯定しがたいものだったことを前節で示した。ここでは充足と認識の問題について、バリント自身の事例を再検討することを通して考えていきたい。

　　「ある金曜日、面接はうまく行っていなかった。患者と分析家との間に真の接触がまったくなされ得なかったのは、面接の間中、患者が分析家を無用のもの (useless) にする必要があったからだということを、患者はやや気の進まぬながら認めた」。面接後、患者は部屋を出ることができず、ひどい気持ちだと言い、回復するために週末に追加面接をもってほしいと要求した。それまでにも時には追加面接を行ってきていた。追加面接は決まって患者の緊張を和らげたが、しかし「真の分析作業が可能なことはきわめて稀だった」。
　　追加を拒否して解釈を与えれば患者の状態が悪化し、追加を行えば解釈しても悪性の退行に陥ると思われた。「筆者が最初に試みたのは、筆者が彼とともにいると感じられるように、患者の苦悩を認識し受容することだった。そして筆者が追加面接に応じても、彼が期待するものや、おそらくはこの瞬間に必要なものすら与える力はもたないと思うと言った。そして、追加面接は患者を小さく弱いものに、分析家を強力なものにしてしま

うだろうが、それは望ましくないという思いを伝えた」。要求は認められ
ず、患者は不満足なまま立ち去った。

　その晩、患者は電話をかけてきた。患者はなかなか話せなかったが、つ
いにこう言った。"先生に電話せずにはいられなかった……ほとんど泣き
そうなんだと伝えたくて……それだけです。先生に求めているものなどな
い、追加面接など要らない。……ただ私がどう感じているか知ってもらう
ために、電話せずにはいられなかった"。この出来事はすぐに、緊張のか
なりの低下をもたらした。それは分析状況におけるよりよい雰囲気へ向
かっての変化を、開始し、強化した (Balint, 1968, pp. 170-172)。

　バリント自身の解釈は、ほぼこの事例記述の中に織り込まれている。要求の
充足は、分析家と患者の間に非対称な関係をつくってしまう。充足による場合
であれ、分析家から一方的な解釈を与える場合であれ、非対称的な関係が生み
出すのは、たとえ表面的には改善のように見えたとしても、分析家を無批判に
理想化し取り入れた結果に過ぎない。これをフェレンツィは「超自我圧入
（super-ego-intropression）」（Ferenczi, 1988）と呼んだが、セラピー関係においてはそ
れが一種の偽の治癒を生むことをバリントは懸念していた (Balint, 1963)。患者
も分析家も、その存在のかけがえなさも、重みも、力も、根本的には変わらな
いし、その2人が協働できる関係をバリントは結ぼうとしていた。「悪性の退
行」にもなり得た要求は、「認識」を通して、よりよい関係への転回点となって
いった。

　この事例について、相互性の観点からの再検討を行う。臨床素材はこれ以外
に挙げられていないため、前後のコンテクストに関する情報は限られている
が、ここではバリントの記述から可能な範囲での事例の再理解を試みる。

　患者の要求がどういう関係のコンテクストから生まれてきたのかを見てみる
と、まず面接自体がすでにうまく行っていなかったことが分かる。なぜ面接が
行き詰まっていたのかを理解するためには、実際に面接の中で何が語られ、何
が起こっていたのかを知る必要があるし、これ以前の面接からの臨床素材も必
要だと思われる。そうした素材は得られていないが、バイパーソナルな場の観
点（第1章第6節参照）からは、行き詰まりは患者の病理のみによって生じるので

はなく、分析家と患者双方の要因によって生み出されたと考えられる。

　この行き詰まりの原因についてバリントは、「面接の間中、患者が分析家を無用のもの (useless) にする必要があったからだということを、患者はやや気の進まぬながら認めた」と述べている。込み入った表現ではあるが、要約すれば患者の言動のせいでこうなったということになるだろう。この記述からは、少なくとも患者が自分からそう申し出たわけではないことが分かる。曖昧な記述にはなっているが、面接の行き詰まりについてバリントがそう解釈して患者に伝えたのであり、患者は抵抗を示しながらそれを認めることになったのだと読み取ることができる。なぜ彼が行き詰まりの原因は患者の言動だと考えたのか、またそれはどんな言動だったのかはまったく触れられていない。それは行き詰まりの要因を患者のみに帰する一者心理学的な解釈であり、バリント自身の要因は考慮されていない。

　患者が面接室を出ることができなかったのには、この解釈が影響していると考えられる。関係とは2人でつくるものであり、面接の行き詰まりにも両方の要因がかかわっているはずだが、患者は自分だけが原因であると不本意ながら認めさせられた。バリントの解釈は、面接の中で抱いた困難の感覚を、患者の中に投影同一化する性質のものだった。その困難を、分析家はコンテインできなかった。だからこそ、コンテインされない思いは面接室の枠からあふれ出したのだろう。去りぎわに時間が延びているのも、追加で面接を求めるのも、面接の時間枠の中でこの日の思いがコンテインされていなかったからだと考えられる。

　それまでもバリントは患者の追加要求に応じてきた。したがってこの面接と同様に、これまでの追加面接も、セラピーにおける何らかの行き詰まりから生まれている可能性が考えられる。行き詰まりの意味が理解されないままに追加面接の埋め合わせがなされるなら、それは「代理物」(Freud, 1915) を提供することでかえって抑圧を強めることにもなりうる。追加面接には、クライエントとセラピストとの間に必要な境界を曖昧にし、分離の体験を否認する躁的防衛としての側面が考えられる (Langs, 1978)。当時の精神分析面接は週数回行われていたと考えられる。フロイトの「月曜のかさぶた」のたとえもあるが (Freud, 1913)、週末を挟んだだけでも分析作業は後戻りしうると考えられていた。金

曜はとりわけ分離の体験が際立つ日であり、その金曜の面接がうまく行かなかったというのは、関係が悪化したまま分離を迎えるということを意味する。追加面接という「代理物」は、そうした分離不安を慰撫する意味をもっていたのかもしれない。

　バリントは追加面接の要求に対して、先ほどのように一方的な解釈を重ねることはしなかった。彼は自らの姿勢を変えて、患者を受容し、その思いを認識しようと努めながら、要求そのものは断った。患者自身が語ったように、本当に必要なのは追加面接そのものではない。それを求めるのは、ただ患者が思いを本当に理解してもらいたいからだった。それはある意味で、心理臨床の根本にあるものを言葉にしたもののように思われる。クライエントのさまざまな語りも、行動化や枠の逸脱を含めたさまざまな行為も、文字通りの次元だけで分析すればよいものではなく、その背景にある思いを汲んで人間的に理解することが、セラピストには求められるだろう。

　ここでセラピーの関係性は、攻撃的な解釈や枠を逸脱する要求といった次元ではなく、対等な人間としての相互理解へと向かっている。そのような変化が生じたのは、バリントが追加面接への要求に文字通りの次元で応じるのではなく、それを断ったことがきっかけだった。彼はその時点で患者の要求の背景にあるものを理解したわけではないが、ただ追加面接という「代理物」によって慰撫することはしないという姿勢を明らかにした。セラピーの枠とは、心理臨床理論によって課せられたルールなのではなく、クライエントの思いを本来的な形で受け止めるために、セラピストの心によってつくられていくものである。ここでバリントが彼としては異例な形で枠を「是正」(Langs, 1978) したことは、関係性を変えていく上で大きな影響を与えることとなった。

　それまでは追加面接を認めてきたことを踏まえると、バリントが要求を断ったことは、後戻りできない形で関係性を変化させたと考えられる。追加面接をたびたび行ってきた背景には、分析家と患者の双方が分離不安に耐えることを困難に感じてきたことの表れである可能性がある。バリントは充足の技法を肯定し続けてきた分析家であり、かつてはこう述べたことがあった。「境界の確立はつねに、そして永遠に、不正、人間に課せられた耐えがたい重荷、いつまでも痛む傷として感じられる」(Balint, 1956b, p. 27)。それは人間にとって普遍的

な体験を言い表そうとしたものでもあると同時に、バリント自身の体験でもあったかもしれない。草創期の精神分析家たちの多くと同様に、バリントもナチスの脅威を逃れてイギリスに移住している。最初の妻は移住後間もなく亡くなった (Swerdloff, 2002)。故郷や家族との離別といったライフイベントだけから人の内面を簡単に推測できるものではないが、子どものような純粋さと親しみをもって人間と出会おうとした彼にとってはとくに、分離の体験が重要なテーマだったのではないかと思われる。

　これまで分離に向き合うことが困難だった関係の中で分析家が改めて境界を確立したことは、2人の関係にとっても、またバリントの心理臨床論の展開においても、重要な変化を意味していたと思われる。それはバリント自身が自らのテーマとしての分離に向き合う体験を含んでいる。この意味で、バリントがこの事例で示したものを、「相互的な認識」と捉え直すことができるだろう。この心理臨床論において分析家は、患者と分析家双方が同じ重みをもつ人間であることを認識し、人間としての対等な出会いの中で、患者のみならず自分自身の問題に向き合う体験を通して、互いに変容を遂げていく。

　バリントは患者とともに、分離に直面する体験をしている。それは彼がセラピー関係のモデルとした、分離を際立たせない一次愛的関係とは対照的である。追加面接を行っていれば分離体験を回避し防衛することになった可能性があるが、ここではそうではなく、防衛を解いて分離を体験することが選ばれている。防衛なく人間と出会うことは、バリントがもともと目指していたところであり、それを彼は乳児期の養育関係をイメージする「一次愛」という言葉で呼んでいた。しかしこの面接における非防衛的な関係性は、一次愛のような欲動論的な意味合いをもっているわけではない。バリントの言葉になぞらえるなら、むしろ「一次関係性 (primary relatedness)」と呼ぶ方がふさわしいように筆者には思われる。

　この面接がセラピーの関係性を変容させ打開するきっかけとなったことについて論じてきたが、残された問題もある。患者はその晩、分析家に電話をかけてきた。バリントはとくに驚く様子もなくその電話を受けているから、彼自身が患者に自宅の電話番号を伝えていたのではないかと思われる。また患者の思いは面接時間の枠内にコンテインされなかったと述べたが、電話も時間外の接

触である。したがって追加面接は行っていないにしても、時間外の接触はなされているし、他にもさまざまな点で分析家と患者の境界は曖昧になっていた可能性がある。したがってその後「緊張のかなりの低下」があったとされるが、それがセラピューティックなものだったのか、境界を曖昧にすることによって分離を否認する躁的防衛による部分が含まれていなかったか、考える余地があるように思われる。

　患者からの電話は、「私がどう感じているか知ってもらう」ためのものだった。バリントによる攻撃的な解釈をはじめとして、面接の中には、まだ扱われていない問題がある。2人の関係の中でこれまで扱われてこなかった問題を、より深く解釈的に理解していくことが、これからの課題として残されている。

5.「認識」の理論的発展

　『治療論から見た退行』の翌年に発表された「外傷と対象関係」(Balint, 1969) は、彼にとって最後の精神分析的論文である。そこでは明確な形ではないものの、相互的な認識の心理臨床論がさらに深化しているように思われる。

　この論文において彼は、これまで外傷体験は「鉄道事故モデル」によって理解されてきたという。それは外傷がまったく予測できない形で襲ってくるという理解であり、事態を関係から孤立したものとして捉える見方である。一方で、外傷は親密な関係の中で起こることが多いことを考えると、外傷をより二者心理学的に捉える必要があると考えられる。ここで彼はフェレンツィの「言語の混乱」(Ferenczi, 1933) において示された外傷論に基づいて、外傷を大人と子どもの関係の中でコミュニケーションの齟齬が進行する過程と捉え直している (第4章参照)。病理的な大人は子どもに外傷を与えるが、そのことが認識されないことによって子どもは再び傷つくのだとバリントは言う。バリントはこうした関係の展開過程としての外傷理解が、傷ついた患者と分析家の関係理解にも生かされうるとして、この観点から分析家のかかわり方を考えていくことが今後の課題だとしている。

　彼はここで、セラピーの関係性をそのコンテクストから理解する観点を示し

ている。外傷論の形をとってはいるが、外傷をコンテクストから捉えた観点には意義があるものの、その過程は虐待事例そのものよりは分析過程からの想像に基づく部分が大きく、外傷論としての妥当性は十分なものとは思われない。精神分析の発達論に対してバリント自身が行った指摘に基づいて考えるならば、それは心理臨床過程をメタファーによって描き出そうとする試みと見ることができる（コラム4参照）。「外傷と対象関係」は、分析家と患者の間のコミュニケーションの齟齬を理解しようとするものだったと捉えられる。彼の心理臨床論は、二者心理学的な観点によって関係性を理解するものへと向かっていたと考えることができるだろう。

　バリントは彼の外傷論において、関係の中で生じた外傷的事態について大人が関与を認めないことが、もっとも外傷的だと論じた。「相互的な認識」は、分析家が自らの関与を否定することなく、面接の中で生まれる問題に向き合ってそのコンテクストを理解していく出発点になると言えるだろう。晩年の心理臨床論においてバリントは、セラピューティックな関係を生み出すものとしての解釈のあり方を探究する必要性に言及している（Balint, 1968, 1969）。相互的な観点から関係性を理解し解釈するための方法論は、現代の心理臨床においてもなお、重要な課題だと考えられる。

コラム
9
"The Basic Fault" と邦訳の問題

◇

『治療論から見た退行（*The Basic Fault: Therapeutic Aspects of Regression*）』（Balint, 1968；バリント, 1968/1978）は、M・バリントの主著である。邦訳は中井久夫によってなされた。彼の翻訳はどれもそうだが、あたかも初めから日本語で書かれているかのように、翻訳者が著者になり代わってその思いを自由闊達に代弁しているように感じられる。筆者にとっては精神分析の世界とその本質に触れる体験に導かれた一冊であり、バリント自身ばかりでなく、中井による翻訳の一つひとつの言葉にも愛着があり、読むたびに多くのことを考えさせられている。

この本の中心概念である "basic fault" は、中井によって「基底欠損」と訳されてきた。それは深い苦しみの体験が、分析家と患者との関係の中で展開していく分析状況を表した言葉であり、いわゆる「境界例」との関係で取り上げられることが多かった。この訳語については議論があり、中井ともさまざまな共同作業をしてきた山中（1984, 1991）は、「欠損」の語には治癒不可能性を暗示する点で問題があると指摘している。バリント自身も地質学用語における "fault（断層）" の意味合いに言及していることに基づいて、山中は「基底断層」ないし「基底のズレ」という訳語の方がふさわしいと論じた。また岡野（1995）も、basic fault は「欠損」というよりも、患者に加えられた外傷としての意味合いをもつとして、原語のままで用いることを選んでいる。

訳語は概念に対する、そして心理臨床に対する理解のありようを反映している。ここでは basic fault 概念の再検討を行い、それに基づいて邦訳の問題を論じることを通して、バリントの心理臨床論への理解を試みたい。

1. basic fault 概念の再検討

basic fault の概念は、論文「心の三領域」において初めて論じられた（Balint, 1958）。この論文は後に『治療論から見た退行』の冒頭に収録されている。

　バリントは自らの臨床経験から、分析作業には2つの異なる水準があると考え、それぞれを「エディプス水準」「basic fault水準」と名づけた。2つの水準を分かつのは、解釈が解釈として体験されるか否かにある。エディプス水準においては「成人の言語」によるコミュニケーションが成立することから、それを「合意された、慣習的な、成人の言語の水準」とも呼ぶことができる。一方、basic fault水準では、分析家の解釈は患者に何の影響も与えないか、あるいは分析家が意図したのとはまったく異なる影響を及ぼす。したがって治療上の困難が生じるが、それを扱うためには古典的精神分析を超える新たな心理臨床論が必要なのだと彼は論じている。この概念は、一者心理学的な古典派を超えて、関係性を扱うことのできる、新たな二者心理学的理論の必要性を示すためのものなのである。

　2つの水準の違いは、関係性に現れる。エディプス水準では三者関係における葛藤が問題となるのに対し、basic fault水準では葛藤ではなく、一次愛的な二者関係が問題になる。一次愛的二者関係においては、片方のパートナーのニーズだけが重要であり、相手はそれを充足するか挫折させるかだけの存在となって、全人的な関係が成り立ちにくいという。basic fault水準では解釈は解釈として通じなくなり、患者にとってはきわめて不当な攻撃か、あるいは反対に恩寵や誘惑として体験される。患者は分析家の内面を鋭く理解するようになり、また分析家からの欲求充足を強く求める。そうした困難を体験する一方で、患者は「ことを最後までやり抜こうという真剣な決意を心静かに秘めている。これは、深い苦悩の存在にもかかわらず安っぽい喧嘩腰など出さずに治療をきっぱりやりとげたいと決意しているフシギな混合状態で、このことによって患者は実に魅力ある人物と化する」(バリント, 1968/1978, p. 37)。こうした魅力が感じられることも、basic faultの特徴の一つだという。

　basic faultという命名について、バリントはいくつかの理由を挙げている。basic（基本的）はエディプス水準よりも構造が単純なこと、faultは何よりも患者たちの多くがその言葉を使うことに由来している。患者たちは、直されなくてはならないfault（欠点、きず）があると感じている。このfault（過失、罪）の原因は誰かが患者を扱い損なったからであり、今度こそは分析家が失敗しないようにとの不安がつきまとう。それは葛藤ではなく、失われているもの、正されるべ

き欠乏 (deficiency) である。バリントはさらに、地質学における fault (断層) の比喩を用いている。それは全体的構造の中の突発的な不規則部分として、普段は隠れているが、圧力下においては破断につながり、全体の破壊をも引き起こしうるものである (Balint, 1958)。

　以上の定義に示されているように、この論文の前半はほとんど、抽象的な形ではあるもののバリントの臨床経験に見られた2つの「水準」の記述によって成り立っている。ところが次に、彼は議論を「水準」から「領域」へと変化させていく。

　「これまで心に2つの水準ないし領域が想定されることを論じてきた」と述べた上で、彼はさらに第三の領域を取り上げている。この領域は、「外的対象が存在しない事実によって特徴づけられる」。主体の関心は自ら何かを生み出すことにあり、そのために創造の水準ないし領域と呼ぶことができる。分析状況における観察事実としては、沈黙している患者が挙げられる (ibid.)。

　それまでの議論がほとんど臨床経験の「水準」に関する記述に基づいていたにもかかわらず、ここで初めて、彼の仮説が心のモデルに関するものであることが明言されている。それと同時に、これ以後は「水準」ではなく「領域」の語が優勢になる。この用語について彼は、「いまのところ筆者は領域ないし水準の語を用いるのがよいと思うが、なぜこの2つを選んでいるのかは分からない」(ibid., p. 338) と述べているが、彼の論述からは、水準は分析作業の様相を、領域は心のモデルを表すものと読み取ることができる。

　2つの用語の混同は、臨床観察と心のモデルとの混同でもある。草創期の精神分析家たちには、臨床事実と自らの解釈とを混同する傾向が少なからずあったが (Esman, 1979)、これもその一つの表れと言えるかもしれない。心の三領域のモデルは、現在の分析状況における問題を、そのまま患者の内面や病理、過去の生育史に帰するものとなっている。そのためにこのモデルは、「説明的な理論ではなくメタファー的な記述」(Sutherland, 1980) に留まっており、セラピー上の困難を打開する理解を生み出すものには至っていない (Morse, 1972)。

　しかしこの論文の結びにおいて、バリントはこの心のモデルを再考し始めている。「精神分析状況の中で臨床的に観察された現象は、人間発達全体の代表的標本と見なされうる、と仮定されている。ほとんど明言されてはこなかったが、

この考え方は実際にわれわれの理論的主張の多くに影響を与えているのである。それはまったくの誤りだと筆者は考える」(Balint, 1958, p. 339)。それは分析状況という特殊な条件の下で、さらには分析家個人の影響下でなされた観察であることが考慮されねばならない(Balint, 1956a)。分析対象となる過去の出来事も、「すべては、患者の言語報告を通して、主として間接的な形で生じているものである。分析状況において、われわれが直接的な形で観察するものは、一つの二者関係であり、したがってbasic fault領域に属する」(Balint, 1958, pp. 339-340)。

　それまで3つの水準・領域があると論じてきたにもかかわらず、論文の最後にすべてがbasic faultなのだと言うのだから、非常に大胆な転換がなされていることになる。しかし、ここでの彼の指摘はきわめて重要なものだと考えられる。ここではバリントは、観察事実と解釈とをそれぞれ分離したものとして捉え直してもいる。クライエントが面接の中で過去の体験を語るとき、セラピストはその過去の事実をそのまま見てきたわけではない。セラピストが直接触れることができるのは、いま、ここでのクライエントの語りと、2人がともにしている体験であり関係性なのである。したがって面接外の三者関係の話が展開しようと、セラピストとの関係が話題になろうと、クライエントが沈黙していたとしても、セラピストが向き合っているのはいま目の前にいるクライエントその人であり、語りはセラピストとクライエントとの信頼関係に支えられて展開しているのである。

　したがって彼の用語法によればすべてがbasic faultに属するということになる。それは、面接における事態のすべてがセラピストとクライエントの二者関係において生じており、セラピーの関係性こそが基底的(basic)なものだと捉える二者心理学的観点につながるものである(第8章参照)。この観点を推し進めれば、セラピーにおけるコミュニケーションの齟齬や行き詰まりとして表れる"fault"は、セラピストとクライエント双方の要因によって生み出されていると考えられる。「心の三領域」では、着想を最後に書き足す程度にしか論じられなかったものの、この観点が後には「相互的な認識」という新たな心理臨床論の展開を可能にしていった。

　逆に言えば「心の三領域」のモデルには、一者心理学的バイアスがかかっていることになる。basic faultという心理臨床過程において生じる困難が、主と

して患者の心の領域に直線的に結びつけられている点で、それは分析家の関与を否認するものとなっている。こうしたバイアスは、バリントの言う「成人言語」にも影響している。「成人言語」の概念はフェレンツィの論文「言語の混乱」(Ferenczi, 1933) に基づいているが、フェレンツィが実際に論じていたのは、虐待において子どもの思いを大人が不当に誤解する事態であって、決して大人の言語の方が正当だということを言っているわけではない。バリントの理解はフェレンツィとは正反対のものになってしまっている。

　コミュニケーションの齟齬を解きほぐしていくためには、セラピストとクライエント両者の関与を考慮に入れながら、具体的な臨床的根拠に基づいて、関係が展開していく過程とコンテクストを理解し解釈していかねばならない。第6章では、このような理解が深まることによって、バリントの心理臨床論がより相互的なものとして展開していったことを示した。

2. 邦訳の問題

　basic fault の概念は、個人の心の問題ではなく、セラピーにおける二者関係を基礎とする観点から理解されるべきものであることを示してきた。こうした二者心理学的観点からは、basic fault は「セラピー関係の基盤における傷つき」を意味するものと思われる。ただしバリント自身も多様な意味を込めていることや、患者の主観的体験の表現に由来するというこの語の来歴と相まって、日本語の術語の形にすることは難しく感じられる。

　「欠損」という訳語には、それが治癒不可能性を暗示する点で不適切だという批判があることはすでに述べた。この訳語から連想されるのは、『治療論から見た退行』の冒頭に漂う重苦しさである。バリントはこの箇所で、従来の精神分析が通用しない患者たちがいること、それだけでなくこれまでの心理臨床論には関係性を扱うことができないという根本的な問題があったことを指摘し、そのために臨床場面でどんな困難が生じているのかを描写している。「欠損」の語は、これまでの心理臨床論はその基盤において大事なものが欠けているという、バリントの問題意識を反映しているように思われる。私たちはこの訳語から、問題を患者個人に帰するのではなく、心理臨床論そのものが抱える根底的な問題として、その重みを受け止めるべきなのだと思われる。バリント

が体験したように、限界に出会って抱く欠如の意識と、そこから始まる探求の過程は、一人ひとりの心理臨床家の歩みの中で繰り返されていくものなのかもしれない。

　バリントがこの関係性の困難を打開しようとし、『治療論から見た退行』の最後には実際にその可能性を見出したことから考えると、この用語を「欠損」と訳するのは、バリントの心理臨床論に即したものとは言えないように思われる。山中 (1984, 1991) は「基底断層」の訳語を当てることで、セラピーを含めた関係性の「ズレ」を意味するものとすることを提案している。セラピー関係において生じる困難を患者のみの病理に帰さない点で、それは心理臨床的意義をもっている。またバリントによる断層の比喩は、治療作業における水準の変化が、顕在化する以前にも治療関係の中ですでに準備されていることを暗示する点で、後に彼が検討し始めていたコンテクスチュアルな関係理解にも結びついている (第1章参照)。

　基本的な概念に多様な意味が込められているのは問題とも考えられるが、一方ではそうしたふくらみがあることにも意味があるように思われる。河合隼雄は心理臨床の多くの概念は「イメージ概念」であり、それによってこそ臨床的な体験を描き出すことができると述べたことがある (河合, 1991)。basic fault もそうしたイメージ概念の一つであるように思われるし、地質学の比喩といった多彩なイメージが、時を超えて理解を深めることをも可能にしている。

　山中の訳語は、癒しの可能性、関係性を回復する可能性を信頼する山中の臨床観の表れだと考えられる。バリントの臨床観には明暗両面があって揺れ動いているようにも見えるが、しかし "The Basic Fault" の最後は、やはり可能性を信頼する言葉で締めくくられている。

> 「こうした患者が分析家から受け取らずには耐えることができないものは、真実、すべての真実、そして真実以外の何ものでもない (What these patients cannot tolerate is not receiving the truth, the whole truth, and nothing but the truth from their analyst)」。分析家がこの試練に耐えることができれば患者は、「事態を見通し、引き受けようとする、静かな決意を見せる」(Balint, 1968, p. 187)。

　バリントの心理臨床論は、分析家と患者がともに真実に直面する相互的な認識へと向かっていたことが、ここにも示されている。

　これは本書の結論となる重要な部分であり、バリントの心理臨床論の核心にかかわる記述である。しかし中井はこう訳している。「この種の患者が耐えられないのは真実を与えられることではない。真実の総体にさえ耐えられる。ただ自分の分析者から真実を受ける強さだけはない」（バリント, 1978, p. 243）。これだと意味するところは反対になってしまう。中井訳のこの箇所を読んで当惑した日本の読者は、筆者だけではないのではないだろうか。バリントは癒しの可能性と不可能性の間を同書の全体を通して逡巡し続けている。その結論となる部分で、先にも触れたbasic fault水準の記述と呼応するように、真実と向き合おうとする患者の意志が示される。にもかかわらず中井訳によれば、分析家とともに真実に向き合うこと、それだけはできないというのである。本書を初めて読み終えた後には、そのことが一番心にかかった。

　確かに否定形を重ねた言い方が、逡巡の印象を与えたのかもしれない。ただ、"the truth, the whole truth, and nothing but the truth" は法廷で証言する際に使われる言葉であり、やはりどこまでも真実に忠実であることが関係を確かなものにするというのがこの箇所の趣旨であろう。どこか法廷に立つような厳粛さの実感もあったのかもしれない。いずれにせよ、ともに真実に向き合うことが彼の心理臨床論の到達点だったということは言えるだろう。

　翻訳とは、言葉を置き換える作業を超えて、著者を深く理解し解釈することである。中井久夫の邦訳を通して、読者はバリントをもっとも詳細に理解した研究者に出会っているとも言える。ここではずいぶん細かな部分ではあるが、筆者にとってはバリントの心理臨床論の根幹にかかわる問題を取り上げた。そんな一節を通して心理臨床の根幹を考える体験も、中井の邦訳に導かれて可能になっている。筆者としては、こうした読みの可能性が自由に語り合われ、心理臨床への理解が深められることを願っている。またそのことが、先人たちのよりよい理解者として、その偉業に少しでも報いることになればと思う。

第 *7* 章

津守眞の臨床的保育実践に見る
相互的な変容の過程

◆◆◆

　津守眞 (1926-2018) は、児童心理学者として出発し、後に保育学者、そして自ら子どもとかかわる保育者として、独自の保育学を築いてきた。彼は心理臨床家というわけではないから、フロイトやユングに並んでここに登場するのは意外に思われるかもしれない。しかし彼が障碍をもつ子どもたちとかかわってきた過程には、心理臨床や遊戯療法と通ずるものがある。彼の保育実践を特徴づけるのは、子どもへの敬意と、子どもとの出会いにおける相互的な変容の体験である。人間が成長する原点に深くかかわる営みとして、心理臨床学と保育学は互いに学び合うことができるものと筆者は考えている。

1. 保育と心理臨床

　保育と心理臨床は、いずれも人間の成長と深くかかわる営みである。もちろん、保育と心理臨床は実践面において異なる点が多くある。保育実践は子どもたちの集団的な日常生活に根ざしたものであり、教育的な意図のもとになされる。これに対して遊戯療法は基本的にプレイルームの中で行われるものであり、主として情緒的な問題を抱える子どもたちを対象とする。しかし、現代における保育の基本は、子どもと保育者との信頼関係に支えられた遊びとイマジネーションの展開であり、この点で保育と遊戯療法は共通性をもっている (西, 2016)。

　現代の教育・保育は新自由主義的なプレッシャーにさらされており、「見え
る化」された短期的な成果を求められる傾向が強まっているが、一方で保育・
教育思想の中には、相互信頼と遊びの想像力を通しての人間的な出会いをベー
スとする考え方が受け継がれてきている。子どもという存在を尊重し、その人
権を擁護することや、大人社会からは認められにくい子ども時代や遊びの価値
を、保育学はその出発点であるフレーベルの時代から伝えてきた。オランダの
M・J・ランゲフェルド (1974) は、自ら子どもと出会って臨床的な相談を受け
る中で遊戯療法的な実践をも行っており、「臨床教育学」の開拓者と言われて
いる。日本の保育学の開拓者の中でも、倉橋惣三と津守眞は今も実践者に大き
な影響を与えているが、彼らに共通しているのは子どもの内的世界についての
深い共感である (倉橋惣三についてはコラム3参照)。子どもたちの日常生活とその喜
怒哀楽をともにしながら、人間関係の原点に携わってきた保育学からは、子ど
もと人間を理解する上でさまざまな示唆を得ることができる。

　保育と心理臨床の関連性についての研究は、まだ数少ない。問題を抱える子
どもや家族への対応をアドバイスする「保育臨床」は実践されているが、日常
の保育そのものにおける人間的な出会いを心理臨床と結びつける研究はまだあ
まりないのである。近年では、タヴィストックの乳幼児観察の影響を取り入れ
た、精神分析的保育研究が進められている (Elfer, 2016)。P・エルファーらは逆
転移や投影同一化の概念を用いて子どもや保護者の情動を理解し、ワーク・
ディスカッションを通して事例理解を深め、保育者たちをサポートしてきてい
る。ただ、乳幼児観察がモデルであるだけに、能動的関与よりは観察やディス
カッションが研究の中心となっていることが多く、保育者自身のコミットメン
トや瞬間ごとの応答によって展開する関係性への理解は、これからの課題だと
言える。

　そうした深いコミットメントを保育の中で実践し研究してきたのが、津守眞
である。彼はとくに障碍をもつ子どもたちとかかわって、ほとんど遊戯療法的
と言える次元での出会いの中で、相互的な変容を体験し、それを事例研究とし
て発表してきた[注26]。彼自身、障碍をもつ子どもたちの表現を理解する上でユ
ングを読み込んだ時期があるが、子どもたちの内的世界の表現としてイメージ
を捉え、イメージを介してかかわりながら相互的な変容を遂げる点では、彼の

実践はユング心理学にも通ずるものだと言える。ユング心理学者のA・サミュエルズは、多様な学派の中にユング派と共通する思想があることを指摘し、それらを「自覚せざるユンギアン」と呼んだが（サミュエルズ, 1985/1990）、津守の保育学も広い意味ではそうした共通点をもっていると考えられる。

　本章では、津守眞の保育事例研究を、主としてユング心理学との関連から検討する。彼の保育思想は心理臨床家にはあまり知られていないので、まずはその概要を示し、その心理臨床との関連を明らかにする。次に、遊戯療法に近い形で展開した彼の保育事例研究を再検討し、そこに見られる相互的な変容の過程とその意義を示す。

2. 津守眞の研究史

　津守眞は生涯をかけて子どもを尊重し、子どもを理解する研究を重ねてきたが、そのアプローチにはさまざまな変遷が見られる。ここで彼の研究史の概略を紹介する。それぞれの時期における研究や自伝的な著作（津守, 1974, 2002, 2005, 2012）をもとに筆者がまとめたものである。

（1）初期の研究

　津守眞は第二次世界大戦の終戦直後に大学を卒業し、児童心理学の研究者としてのキャリアを歩み始めた。障碍をもつ子どもたちとのかかわりもそのころから始まり、愛育研究所の研究員として心理検査を実施するところから出発したが、間もなく保護者たちの強い要望に応えて、障碍をもつ子どもたちのため

注26）ここでは津守に従って、「障碍」と表記する。早くから障碍をもつ人々の支援に携わり、当事者とかかわってきた者としての思いが込められているが、彼はこの表記を選ぶ理由を次のように述べている。「障害の害は、害毒の『害』である。この子どもたちは、何も害毒を流していない。これに気が付いたとき、私は害という字を使えなくなった。『碍』は、妨げの石という意味である。目から石を取り除けば障碍ではなくなる」（津守, 1997, p. ii）。

の特別保育室を立ち上げ、子どもと家族の支援にあたってきた。同時期にお茶の水女子大学で児童学を講ずることとなり、倉橋惣三の後を継ぐ形で、附属幼稚園をはじめとする保育の場と連携し、子どもが自由な遊びの中で本来的な自己を実現することのできる保育のあり方への探究を始めた、

　その後、アメリカへの留学を経て、1960年代には『乳幼児精神発達診断法』（津守・稲毛, 1961；津守・磯部, 1965）を完成させる。多くの心理臨床家にとっての津守眞は、この「津守式発達検査」の開発者ということになるかもしれない。幼稚園や幼い子どものいる家庭から、子どもたちのエピソードを無数に集めてつくられたこの発達診断法は、ナラティブ的な性質をもつ独自のものである。エピソードには子どもたちの生きた姿が反映されていて、たとえば1歳児の発達における「社会」の項目には、「親の顔をうかがいながら、いたずらをする」「『いけない』というと、ふざけて、かえってやる」といったものが含まれるし、7歳の最後の項目は「泣くのを、人に見られないようにする」である。そこには能力を直線的に評価するのではなく多様性をもって理解し、子どもの発達過程を全人的に捉えようとする志向がすでに見られる。

　この発達診断法は全国で用いられるようになったが、彼はそれが発達指数に還元されることによって、差別的な意味で誤用されることを懸念するようになった。それとともに、従来の心理学の客観主義的アプローチでは、子どもの発達体験を捉えることができないという問題意識をもつようになった。

(2) 保育研究の「転回」

　客観主義を超える研究のあり方を模索する中で、彼は出口の見えない混沌の数年間を体験している。新たな研究のあり方を見出したのは1970年前後のことであり、そのきっかけは子どもたちの描画からだった。錯画と呼ばれがちなそれらの描画を時系列に沿って、子どもたちの生活とも照らし合わせながら理解していく中で、子どもたちが意識してはいなくても、そこには意味があり、自己を探求し実現しようとする動きが表れていると彼は考えた。子どもの表現を、外的行動として表れる次元を超えて、内的な意味をもつものとして理解する新たな観点は、子どもたちの遊びへの理解や、津守自身が子どもたちと深くかかわる実践にもつながっていった。

　彼はこうした研究を心理学の世界でも発表しようとしてきた。河合隼雄らが編集した『心理学評論』誌の特集には、自らの保育実践からの洞察を含む論文を発表している (津守, 1971)。しかし当時の日本の心理学の世界では、客観主義を超えて意味の世界を扱う彼の研究はほとんど理解されなかったと見られる。このころから津守は日本の心理学の世界を離れていったが、心理臨床学的にはこの時期以後の研究の方が関連が深い。彼が携わっていた特別保育室はその後、愛育養護学校という養護学校 (現・特別支援学校) に発展していたが、この時期には、自らそこでの保育実践に深くかかわり、障碍をもつ子どもと困難な時期をともにやり遂げていく事例研究をいくつか執筆している。本章で取り上げるのも、この時期のものである。

(3) 保育者としての実践と研究

　1983年、津守は大学を辞して愛育養護学校の校長・保育者に転じた。愛育養護学校から求められてということもあったが、子どもと保育をより深く理解する上でそれが必要だと考えたためでもあった。クラス担任の兼務を含めて、12年間の保育の中で、彼は子どもと出会う体験からの洞察を発表してきた。それらをまとめたのが主著『保育者の地平』(津守, 1997) であり、これは現在でも保育の実践者たちを支える一つの古典となっている。その後も日本保育学会長を務めるなど保育界を牽引しながら、愛育養護学校では顧問として子どもたちとかかわり続けた。

3. 津守眞と心理臨床

　津守眞は保育学者であると同時に、保育の実践者でもある数少ない存在であり、人と出会う実践と研究を一体として進めてきた点では心理臨床との共通点がある。ここでは彼にとっての保育学と心理臨床とがどのような関係をもっているのか、彼自身の言葉をもとに見ていきたい。少々引用が続くが、彼自身の言葉から、理論的な側面ばかりでなく、実践者としての彼のあり方が伝わるのではないかと思う。

　かつて教育学者の佐藤学が津守に「臨床の知」についての寄稿を求めたことがあった。津守は「保育の知」という言葉を選んだが、そこに臨床と保育の関係についての彼の考え方が示されている。両者に共通する「知」について、彼はこう述べている。

　　子どもに直接触れて考え、その考えをもとにしてさらに実践を積むのが臨床だから、教育はもともと臨床と密接な関係がある。私は長年、幼児期の子どもの保育を自分の学問の中心として考えてきた。殊に後半生を保育の実践の場で過ごすことになり、身体をもって子どもとかかわる保育実践のなかに「知」があることを体験として知った。

　　戦後半世紀、保育・教育は自然科学の方法による知を導入しようとした。それは対象を外部から客観的に観察し、計測し、操作し、法則を見出すという方法である。その経過の中で、幼児保育にはもう一つの種類の知があることに人々は気が付いた。それは自分を含めて全体を見通す洞察による知である (津守, 2002, p.357)。

　人間にかかわる学問には数多くのものがあるが、関係の中に身を投じる実践者が自分自身を含めた関係性について理解を深めていくという側面を扱っているものは数少ない。この側面こそが、心理臨床学、とくに無意識的な側面を含めれば精神分析学、ユング心理学の独自性だと考えられる。「自分を含めて全体を見通す洞察による知」を基礎とする点で、津守眞の保育学はその系譜に連なるものだと捉えることができる。

　臨床と保育の関係について、津守はこう述べている。

　　保育・教育の実践は、日常生活場面で、長時間にわたってなされる。その中には臨床に類似した場が含まれている。狭義の臨床においては訴えられた症状の治療が目的とされるのに対して保育・教育の実践は広い観点で生活や人格の向上を目指す。また、当該の個人だけではなく、その子どもを含むグループと社会全体の変化を目的としている。

　　このように、臨床と保育・教育の実践とは相違点があるけれども、子ど

　もに触れた体験にもとづく思索という点で重り合う (同書, p. 357)。

　彼が述べるように、心理臨床と保育にはさまざまな相違点があり、それぞれ
の専門性があるのが前提であって、本章でも2つを同一視するわけではない。
その違いを踏まえつつ、その共通点を理解していくが、とくに実践者の体験と
いう点では重なる部分を見出すことができる。

　彼は保育実践に深くかかわるようになった「転回期」に、それまでの自然科
学的心理学を超えて文学、哲学、心理臨床学など幅広い研究を参照するように
なった。心理臨床学については、フロイト、ユング、E・H・エリクソン、B・
ベッテルハイム、ロジャーズらの影響を見ることができる。彼がフロイトの家
を訪れた際に記したエッセイには、彼が臨床実践と保育の共通点をどう見てお
り、心理臨床学から何をつかんできたかが表れている。

　　フロイトの臨床は大人を相手にし、小さな室内でソファに横になった患
　者と対話を交すものであった。その点では子どもと一緒に身体を使って動
　く保育とは性質がちがう。けれども、彼が医師の権威をすて、患者との誠
　実な人間関係に入ることをその臨床の前提としたことは保育に共通であ
　る。そのときに患者は自分のありのままをそこに表現するようになり、そ
　れを思索の対象とした点も保育と共通である。保育の日々においては、フ
　ロイトに比べればとるに足りないささやかな発見と思索であるが、保育者
　自身が自分なりに考えてゆくことを彼の著作は励ましてくれる。フロイト
　の理論そのものよりも、彼が臨床に向う態度に私はひかれる (津守, 1989, p.
　185)。

　ここに見られるように、心理臨床との共通点と言っても、理論を直接に当て
はめるようなことは、彼はしていない。そうではなくて、子どもと真摯に出
会って思索し、そして自分自身の探究を進めていく過程が共通しているのだと
言うことができる。

4. 津守眞の思想とユング心理学

　津守眞の保育思想は、転移・逆転移といった概念を直接に用いるものではないが、子どもと一貫した相互的な関係を深め、ともに変容を遂げていく点で、ユング心理学との共通点をもっている。心理臨床と津守の保育思想との関連を理解する上では、ユング心理学との関連を見ていくことが有効だと考えられる。ここでは関連する点として、①内的世界の探究とその普遍的意義、②保育実践の基礎としての相互的な変容の体験を取り上げる。先に「自覚せざるユンギアン」というサミュエルズの表現にも触れたが、津守はそれほどユングを直接に引用しているわけではないし、ここで取り上げる「共通点」についても、直接的な影響があったというわけではなく、それぞれ異なる実践の中から紡ぎ出された思想の中に共通性が見出されたというものであって、そこには彼自身が意識していなかった部分もあると思われる。

（1）内的世界の探究とその普遍的意義

　津守の研究史における「転回」の時期を導いたのは、子どもには外から観察可能な行動の次元をはるかに超えた内的世界があり、さまざまな表現行為を通して自己を探求しているという発見であった。その始まりとなったのが、子どもの描画研究である（津守, 1974）。子どもの描画を、無意味な錯画と見たり、描画スキルの発達という側面だけを見るのではなく、子どもが自己を探求する過程と捉えて、その子の人生のコンテクストに照らして理解していく視点は、当時の客観主義的心理学を超える、臨床的なものであった。

　津守は保育を単なる養育と捉えるのではなく、人間の根源への探求を子どもとともに進めることと考えていた。

　　　子どもがどうしてもこうしたいと言い張るとき、それに答えるのには大きなエネルギーを要する。大人はそんなに心身の労を払ってまで答えなくてもよい理由をいくらでも考え出すことができる。しかし人生の探求者であることにおいて、子どもは大人以上に真剣である。私共は子どもと交わることによって、子どもが生きる世界は大人が生きる真実と底辺において

　共通であることを知る（津守, 1997, p. 13）。

　ここで彼は、仮に表面的には不適応で無意味に見えることがあったとしても、子どもの表現を、潜在的にはすべての人間にとって共通する意味のあるものとして捉えている。また、それが子どもと暮らす生活のリアリティとともに語られている。こうした表現の意義は、障碍をもつ子にとっても、そうでない子にとっても、変わらない。その表現の理解は、単純に意識では解き明かすことのできない行動やイメージを通してなされる。こうしたイメージの世界を育み、自ら意識と無意識の両方でコミットしていく姿勢を、彼は日々の研究ノートの中に、こう詩的に表現している。

　　私は子どもそのものの存在、人間そのものの存在の中に夢想としてはいりこんでゆくのだ。子どもを対象として動かそうとするのではない。その存在そのものの中に入り込んでゆくのだ。自己実現とは、外から言った言葉だ。保育は子ども自身の中に湧きいづる思いを生み出す仕事である（同書, p. 36）。

　大人の集合的意識からは無意味と見なされかねない象徴的表現を取り上げて、そこに切実な真理への探求を見出すのは、ユングとも共通する姿勢である。「精神病の内容」（Jung, 1908）でユングは、それまで了解不可能と思われていた患者の表現に耳を傾け解釈することを通して、それは決して理解できないものではなく、その背景にはすべての人間に共通する思いがあるのだと論じた（第2章参照）。

　また津守は子どもの表現に敬意をもって接し、その意味を単に過去の個人的経験によって還元的に理解するのではなく、表現の背後にある思いの妥当性、普遍性を認めてきた。この点も、子どもの生命的発達を尊重し、個人的問題を超えて子どもの内的世界を理解する意義を示したユングと共通する（Jung, 1909a）。津守は自らの研究を、「人間の学としての保育学」として構想した（津守・津守・無藤, 2001）。それは出会いの中で人間について考える学問であり、実践である。

(2) 保育実践の基礎としての相互的な変容の体験

　津守はつねに子どもたちに深い敬意をもって接し、相互的な関係性の意義を強調した。実践への「省察」は、彼の思想の中心概念である。津守において保育は、子どもを操作し変化させるような一方的行為ではない。子どもにかかわる上でも、子どもを理解する上でも、相互性は重要である。「理解するとは、知識の網の目に位置付けることではなくて、自分が変化することである。子どもと交わることは、保育者自身が日々変化し、成長することにほかならない」(津守, 2002, p. 359)。その変化は単に技術的なものであるのではなく、人格的な次元に及ぶ。

　　子どもの世界の理解には、研究者として子どもの外部に立っているのでは不十分になる。子どもの生活に参与して、子どもに直接応答すること、またこの際、子どもとの関係において自分をさまざまに変化させることによって、一層子どもの世界を理解するようになるだろう。自分を変化させるというのは、実生活においては、ことばづかいや行動の仕方というような技術面だけのことではない。自分自身の小さな行為も、自分の人生の一部であって、その根は深い。小さな行為を変えるのにも、考え方の根底から考え直さなければならないこともある。そこに、自らの行為の省察という人間学的課題が生まれる (津守, 1987, p. 203)。

　こうした省察は、しばしば子どもたちの象徴的表現を手がかりとしてなされ、時には彼自身の夢を通してなされてきた (津守, 1997)。逆転移分析といった言葉は使われていないが、それが目指してきたものに、津守は彼独自のやり方で取り組んできたと言えるだろう。

　ユング自身は子どもの分析にはあまり熱心でなかったことで知られるが (Fordham, 1980)、一方ではユング心理学の教育への応用についても論じている。教師が子どもに教育的影響を与えることができるのは、教師自身の人格を通して初めて可能になることだと彼は論じており、そこには「変容」の心理臨床論が教育にも言えることが示唆されている。また、教師と子どもの関係を理解する上では、逆転移が一つの通路となりうることも論じている (Jung, 1928b)。ユ

ング心理学と保育・教育との関連はこれから探究されるべき部分も大きいが、津守眞の理論と実践はこの領域において先駆的な貢献をしてきたものと位置づけられる。

5. 津守眞の保育事例における相互的な変容

　津守眞の保育思想をより具体的に見ていくために、彼の事例研究をユング心理学との関連において再検討する。取り上げる事例は、「子どもにとっての衣服の意味」(津守，1975)と題されたものである。これは彼の研究が大きく変化した「転回期」の事例であり、ちょうど彼がユングの著作を読み込んでいた時期にあたる。

(1) 事例と津守による解釈

　これは津守が当時、保育の実践者・指導者として携わっていた愛育養護学校における事例である。愛育養護学校には「家庭指導グループ」が設けられており、就学前の子どもたちが保護者と一緒に通って、保育や相談などの支援を受けていた。事例に登場するのは、この就学前のグループに新しく入ってきたKという男の子である。

　Kに関する外的な情報はほとんど挙げられていない。プライバシーの問題も考えられるし、また津守は診断的な情報がかえって先入観となることを懸念していたこともあってか、彼の事例記述にはそうした情報はあまり記載されていないことが多いのである。事例記述から推測するならば、Kはこのグループに1年以上いたことから、おそらく4歳またはそれより幼かったと考えられる。学校でも家でも言葉はときおり発することがあるようである。この学校に来ていることからは、何らかの障碍は認められていたものと考えられる。

　　入園してしばらくすると、Kは津守とは仲良く遊べるようになったが、他の子どもたちとはうまくかかわれなかった。何か問題が起きたときは、よく自分の頭を地面や壁に打ちつけることがあった。それがあまりに激し

いので、母親によると家の壁にはKが頭をぶつけた痕が残っているということだった。それだけでなく、自分が気に入って描いていた絵を、突然丸めて踏み潰すこともあった。津守はそれが、自分にとって価値あるものが他人から否定される前に、自分自身で否定してしまおうとする行為ではないかと考えた。地に頭を打ちつけて泣くKの傍らにいると、その苦痛がよく分かるように思えて、Kを抱き上げ肩車をしていると、次第に感情の出口が見つかって落ち着いてくることがあった。

　学校内では衣服を脱ぎ捨てる癖があり、大人がかかわろうとするが、それを頑なに拒否することが多かった。母親はそんなKの様子を心配し、しばしば叱ってそれを止めさせた。靴を履かせても脱いでしまうので、母親が追いかけるが、それも脱いでしまうといったことが繰り返された。大人としては衣服のことが心配になるが、それが子どもの側からは社会的・文化的要請の壁に阻まれて出口がない体験になっているのかもしれない。壁にぶつかるエネルギーは、子どもの内にあって伸びようとするが形をとらない、混沌のままの生命過程の表れだと考えられた。

　6月になって、Kが庭で遊んでいると他の子どもたちとのぶつかり合いになったので、近くの公園に出かけた。水の流れがあり、Kはその中に入って遊び始め、服は全部脱いでしまった。津守は一瞬ためらったが、Kが喜んで飛び跳ね、遊ぶので、そのままにした。かなりの時間遊んで昼食の時間になったので、津守はKを連れ帰ろうとしたが、Kは反抗し、地面に頭を打ちつけようとした。津守はKを静かに抱いていたが、Kの反抗は収まらなかった。津守は「Kちゃん、先生が無理にしたのはわるかったから、また水に入っていいよ」と声をかけた。するとKは服を水で洗って干すなどしながら、嬉しそうな表情になって津守に甘えた。

　公園での出来事だから、裸になっているKを見て、通りかかる人々が面白がったり差別的な目を向ける。そこへ保育園の子どもたちが先生と一緒にやって来た。先生は服が濡れても大丈夫ですよと子どもたちに声をかけている。Kはその子たちと一緒になって水の中で遊んだ。子どもたちは誰もKを差別的に見ることはなく、当たり前のようにして、木の実を一緒に投げて遊んだ。

　　この体験は一つの転回点となった。何度か似たような体験を繰り返しながらだが、自分から服を着るようになってきた。母親もKを叱らなくなり、むしろKには繊細なやさしさがあり、宝のような子どもだと思うといった思いを、自分から津守に話すようになった。

　津守はこの事例を振り返って、保育の中で衣服は生活習慣やしつけの問題と考えられがちだが、子どもにとってはそれ以上の精神的意味をもつことを論じている。衣服はアイデンティティを表現するものであると同時に、その人の本質を覆い隠す防衛としての意味をもちうる。また、ユングの「間違った帽子をかぶる夢」の解釈に関連して (Jung, 1944)、衣服は社会適応のために必要なものであるだけでなく、子ども自身の内面への適応の問題も含んでいると考えることができる。障碍をもっている子を社会に適応させ、「人並みの服装」をさせたいという思いが大人の中にあると、そのことで子どもとの関係が妨げられてしまう。

　　子どもの側からみるならば、おとなと人間的感情を共に分ち合いたいときに、おとなが社会的側面からだけしか見ない場合には、その社会的規準——衣服——に対して反抗を示すことになる。子どもは衣服を脱ぎ捨て衣服を水の中に沈めて、裸の自分自身になってとびまわる。人間としての存在感をともにするところから出発することを求めているのである。そこから出発して、子どもが自分から社会に入ってゆこうとするとき子どもは再び自分から衣服を着るようになる (津守, 1975, p.300)。

(2) 事例の再検討

　津守の解釈は衣服の象徴的な意味を中心にまとめられているが、ここでは改めて相互的な観点からの理解を試みる。

　この事例では、外的・社会的規準が先にあってそれに合わせて子どものことを判断したり導いたりするのではなく、そうした社会的規準をいったん置いて、子どもの内的体験から事態を捉え、考えていくという、津守の一貫した姿勢を見ることができる。彼の研究の「転回」は、発達研究において支配的だっ

た外的な視点を、子どもの体験の側から見直そうとするものだった。「転回」
の語がなぜ選ばれたのかについて津守は言及していないが、それは中心が自分
から相手へと転換するという意味では「コペルニクス的転回」にも比すべきも
のだったと考えられる。

　Ｋと津守が公園を訪れたとき、初め反抗的だったＫは、やがて子どもたちと
ともに分け隔てなく遊ぶようになった。その変化は、津守の態度が変化したこ
とによって可能になっている。社会的規範を押しつける大人の役割を捨てて、
子どもの存在をありのままに受け止め、表層だけでは理解できない行動に、意
味を見出そうとしたのである。人間として出会うために、障壁となる防衛を捨
てることが可能になったのだと考えると、この変化の過程は、バリントの言う
「新規蒔き直し」にも通ずるように思われる (第6章参照)。関係の中で不要な防
衛を捨て去る過程は、子どもの側と保育者の側の両方で起こるのである。ユン
グの観点からは、心理臨床の過程においてセラピストとクライエントが人間と
して出会うことを意味する。

　　　分析作業は遅かれ早かれ不可避的に、余りにも人間的な偏見をすべて捨
　　て去った地点におけるわたしとあなたとの、あなたとわたしとの裸の人間
　　同士の対決という形をとらざるをえない〔中略〕。真の医者たる者はいつい
　　かなる場合でも傍らに立っているのではなく、常に渦中に身を置いている
　　のである (Jung, 1944, 邦訳書 p. 17, 傍点は邦訳書による)。

　津守の変化はＫに対する態度ばかりでなく、人間としての彼の変容過程とも
呼応していたと考えられる。そのころ彼は数年をかけて自らの研究における
「転回」を体験しつつあった。混沌から未来の方向性を見出していくための苦
闘は、決して彼自身はいわゆる病を得ていたわけではないのだが、エランベル
ジェ (1964/1984) の言う「創造の病」の過程とも共通する点をもっていた。それ
は理論的な変容だけでなく、子どもとのかかわりにおける変容の体験も伴って
いた。Ｋの事例を含めてこの時期に記された彼の事例研究には、水や砂といっ
た基本的な物質に身を浸す体験がいくつか言及されている (津守, 1979, 1980)。
それは意識のレベルを超えて、身をもって子どもとの関係に深く浸ることを意

味するように思われる。これらの体験を通して彼は、客観主義的な心理学の限定された世界を離れ、自ら子どもとかかわる事例研究という新たな領域を開拓した。そのころの研究ノートに、彼はこう記している。「いまや私が歩んできたもののなから、いままでの思考法のなかから、合理主義というか、いままで保育を考えるのに不毛であった思考の残滓をすべて捨てて出発すべき時が来たようだ」(津守，1998，p. 5)。そこには、不要な夾雑物を取り除き、子どもと人間として誠実に出会うことから実践と研究を進める意志が見られる。社会的・文化的強制としての衣服を取り去り、自らのアイデンティティを示すものを選ぶというテーマは、同時期の「靴と幼児」(津守，1973) にも見られる。津守が保育者としてのあり方や、研究者としての生き方など、さまざまな側面において変容を遂げつつあった過程は、Ｋが壁にぶつかりながら成長しようとする過程とも共時的に生じていたのだと考えられる。

　関係のコンテクストという観点から考えてみると、この事例はＫの入園期からのものであることが分かる。保育の中では入園、進級、卒園をはじめとして、たった数年の間にも数々の人生の節目が体験される。こうした節目は一種の社会的環境の変化を伴い、こうした変化の過程は「移行 (transition)」(Brooker, 2008) と呼ばれている。精神分析的乳児観察の立場から保育を論じているＭ・ラスティンは、こうした移行期にどれだけの配慮がなされているかは、保育の質を測る指標だと述べている (Adamo & Rustin, 2013)。保育研究をもち出すまでもなく、心理臨床におけるセラピーの開始期においても、信頼関係をどう築いていくかはもっとも重要な課題と言えるだろう。Ｋが入園期、移行期にあることを考えると、この事例経過の中では、Ｋ、母親、保育者、子どもたち、園が、初めて出会ったところからどう関係を築いていくかという過程が描かれていたように思われる。Ｋにとってこの園で提供される「枠」は、周囲の大人のためのものなのか、それともＫ自身のためのものなのか、それが実感されてくるまでは、Ｋを縛る枠としての衣服には抵抗せざるを得なかったかもしれない。

　津守の内的態度が変化すると、Ｋの行動も、母親の態度も変化しており、家族のコンステレーション (Jung, 1909b) が動いていることが見て取れる。ユングの心理臨床論においては、クライエントとセラピストの変化は共時的に起こる。一人の子どもと真摯にかかわる過程は、その子とかかわる人々の変容の過

程とも並行して、相互的な形で進むのだと考えられる。

(3) 保育の関係性と心理臨床の関係性

　津守眞の保育事例の再検討を通して、保育における関係性への理解は心理臨床的観点からも深められることが示された。相互的な関係性をその根本とする津守眞の保育論は、とくにユング心理学の心理臨床論との共通性をもつことも具体的に論じてきた。

　日本におけるユング心理学の開拓者である河合隼雄は、心理臨床における関係性を、文化人類学者V・ターナーによる「コムニタス (communitas)」(ターナー, 1969/1996) の概念にたとえたことがある。邦訳者の冨倉によれば、コムニタスとは、「身分序列・地位・財産さらには男女の性別や階級組織の次元、すなわち、構造ないし社会構造の次元を超えた、あるいは、棄てた反構造の次元における自由で平等な実存的人間の相互関係のあり方」を意味する (同書, p.302；傍点は邦訳書による)。コムニタスを長期間維持することは困難だが、一方で社会は構造のみによっては持続することができず、潜在的な、あるいは自然発生的なコムニタスの瞬間を必要とする。河合はこの概念を手がかりに、心理療法とは、あまりに強く構造化された現代社会において、失われた真のコムニタス状況を実現しようとする試みなのだと論じている。境界例と言われる人々はコムニタス関係を強く希求するが、無防備な形でのコムニタスが出現したり、あるいはコムニタスの維持が困難となって既存の人間関係モデルに堕したりすることによる危険性もあることを指摘している (河合, 1989)。いわゆる境界例の心理臨床において、面接の「構造」や「枠」に十分な配慮が必要なことはよく知られているし、バリントがbasic faultと呼んだ関係性にも同様のことが言える (第6章参照)。

　これに対して、本章に挙げたKの事例では、公園で水を浴びながら子どもたちがコムニタス的体験をしたことが、新たな展開のきっかけとなった。誰もがKとのコムニタス的関係になかなか入れなかった時期を超えて、津守とのかかわりの中で、あるいは不要な防衛をもたない子どもたちとの間で、新たなコムニタス体験が生まれたのである。保育と心理臨床の関係について論じてきたが、こと子どもたちが自分らしく自由に活動できる場においては、コムニタス体験は河合の議論とは対照的に、「自然発生的」な形で容易に生じている。も

ちろん無構造というわけではなく、構造へと向かう動きは子どもたちの中にもあるし、保育者や園による抱え環境の一部ともなっているのだが、子どもたちが純粋に遊び楽しむコムニタス的関係もまた、抱える力の一部をなしているように思われる。いずれにしても大人の社会とは違って、保育の中では構造とコムニタスの間によりダイナミックで柔軟な関係が生まれやすいように感じられる。このことについては筆者にとっての一つの課題であって、確たることは言うことができないが、子どもを支える「枠」のあり方を心理臨床との関連から考えていくことは意味のあることだと考えている。このようなテーマも一つの例ではあるが、子どもたちと出会い、真摯にかかわる体験を通して、私たちは人間どうしの関係の原点について多くのことを学ぶことができる。

　相互的な観点からは、保育とは子どもの成長を支援するだけのものとは限らない。保育とは、子どもも、保護者も、保育者も、それぞれに個性化の過程を歩みつつある人々が集い、ともに成長していく場である。津守の事例研究も、そのような過程の一端を示していた。ここでは津守の研究からその一例を示したが、心理臨床学と保育学は相互的な変容の過程への理解を深めていく上で、ともに学び合うことができるものと考えている。

第**II**部
相互性の心理臨床論とその展開

第8章

二者心理学の概念とその意義

❖❖❖

　「二者心理学」は、M・バリントが関係性を重視した新しい精神分析技法論の必要性を示すために用いた言葉である。これに対して、クライエント個人の内界だけを扱う従来の理論を、彼は「一者心理学」と呼んだ。本章では、二者心理学の概念が何を意味していたのか、その起源をたどって検討することにより、心理臨床的な関係性を読み解く視点を明らかにする。しばしば二者心理学は「関係論」や「対象関係論」を指すものと理解されているが、バリントが目指していたのはより相互的な心理臨床論であったことについても、文献の検討を通して示す。

1. 二者心理学の起源とその展開

　心理臨床において関係性がもつ意義が広く認識されるにつれて、関係性を捉える枠組みとしての「二者心理学 (two-person psychology)」の概念が、多くの著者によって用いられるようになってきている。

　二者心理学に関する着想は、もともとJ・リックマンによって提示されたものだった (Rickman, 1950, 1951a, 1951b)。彼はもともと集団療法のための理論を論じる中でこの着想に言及したのだが、ちょうどこのころ、1951年に彼が亡くなったということもあり、その意義は十分には論じられていなかった。同時期に、リックマンと交流があったバリントは、精神分析の二者関係について独自

の探究を進めており、彼の心理臨床論をよく表すものとして二者心理学の概念を取り入れた (Balint, 1950, 1956a, 1968, 1969)。この概念はリックマンの着想を手がかりとしつつ、かなりの部分においてバリントが発展させてきたものである。バリントはそれまでの精神分析理論が患者個人の心の内界のみを扱う「一者心理学 (one-person psychology)」であり、関係によって成り立つ心理臨床の過程を理解するためには、新たな二者心理学が必要だとして、これに基づく独自の心理臨床論を展開していった (第6章参照)。ただ、彼自身もこの概念自体をまとまった形で論じてきたわけではない。

　二者心理学の概念はリックマンとバリント以降、ほとんど取り上げられてはこなかった。しかしその後、関係論の台頭によってこの概念は注目を集め、精神分析における重要な観点を示すものとして用いられるようになっている。こうした潮流の変化は、おそらくA・H・モデル (Modell, 1984) に始まるものだと思われる。モデルは古典的精神分析と対象関係論を結びつける彼の立場を、一者心理学と二者心理学を相補的に捉えるものと位置づけた。すなわち彼においては、「二者心理学」は「対象関係論」とほぼ同義語として扱われている。この中で彼はバリントに言及してはいるものの、バリントの議論のコンテクストを考慮しておらず、リックマンの論文も直接には参照していない。

　本章で明らかにするように、バリントの二者心理学は、必ずしも対象関係論一般と一致するわけではない。それは精神分析理論の枠組みを批判的に照らし出すとともに、セラピーの関係性を相互的に捉える観点を示すものであった。しかし、モデル以降、多くの著者らが、それとは異なる意味でこの用語を用いている。S・ミッチェルはモデルの議論に触れつつ、二者心理学を関係論と同義のものと見なしたが (Mitchell, 1988)、それ以来、多くの著者らがそれぞれに異なる多様な意味合いでこの用語を用いるようになった (Ghent, 1989; Aron, 1990; Gill, 1994; Murray, 1995; Bornstein, 1996; Grotstein, 1996; Spezzano, 1996; Stolorow, 1997; Wasserman, 1999)。この言葉がこれだけ用いられるようになったのは、モデルとミッチェルがきっかけだったと言えるだろう。こうした著者らはリックマンやバリントを実質的には参照していない。モデルはかつて二者心理学を「精神分析のジャーゴン」と呼んでおり、とくに理論的背景があるわけではない仲間内の用語と捉えていたように見える (Modell, 1976)。古くから何となく共有されて

いた言葉が、精神分析の学派間での論争が盛んになるにつれて、思わぬ脚光を
浴びることとなったというところだろうか。概念そのものが十分吟味されない
ままであることによって、著者らの間でもその意味するところに食い違いがあ
り、議論は混乱してしまっているように見える。

　したがって、ここでこの概念の起源に立ち返り、その意味するものを明確化
することが必要だと考えられる。本章ではリックマンに始まり、主としてバリ
ントによって形作られてきた二者心理学の概念について、その再検討を行う。
このことは、現代の精神分析における議論を整理する意義をもつとともに、セ
ラピーの関係性を捉える一つの観点を基礎づけていくことにつながるだろう。

2. リックマンの着想

(1)「場に規定された限界」

　二者心理学の着想はリックマンに始まるものだが、彼の関心が主として集団
療法にあったこと、また彼の晩年の着想だったこともあって、その議論はよく
整理されたものとは言えない。しかし、以下に彼の議論を検討することによっ
て、それが何を意味し、今日の心理臨床にとってどのような意味をもつかを明
らかにすることができるだろう。

　リックマンがこの着想についての論文を出版したのは、「個人力動と集団力
動における数の要因」(Rickman, 1950) が最初である。この論文で彼は、集団療
法には2種類あると言う。参加している各個人のセラピーを目指すものと、グ
ループ自体を改善しようというものである。それまで精神分析においては、個
人の力動は研究されてきたものの、集団そのものの力動はほとんど扱われてこ
なかった。確かにフロイトは「集団心理学」を論じ、集団の行動に個人の心理
力動が影響することを示した。しかしその理論は、ある個人に対する精神分析
という二者状況からのエビデンスに基づくものであって、集団の場からのエビ
デンスがあるわけではない。したがって集団に関する精神分析理論はあったと
しても、「場に規定された限界」をもっていたのだとリックマンは指摘してい
る。

　リックマンはこのような認識に基づいて、心の力動を、かかわっている人間の数によって区分することを提案した。この1950年の論文において彼は、一者心理学と二者心理学は実験心理学的な研究であり、三者心理学はエディプス・コンプレックスを、そして多者心理学は「多くの人がともにいるときに働く心理的な力」(Rickman, 1950, p. 167)を扱うものとしている。この区分に基づいて彼は精神分析の理論的課題を指摘している。「われわれはいまだ、多者心理学についての包括的な理論的枠組みを欠いている。それなしには、〔グループ自体を対象とするセラピーとしての〕集団療法が理論的基盤をもつことができない」(ibid., p. 168)。

　以上の要約に示されているように、彼がこの問題を論じたのは、集団療法にかかわるための必要性に駆られてのことであった。彼はここで、理論はそのエビデンスとなるデータが得られた領域の性質によって、適用範囲が規定され、限界づけられるものであることを指摘している。実験心理学から得られた理論をそのまま精神分析状況に適用することはできないし、また個人のセラピーから得られた理論をそのまま集団療法に適用するわけにはいかない。それぞれの調査・実践の場がもつ性質によって、理論の妥当な適用範囲が決まってくるというのである。

　ただし、ここで彼が言う「二者心理学」は、バリント以後の用法とは明らかに異なっている。それは実験心理学を指すものとなっており、エディプス・コンプレックスや集団力動とは異なるものとされているのである。リックマンの関心はあくまで集団療法にあったために、議論が十分練られていなかったように思われる。精神分析のエビデンスは「個人に対する精神分析という二者状況」にあると彼は述べているが、それはこの図式のどこに位置づけられるのだろうか。実験心理学における研究者と被験者の関係は二者心理学、精神分析の二者状況は三者心理学に位置づけられているようだが、常識的にはあまり釈然としないところであり、リックマンもそう思ったのだろう。翌年にはこの図式を見直し、改めて論じている (Rickman, 1951a, 1951b)。とくにこの問題が詳しく論じられたのは「数と人文科学」(Rickman, 1951b) であり、これを彼の最終的な見解と考えることができる[注27]。

(2) リックマンによる新たな定義

リックマンは「数と人文科学」において新たな定義を示し、自らの議論を修正している。

「一者心理学は、隔絶された1人の人間の中で進行している事態にかかわっている」。この領域の研究においては、「観察者と観察される人物との関係は、最小限にまで引き下げられている」。それは実験心理学の領域である。

「二者心理学において、われわれは互恵的な (reciprocal) 関係という心理学的領域に足を踏み入れる」。この領域では、「2人の人間がある程度閉じた領域において、同時に目標や課題やニーズを果たすことで互いに結ばれているときに、存在している関係を研究する」。すなわち精神分析状況における転移・逆転移が研究される。

ここで彼は先にも挙げたエディプス・コンプレックスの問題を取り上げる。精神分析状況においては、1つの部屋に2人の人間だけがいるにもかかわらず、

───────

注27）リックマンは最初の2つの論文では、one-body psychology、two-body psychology、multi-body psychology の語を用いている（Rickman, 1950, 1951a）。今日のように one-person psychology、two-person psychology、multi-person psychology が用いられたのは、彼がこの問題を扱った最後の論文においてだった（Rickman, 1951b）。彼の議論においては body も person も個人を表すものであって、その意味するところは変わらない。リックマンの着想に触発されたバリントも、初期には body を用いているが（Balint, 1950）、1956年以後は person を用いている。本章では煩雑を避けるために、いずれも同じものとして扱い、「一者心理学」「二者心理学」「多者心理学」の訳語を当てることとする。

　先述のように、二者心理学の概念が多用されるようになったきっかけの一つに、A・H・モデルの論文が挙げられる。彼はバリントが用語を変える前、two-body psychology に言及している初期の論文のみを挙げ、続けて「筆者は two-person psychology という用語を選ぶ」（Modell, 1984, p. 17）と述べている。なぜそう言い換えるのか、彼は理由を述べていないし、かといって自分の創案だとまで言っているわけではないが、ここだけを読む人は、過去にバリントが論じたのは two-body psychology であり、two-person psychology はモデルらによる新しい流れなのだと誤解したかもしれない。とはいえ、バリントはよく知られた分析家でもあり、その著書には容易にアクセスできたわけだから、二者心理学に関するその後の議論の迷走はモデルのみの責任によるというわけでもない。必要なのは、一人ひとりが議論の根拠を問い直していくことであり、そこから得られた理解を共有し、議論を積み重ねていくことなのだろう。

「患者は分析家と2人きりでいると思うことができず、分析家の妻あるいは夫も、その閉じられた領域の中にいるかのように振る舞う」。これは「三者心理学(three-person psychology)」の領域であり、エディプス・コンプレックスが観察者(分析家)に投げかけられる。三者心理学の例としては、エディプス・コンプレックスに加えて、ウィニコットが赤ん坊を抱く母親と面接した例が挙げられる。

　さらに彼は、これまでの精神分析的研究は、エディプス・コンプレックスの派生物としての同胞葛藤という四者心理学までに留まっており、「四者を越える人間たちが互いに複数のやり方でかかわり合っているような集団力動」、すなわち多者心理学(multi-person psychology)はほとんど未開拓だと指摘している(ibid., pp. 218-220)。

　ここでは前年の論文と比べて、実験心理学と精神分析状況の違いが明確化されている。実験心理学においては、研究者と被験者の「二者」がかかわってはいるものの、「観察者と観察される人物との関係は、最小限にまで引き下げられている」。すなわち、研究の対象となっているのは「一者」の心理であって、状況の二者性はむしろ排除されなければならない。こうした実験心理学的研究は、二者関係そのものが理解の対象となる精神分析状況とは異なっている。二者心理学が扱うものは、セラピーの二者関係そのものなのである。

(3) リックマンの定義の再検討

　一方で、精神分析状況についてのリックマンの議論は、かえって混乱を増してしまっている。彼は、「影響を与えるものが現実のものである」との観点から、「二者状況における三者ないし四者心理学」を提案している(ibid., p. 220)。したがって、患者が分析家にエディプス空想を語るのも三者心理学、ウィニコットと母親と子どもが会っていても三者心理学ということになる。ここでは現実の人間と空想上のイメージがないまぜにされてしまっている。エディプス・コンプレックスを重視する人なら、それだけ影響が大きいのだから三者と見なしてよいはずだと思うのかもしれない。しかしそれでは、リックマンの議論が根本から成り立たなくなってしまうのである。

　リックマンが言いたかったのは、集団療法を研究するためには、そのための固有の理論が必要なのであって、二者状況から生み出された従来の精神分析理

論を適用するのには無理がある、ということだった。こうした趣旨からは、実際にその場にいる人が問題となっていることは明らかである。心の中の人物像が問題だというなら、精神分析理論はすでに面接室の中にひしめく人物イメージを扱ってきたと言えるだろう。クライエントの語りの中には、重要な人物像が多数登場する。しかしそうした既存の理論では実際の集団療法を理解することができないというのがリックマンの主張なのだから、実在する人物とイメージとは、やはり別のものと考えなければならないはずである。二者状況から生み出された精神分析理論は、「場に規定された限界」をもっているがゆえに、いかに多彩な人物イメージに触れていたとしても、実際に3人以上の人々がかかわり合う集団療法にそのままで適用することはできない、というのが本来のリックマンの趣旨だった。

　この点を整理すると、リックマンが提案した心理学の区分は本来、単に人数が基準となっているわけでもなければ、空想上の人物像を問題にしているわけでもないと考えられる。重要なのは、研究領域に実際に存在している相互作用の質だと考えられる。一者心理学は観察者との相互作用が無視できるようにつくられた状況、二者心理学は観察者と対象者との相互作用そのものが焦点となる状況を、それぞれ研究領域としている。三者以上の多者心理学は、現実に三者以上の人間がかかわっている状況における、複数かつ多重の相互作用を扱う。「場によって規定された限界」から出発するならば、こう理解するほかないことになる。

　したがって精神分析状況において語られる空想は、そこに何人の重要人物が登場したとしても、二者心理学によって捉えられなければならない。おそらくリックマンはエディプス・コンプレックスを絶対視するあまり、その空想上の三者性にとらわれてしまったのだろう。草創期の精神分析には、現実と、分析家による再構成とが混同され同一視されることが多かったが、それに類することがここでも起こっているように思われる（第4章第4節参照）。エディプス・コンプレックスは三者性をもった空想ではあるが、それはセラピーの二者関係の中で喚起され、表現されているものである。したがってこの空想も、二者心理学によって扱われるべきものということになる。

　ここで再びリックマンの定義に戻ると、彼が一者心理学と二者心理学の違い

を明確化した点は重要である。その違いは「場に規定された限界」にあること
を示してきたが、さらにもう一点、観察者との関係性が問題になる。二者心理
学および多者心理学において、リックマンは観察者自身が関係の中に入ってい
ることを想定している。たとえば二者あるいはそれ以上の人々がかかわる様子
を、関係の外から観察するといったことは想定されていないのである。それは
彼の問題意識が心理臨床論にあることから理解できる。彼は人間関係一般を理
解するためではなく、精神分析的な集団療法の理論を探究しようとしていたの
である。ここからは、一者心理学と二者心理学、多者心理学は、単なる数の問
題を超えて、根本的に次元の違うものであることが分かる。観察者が対象との
相互影響関係に入っていくかどうかが、その違いとなっているのである。

　したがってリックマンにもバリントにも言えることだが、彼らが論じていた
のはあくまでも心理臨床の場における二者心理学であり、分析家自身が関係の
中に身を置き、その関係そのものを理解していくことを目指していた。三者以
上の心理学においても、その関係が多重になってくるだけで、分析家もその関
係を体験していることは変わらない。たとえば母子の二者関係を外から、ある
いは穏やかなラポール以上の関係が生じないような「参与観察」の限度内で観
察した研究は、二者関係を扱う心理学ではあっても、リックマンやバリントの
言う意味での二者心理学ではない。観察者との関係そのものが焦点とはなって
いないからである。もちろん、そうした研究から相互に学び合える部分はある
だろう。したがって早期母子関係の理論などが心理臨床論に取り入れられるこ
ともあるのだが、それらは心理臨床の場における二者心理学そのものではな
い。この点も、近年の二者心理学に関する議論の中で混同されている点である。

　リックマンの関心は集団療法にあったから、彼が論じたのも多者心理学が中
心であった。彼はおそらく精神分析はすでに二者心理学を確立してきたと考え
ていたように思われる。しかし本節で明らかにしてきたように、一者心理学と
二者心理学には根本的な違いがあること、そして観察者が対象者との関係にコ
ミットする二者状況から得られたエビデンスはどのような理論を導きうるのか
という問題を考えてみると、はたして従来の精神分析が二者心理学と言えるの
だろうかという疑問が生じる。バリントが取り上げていたのは、この問題で
あった。

3. バリントの心理臨床論における二者心理学

(1) 心理臨床に基づく心理臨床のための理論

　リックマンは集団療法の新たな理論を探究するために、一者心理学、二者心理学、多者心理学といった概念を提示した。それはあまり整理されない着想の段階にあったが、精神分析が観察者との関係を含み込んだ理論であることを明らかにし、その理論のエビデンスがどういう場から得られたのかを認識する必要性を示したと言えるだろう。一方バリントは、もともと彼自身が関係性を扱うことのできる新たな心理臨床論を独自に模索していた流れがあって、リックマンの着想に触発されたのだった。リックマンが多者心理学に力点を置いたのとは違って、バリントは精神分析の二者関係そのものに関する議論を展開していった。その後、二者心理学の語が注目を集めるようになったのも、バリントがそれを二者関係の心理臨床論における鍵概念として論じた影響が大きいと考えられる。

　バリントが二者心理学の概念を初めて取り上げたのは、「精神分析の治療目標と技法の変遷」(Balint, 1950) においてであった。ここで彼は、これまでの精神分析理論は個人の心を理解しようとするものであり、セラピー関係を扱う技法との乖離を生んでいることを指摘している。このような乖離が生じた理由は、最初期のアンナ・Oとブロイアーに始まって、技法論の進歩がつねにセラピー関係の中から生まれてきたからである (序章第1節参照)。それは「われわれの真の研究領域は精神分析状況であり、対象―― 明らかにきわめて特殊な対象――が圧倒的な重要性をもつ状況なのだから」(ibid., p. 227)、必然的な事態であった。こうした特殊な性質をもつ関係からのエビデンスをもとにしながら、フロイトは個人の心の理論をつくり出した。バリントはここに、生理学的・生物学的バイアスがあったと指摘する。精神分析理論の中でも技法論はこれとは異なる観点から生み出されており、バリントは適切な名前を見出すのは困難だとしながらも、それを対象あるいは対象関係のバイアスと呼んでいる。

　これによってバリントが言いたいことは、技法論を深化させる上では、従来の精神分析とは異なる新たな理論が必要だということである。「この来たるべき理論にとってもっとも重要な調査領域は、精神分析状況における分析家の行

動に違いない。筆者としてはそれを精神分析状況を創造し維持するための分析家の寄与と呼びたい」(ibid., p. 231)。バリントはこの直前に、分析家と患者の関係は特別な対象関係なのだと述べており、ここで言及されている「対象関係」も実質的にはセラピー関係を意味する。しかしこうしたセラピー関係についての記述は、既存の理論では困難である。

　　この対象関係の展開と微細な変化を記述することは、今日われわれが手にしている用語法ではきわめて困難なのは間違いない。われわれは自覚せざるままに、関係を使い慣れた個人化用語によって記述してしまうことになる。患者については本能的緊張、置き換え、行動化、反復強迫、言語的・非言語的情動の転移といったものが、一方で分析家については親しみのある理解、正しい解釈、不安の軽減、安心づけ、自我の強化などが語られる。これらの記述はいずれもそれ自体としては正しい。しかしそれらは個人を超えるものにはなっていない。すなわち、これらの現象が2人の人間の相互関係の中で、つねに変化し展開していく対象関係の中で生じている、という本質を看過しているために、いまだ不十分なままとなっているのである (ibid., p. 234)。

　バリントはここで「個人化用語」でセラピーを描こうとしてきた従来の精神分析理論の欠陥を指摘している。彼はこの論文の骨子を1949年8月に学会で発表しており、それを論文として執筆し終えたところだった。そこであるシンポジウムでのリックマンの発表「精神医学における方法論と研究」(1950年4月26日) を聞き、リックマンの概念を用いればこの論文の趣旨をよりよくまとめることができると考えたが、書き直す時間もないことから追記を行っている。バリントは、一者心理学、二者心理学のように領域を区分するリックマンの議論をもとに、こう述べている。

　　これらそれぞれの心理学には、固有の研究領域がある。発見を適切に記述するためには、専門用語や概念群による固有の「言語」をそれぞれが開発しなければならない。これまでそれは、一者心理学の領域でしかなされ

てこなかった。筆者がすでに論じてきたように、精神分析理論も、その例外ではない (ibid., p. 235)。

　したがって従来の精神分析理論は、二者状況を一者心理学に変換して理解しようとしてきたことになる。その問題点をバリントはこう指摘している。「二者的体験 (分析状況) を一者状況に属する言語で記述することによって、どれだけの歪曲が生じており、またどれだけのものを見失っているだろうか。われわれはおぼろげに理解するのみで、正確に知ることはまだできていないのである」(ibid.)。

　リックマンは「場に規定された限界」を示したものの、その理解は空想と現実を混同することによって揺らいでいた。バリントはこの「限界」をより自覚的に捉えている。精神分析の本来の研究領域は、セラピーの場なのであり、すべての現象は分析家と患者との相互作用の中で生じている。したがって分析家が実際に何をしたのか、その行動を調査することなしにはセラピーを理解することができない。セラピー状況そのものも、分析家によって創造され、維持されているのである (Balint & Balint, 1939)。バリントにおいて、精神分析は本来的に二者心理学でしかあり得ないことが明確化されている。その際、彼が患者に影響を与える要因として、分析家の側の目に見えやすい行動ばかりでなく、場を維持するという枠の問題を視野に入れている点も重要だと考えられる。

(2) エビデンスと理論の関係

　バリントは二者心理学と従来の精神分析理論との相違について、フェアベーンの対象関係論に関する評論においてより明確に論じている。

　　さまざまな理論的前提において、分析的状況において分析家が観察する「転移現象」が、任意抽出された、十分に代表的な、人間関係のサンプルとして扱われている。それらすべての現象がつねに分析的状況一般によって、そしてとくに分析家個人の技法によって、限定されているということを完全に忘れて、である。ひとたびそう明言してみれば、子どもに対する普通の母親の役割と、患者に対する分析家の役割が、同じと言うにはほど

遠いものであるのはまったく明白なことである (Balint, 1956a, p. 288)。

　バリントはそれまでの分析家とは違って、誰もが抱く疑問を率直に言葉にしているのである。それはごく素朴な疑問に見えるが、それだけに精神分析の根本にかかわる方法論的な問題を指し示している。なぜ転移関係の観察から得られたエビデンスによって、子どもの発達論が構築できるのだろうか。この観点から、バリントはフェアベーンによるリビドー論の修正を提案している。フェアベーンの議論は、彼の技法によってつくられた分析状況という限界の中において、妥当性をもつのである。したがってそれを一般的発達論という一者心理学的な形ではなく、二者心理学の言葉に翻訳するならば、フェアベーンの議論は、分析状況における患者にとってはリビドーの生物学的側面ばかりでなく、対象希求的な側面もまた重要なのだということを示しているのだと理解される。エビデンスが分析状況から得られている以上、精神分析は分析状況における関係性の理論として読み直されなければならない。バリントはこうした方法論的問題を自覚すべきだとして、次のように指摘している。

　　分析家が観察するもの、すなわち彼の目の前で生じている転移現象は、分析家自身によって生み出されている部分があり、それはどれだけ大きいか分からない。それらは分析状況一般に対する反応かもしれないし、さらには正しかったりそれほど正しくなかったりする分析家の技法によってつくり出されているものへの反応なのかもしれない。このような危険がつねに存在していることを、忘れてはならない (ibid., p. 290)。

　バリントが指摘するように、精神分析的発達論の多くは、実際にはセラピー関係から得られたエビデンスに基づく外挿によって導き出されている。たとえばウィニコットは、彼の発達論仮説が子どもの直接観察よりも、ほぼ患者の「転移」に基づいてつくられたことを明らかにしている (Winnicott, 1960a；コラム4参照)。「転移」が幼年期の発達をそのまま映し出すものだということは自明視されていて、それが分析状況という「場に規定された限界」をもつことはほとんど問われていない。この「限界」を考慮しないことは、「転移」現象が分析

家自身によって影響を受けている可能性、あるいはそもそも分析家への反応として生み出されている可能性を否定することにもなっている。二者心理学の世界を一者心理学の理論で描くとは、そういうことだろう。それは、観察者との関係こそが重要な場について、あたかもその影響が無視できるかのように見なすことを意味する。こうした特殊な状況下における観察を、人間の発達へと無制限に一般化することはできないはずである。

　バリントの語っていることは、他の精神分析家たちの深遠な議論に比べれば、ごく素朴に見えるかもしれない。バリントがもともとハンガリーの分析家であって、ネイティブの英語話者でないことも、彼の論文がもってまわった議論ではなく、率直さの印象を与えることにつながっているかもしれない。しかしその率直さによって、彼が他の分析家が見逃してきた心理臨床の根本的な問題を問いかけていることは数多くある。それはちょうどバリントの心理臨床観とも一致する。大人は事実と真摯に向き合うことを妨げるような、さまざまな重い防衛の鎧で身を守っている。セラピーとは、もはや不必要となった防衛の鎧を脱ぎ捨てて、新たな関係にコミットし、世界への信頼を回復することである。それは子どもに帰る「退行」のようにも見えるが、それこそが新たな成長を可能にする「新規蒔き直し（new beginning）」となる（第6章第2節参照）。こうした彼の心理臨床論は、彼の理論展開にも生きている。もはや現実と合わなくなった理論を守り続けるのではなく、心理臨床の根本問題に率直に向き合おうとする姿勢がそこには見られる。彼にとって二者心理学は、精神分析理論と自らの心理臨床論の「新規蒔き直し」を可能にするための概念だったのだと考えられる。

4.「転移」を超えて

　これまで見てきたように、バリントは精神分析理論のエビデンスが第一に、分析状況という二者関係にあることを指摘した。そこには分析家自身も影響を及ぼしており、単純に個人の心の理論を導き出すことはできない。むしろそれは二者の相互関係を理解するものであり、それによって技法論の進歩が可能に

なることを彼は明らかにしている。精神分析は本来、一者心理学ではなく、二者心理学でしかあり得ない。

　にもかかわらず、近年の議論においては、二者心理学が「対象関係論」や、転移・逆転移に関する議論と同一視されることがほとんどである。しばしば一者心理学と二者心理学の相補性が必要だと主張されてもいるが (Modell, 1984; Ghent, 1989; Gill, 1994)、それらはバリントの議論とはかけ離れたものとなっている。先に示してきたように、それぞれが「場に規定された限界」をもっている以上、一者心理学と二者心理学を混ぜ合わせたり相補的に用いるというようなことは、本来的には無理のある話なのである。リックマンやバリントを参照していない多くの著者らにとって、一者心理学は古典的精神分析を、二者心理学は対象関係論や関係論を表す符丁に過ぎないようだ。彼らのしているのは学派の間の論争や折衷案ではあるけれども、バリントらの方法論的な問題意識は看過されてしまっている。

　前節に示したように、バリントはすでに、古典派の精神分析も、フェアベーンの対象関係論も、どちらも一者心理学的であって、二者心理学的な理論はこれからの課題だと考えていた。確かにバリントも最初は「対象関係的バイアス」という言葉を用いようとしたこともあったのだが、しかしこの命名は「よりよい用語を欠いているため」になされたものであり、実際に彼が選んだのは「二者心理学」の用語であった (Balint, 1950)。

　二者心理学と対象関係論がイコールでないことは、バリントのフェアベーンに対する指摘から明らかである。それは分析家自身が患者に与える影響を考慮することなく転移現象から普遍的発達を導き出すものであったから、「観察者と観察される人物との関係を最小限まで引き下げる」一者心理学的なものに陥る可能性をもっている。逆に、観察者と観察される人物の関係を考慮する、すなわちセラピーの二者関係における相互作用を重視する立場は、たとえば古典的精神分析を受け継ぐ現代構造論にも見られる (Boesky, 1990)。一者心理学と二者心理学の違いは、古典派と対象関係論の違いではない。相互的な観点からセラピスト自身の影響が捉えられているかどうかにかかっているのである。

　セラピストとクライエントの相互的関係が問題なのだと言うと、精神分析はその最初期から「転移」を扱ってきたではないかと思われるだろう。しかし、

バリントが転移をも、一者心理学的な「個人化用語」に数え上げていることは重要だと考えられる (Balint, 1950)。バリントはこのことについて詳述していないが、彼の問題意識から言って、転移は関係を描き出すものではなく、一者心理学の用語だと考えることは自然なことである。セラピーの関係性は、転移ばかりでなく非転移を含むのである。このことはすでに触れてきたが (第1章参照)、バリントの議論の文脈において改めて確認しておきたい。

　古典的な精神分析においては、分析家に対する患者の態度は、基本的に転移に基づくものであり、過去の反復だと見なされてきた。フロイトは転移について次のように述べている。「患者は治療を受けている限り、この反復強迫から逃れることができない」(Freud, 1914b, p. 150)。「患者は自らの無意識の衝動が目覚めることによって生み出されるものを、いま生じている現実のものであると見なす。患者は、現実の状況をまったく考慮することなく、自分の情熱を行動に移そうとするのである」(Freud, 1912, p. 108)。

　この定義が示すように、転移は、分析家の実像とはかかわりのない患者の内界の表現だと考えられている。したがってセラピー関係を転移のみによって捉える立場においては、現実の分析家との「互恵的な関係」は考慮されていない。むしろそれは、「観察者と観察される人物との関係が最小限にまで引き下げられている」立場なのである。リックマンは転移・逆転移が二者心理学に相当すると考えていたが、実際に逆転移の概念を通して分析家が患者に対して実際に与えている影響が考慮されるには、むしろそれ以後の研究 (Little, 1951; Racker, 1968) を待たねばならなかった。バリントはこの点を、すなわち「転移」が分析家の影響を度外視した一者心理学的概念であることを的確に指摘していたと考えられる。

　逆転移の概念も、一者心理学的に捉えられることが少なくない。もちろん逆転移の概念は分析家が与える影響を認めることにもつながるものであって、その意味ではこの概念をユングとともに生み出したフロイトの中にも、二者心理学の出発点があるとも言える。ただ、基本的に彼は、十分に教育分析を受けた分析家は逆転移を克服することができると考えて、患者の心を映し出す歪みなき鏡として機能しうると考えていた。この「空白のスクリーン」モデルは、分析家が中立を保って患者の理解に努めるべきだという趣旨としては意義をもつ

ものの、実際にそれが達成できていると考えれば結局は逆転移を否認し分析家を無謬のものと見なすことになるから、すでに数多くの批判がなされてきた。したがって逆転移の存在を認めて分析する、リトルらを嚆矢とする流れが生まれた (Little, 1951)。一方で現代における逆転移理解においては、分析家の心の揺れが患者の内界を直接に反映すると捉えるものが増えてきている。そうした立場はかえって、いわば逆転移の存在を認めた上での新たな、そしてより巧妙な「空白のスクリーン」モデルに陥っていることが指摘されている (Eagle, 2000；コラム6参照)。分析家は怒りや悲しみ、空虚感を感じるが、それはすべて患者が投影同一化を通して分析家に感じさせているものであると解釈されて、分析家個人の要因はほとんど関与していないかのように見なされているのである。それは関係を扱っているように見えつつも、実際には相互作用を否認する一者心理学的理解となっている。

　したがって、転移・逆転移に関する理論は必ずしも、「互恵的な関係」を捉える二者心理学的なものだとは限らない。二者心理学と一者心理学の違いは、単に転移・逆転移が取り上げられているかどうかではなくて、セラピストとクライエントとの現実の相互作用、とくにセラピストからの影響が実質的に取り上げられているかどうかにある。転移の概念は、クライエントの観点は基本的にはセラピストの実像と無関係の空想であることを前提とするものであり、一者心理学に属する。関係を二者心理学的に捉えるには、セラピストがクライエントに実際に影響を及ぼした結果としてクライエントがセラピスト像を認識する、非転移 (Greenson & Wexler, 1969) を理解することが必要になる。こうした非転移的観点は、精神分析においてはフェレンツィ (Ferenczi, 1933)、リトル (Little, 1951)、サールズ (Searles, 1975)、ラングス (Langs, 1976) らに見られ、ユングもその先駆者であることを示してきた (Jung, 1908；第2章参照)。そもそも、クライエントの態度が転移なのか非転移なのか、つまりセラピストの実像に基づくものなのかどうかは、セラピストが実際にどのような行動をそれまでとってきたのか、バリントの言う分析状況の創造と維持といった側面を含めて、詳細に検討することなしには判断できない (Langs, 1973)。一者心理学的な転移・逆転移理解は、しばしばこのようなセラピスト側の要因を検討することなくなされてきた。

5.「心の三領域」から「バイパーソナルな場」へ

　バリントの二者心理学が対象関係論、関係論とは必ずしも同一視できないものであること、また単なる転移・逆転移分析はそれだけでは二者心理学的とは言えないことを示してきた。ただしバリント自身もこの概念を十分に論じてきたわけではなく、彼自身の観点も揺らぎながら発展してきている。この揺らぎは主著『治療論から見た退行』(Balint, 1968) の冒頭にも収録されている「心の三領域」(Balint, 1958) において顕著である。彼の議論は患者個人の心に関する理論と、分析作業に関する二者心理学的議論の間を揺れ動いている。しかしこの論文の結論部分において彼は、やはり後者の二者心理学的観点に立ち返っている。

　バリントがこの論文を書いた動機は、分析の二者関係そのものが焦点となる困難な事例に取り組む上では、従来の精神分析は不十分であり、新たな理論が必要だと示すことにあった。初め彼はそれが患者が抱える重い病理、"basic fault" によるものと論じかけていたのだが、それではセラピー関係の困難さを患者個人の発達の問題に帰するという、彼自身が批判した一者心理学的憶測に陥ってしまう。結論部分において彼はそうした憶測を避けて、むしろ本来すべての分析作業は "basic fault" に属するのだと考え直している。「すべては、患者の言語報告を通して、主として間接的な形で生じているものである。分析状況において、われわれが直接的な形で観察するものは、一つの二者関係であり、したがってbasic fault領域に属する」(ibid., pp. 339-340)。それまで「エディプス的」と考えられてきた分析作業を含めて、患者が三者性を帯びた空想を語っているにせよ、分析家に向けた行動化を起こすにせよ、沈黙を続けるにせよ、表現の形は異なるものの、いずれも分析の二者関係の中で起こっている現象なのである。つまり彼は「心の三領域」について論じ始めたつもりではあったのだが、検討を進めるうちに、実はいずれも個人の心の問題ではなく、分析という二者関係の場こそが基礎 (basic) なのだと結論づけたことになる (コラム9参照)。

　このような観点を継承し、より発展させたものとして、「バイパーソナルな場 (the bipersonal field)」(Baranger & Baranger, 1966; Langs, 1976) の概念が挙げられる。バレンジャーらは、彼らの相互的な心理臨床論をこの概念によって示したが、

それはリックマンの二者心理学からの影響を受けて生み出された (Bezoari &
Ferro, 1992)。この概念は次のように定義されている。「分析状況は本質的に二者
的 (bipersonal) なものである。この状況において生じるもののすべて、それにつ
いて言いうることのすべては、この基礎的事実の上に成り立っている。この人
工的状況は、空間、時間、そして基本的な非対称に機能する関係 (分析家と被分
析者) に関して、一定の構造をもっている」(Baranger & Baranger, 1966, p. 57)。この
バイパーソナルな場においては、しばしば分析家も患者も触れることのできな
い領域が生まれる。彼らはそれを「砦 (bastion)」と呼んだ。それは分析家と患者
がともに防衛している心の領域であるが、その防衛をともに乗り越えていくこ
とがセラピーを進める上で重要だと考えられる。ここでは防衛や病理も、相互
的なものとして捉えられている。

　ここでは、リックマンやバリントにおいて揺らぎがちだった点、すなわち精
神分析は患者個人の心を直接観察しているのではなく、分析という二者関係の
場こそが基礎となっているという点が明確化されている。psychology の語は
「心理学」、すなわち理論や研究の枠組みを意味するが、「心理」、すなわち心の
動きを意味することもある。リックマンやバリントは、分析の場をどう理解す
るかについての方法論的な問いをもちながらも、時にそれを患者個人の心の動
きに還元してしまうことがあった。バレンジャーらはこうした観点を二者の
「場」として概念化することによって、さまざまな心の動きが現在のセラピー
関係という場の中で語られているものであるという観点を明確化している。ま
た分析の二者関係について、患者と分析家は役割は違っても、ともに影響を与
え合っているという相互的な視点を打ち出している。場を焦点とすることに
よって、バリントにおいては「分析状況を創造し維持するための分析家の寄与」
として萌芽的に言及されていた、セラピーの「構造」もこの観点に取り入れら
れることになる。二者心理学は本来このように理解されるべきものだし、「バ
イパーソナルな場」はその正統的な発展と捉えることができるだろう。

6. 二者心理学とその発展——関係のコンテクスト

(1) 二者心理学の意味するもの

　これまでの検討を通して、リックマンとバリントの二者心理学が、その本来の問題意識に基づけば、以下のようなものとして理解できることを示してきた。

① 心理臨床理論のエビデンスは、セラピー関係という二者状況から得られている。過去の回想も、第三者に対する言及も、行動化も、すべては二者関係におけるクライエントの語りや表現として生じており、直接の観察事実はセラピーの二者関係そのものである。

② 理論はエビデンスが得られた「場に規定された限界」をもっている。したがってセラピーの二者関係からは、まず第一にセラピー関係についての理論が導き出されるべきなのであって、それを普遍的な個人の心の理論や発達論にそのまま適用することはできない。

③ 二者心理学は、一者心理学的な実験心理学とは異なり、観察者と被観察者との関係そのものを研究の対象とする。セラピストは相互的な関係の中に身を置きながら、クライエントと自分自身との関係を理解しようとする。関係を外から観察するのではなく、自らコミットする関係性を研究するのが二者心理学である。

④ 心理臨床の場における二者心理学においては、クライエントの言動ばかりでなく、セラピストの言動、および場を創造し維持するためのセラピストの寄与が重要な資料となる。したがってすべてをクライエントの「転移」、すなわちクライエント側の要因と見なすのではなく、セラピストの側の要因が反映される「非転移」が考慮されねばならない。

　しばしば一者心理学は古典派精神分析、二者心理学は対象関係論ないし関係論に相当するものと考えられがちだが、必ずしも対応するとは限らない。一者心理学と二者心理学を分けるのは、セラピーにおける相互的な関係性が捉えられているかどうかであり、古典派の流れを汲む分析家が非転移を考慮している

場合は二者心理学的と言えるし、関係論の立場をとる分析家が転移のみを重視する場合は、セラピー関係に言及しているように見えても一者心理学に属する。また、二者関係に内側からコミットするのではなく、外側から観察することによる研究は、二者関係に関する理論ではあっても、リックマンやバリントの意図する二者心理学とは異なる。

(2) バリントにおける関係理解の可能性

　本章における二者心理学の概念検討は上記のようにまとめられるが、最後にこの概念からの発展として、バリントの関係理解を取り上げたい。「外傷と対象関係」(Balint, 1969) は、彼が亡くなる前年に発表された最後の精神分析的論文であるが、ここには彼が二者心理学的な関係理解を一歩進めようとしていたことをうかがうことができる。

　バリントはここで、「外傷」の概念を二者心理学的な観点から捉え直すことを提案している。精神分析において、外傷の概念は大きな変化を遂げてきたと彼は指摘する。「精神医学における外傷概念は初め、鉄道事故モデルによって理解されてきた。すなわちそれは、外界から個人を予想外に襲う出来事であり、彼の環境において、それまでほとんどあるいはまったく接触のなかった対象からもたらされるものであった。このモデルとは対照的に、精神分析的経験は、子どもと外傷を与える人物との間には近しく親密な関係が存在していることを、つねに示してきた」(ibid., p. 431)。外傷が関係性の中で生じているという観点からは、鉄道事故さえも新たに捉えることができる。「個人とその環境との関係は確実で信頼あるものとして始まるが、予告なく襲いかかる事故がこの信頼を破壊する」(ibid., p. 432)。

　従来の外傷概念は、外傷を関係とは切り離されたものと捉える一者心理学的なものであった。これに対して二者心理学的な観点は、外傷を関係のコンテクストから捉えるのである。この関係のコンテクストという視点を、バリントは主としてフェレンツィの「言語の混乱」から得ており、それに沿って大人と子どもとの関係がもつれる過程を段階的に描いている。この視点からは、外傷は突然起こるのではなく、その顕在化は関係の中で準備されてきたものであると捉えられる。主観的にはしばしば、まったく予想外の、コンテクストを欠いた

ものとして体験される突発的な外傷的事態は、実際には、ずっと存在してきた関係のコンテクストにおいて生じている。バリントは鉄道事故を環境との関係の破壊と捉えているが、彼がセラピーの環境に目を向けた先駆者の一人であることを考えれば、水や空気のようにあるのが当然と考えられていた「抱え環境」が損なわれる事態と見ることができるだろう。

　以上のような外傷論を、バリントは「心の三領域」と同様に分析状況を離れた一般的仮説として挙げており、その意味では彼自身が批判したような二者心理学の拡大解釈にもなっているのだが、この論文の最後に彼はやはり、セラピーの二者関係の問題に立ち返っている。彼はこの外傷体験を関係の展開過程と見るこの観点が、『治療論から見た退行』(Balint, 1968) で取り上げたセラピー関係の問題を考えていく手がかりになるのではないかと示唆している。どれだけ共感をもって接しようとしても、クライエントとの間に何らかの「ずれ」が生じることはありうる。その「ずれ」を否認すること自体がクライエントにとって外傷的に働きうる。したがってそれとは異なるかかわり方を考えることが、心理臨床においても、また教育においても重要なのだと彼は論じている。

　彼は関係のコンテクストを自ら振り返ることがこれからの心理臨床にとって必要だという課題を示したが、それが最後の論文となったことから、どのような関係理解と介入なのかを実際に論じることはできなかった。しかし、確かにそれは『治療論から見た退行』で取り上げた問題への理解を深めることにつながったと考えられる。彼は分析作業が次のようにして困難な状況 (basic fault 水準) に達すると述べている。「面接はしばらくの間、穏やかに進み、患者と分析家は互いを理解し合い、それぞれに、とくに分析家には緊張や要求があっても合理的な範囲に留まっており、何より理解可能であったとしよう。しかしある時点から突然に、あるいは知らぬうちに、分析状況の雰囲気が根底的に変貌してしまう」(Balint, 1958, p. 334)。このような関係性の問題にバリントは取り組んできた。分析家の主観的体験にとっては、このような雰囲気の変化は突然のものと感じられるかもしれない。しかしこうした困難な事態も、分析の二者関係の中で生じているのだから、青天の霹靂というよりは、分析家と患者の関係のコンテクストにおいて、無意識のうちに準備されてきたと考えられる。したがってこの関係のコンテクストを、患者ばかりでなく分析家の要因を含めて振り

返っていくことが、セラピーの関係を再建する手がかりとなるだろう。このような関係理解については、バリントの事例を論じた第6章でも取り上げた。

(3) 二者心理学の発展

　二者心理学の概念はさまざまに誤解されてきたし、リックマンやバリント自身も議論を深めていく過程には若干の混乱が見られた。前節で取り上げたように、バレンジャーらの「バイパーソナルな場」は、こうした点を整理したものであり、この概念の正統的な発展と考えられる。また、バリントの晩年の論文では、萌芽的にではあるが、セラピーを関係のコンテクストに基づいて理解していこうとする視点が示された。

　このようなコンテクスチュアルな関係理解は、現代のいくつかの立場に見ることができる。R・ラングス (Langs, 1978, 1981, 1997) は、クライエントの行動と語りを、セラピストの影響というコンテクストに対する無意識的な適応として生じているものとして捉え、詳細に理解する方法論を組み立ててきている (第1章参照)。セラピー関係についての詳細な理解の方法論という点については、D・ベスキー (Boesky, 1998) による臨床的根拠についての議論や、C・B・ブレナイス (Brenneis, 1999)、M・グッド (Good, 1998) らによる過去の再構成への検証において、それぞれに異なる立場から、関係のコンテクストが重要なものとして捉えられている。ベスキーは、クライエントの行動化をその場面のみから理解するのではなく、その直前にセラピストが行った介入を考慮に入れて検討すべきことを指摘している (第6章第3節参照)。またブレナイスやグッドは、抑圧された過去の外傷についての記憶を回復したとされる複数の事例について、「回復」に至るまでのセラピー関係において、無意識かつ相互的な暗示が働いていること、すなわち「回復」をより厳密に検証すべきことを指摘している (コラム7参照)。

　こうしたさまざまな立場において、治療関係へのコンテクスチュアルな理解が進められてきているものの、ベスキーが指摘するように、このような観点はいまだ数少ないものだと思われる。しかし、セラピストが自らかかわる関係を理解する際には、その場の主観的な理解だけに頼るのではなく、自らの関与を含めたコンテクストを振り返っていくことは、とくに意識を超えた逆転移を省

察する上で重要だと考えられる。こうした観点からの解釈の方法論を検討していくことが、今日の心理臨床における重要な課題だと考えられる。

第*9*章

グループ状況をどう理解するか

心理臨床における多者心理学の可能性

◆◆◆

　心理臨床の場が多様化する中で、グループ状況をどう理解するかは一つの課題となっている。一対一関係のセラピーという枠組みばかりでなく、複数のクライエントとかかわる場合もあれば、セラピーに関してクライエント以外の人々や専門家と連携することもありうるだろう。そのような場をどう理解していくか、ここではJ・リックマンの「多者心理学」の概念を手がかりに、R・ラングス、R・ハスケルのコミュニケーション理解を取り入れた検討を行う。

1. グループ状況における無意識の相互作用

　「多者心理学 (multi-person psychology)」は、精神分析家のJ・リックマンによってつくられた言葉である。W・ビオンとともに精神分析療法を集団に応用した彼は、集団という状況が新しい理論を必要としていることを痛切に感じていた。集団療法の場においては、メンバー一人ひとりの心の問題だけでなく、集団そのものが生み出す力を扱わねばならない。しかしこの多者状況において、メンバー間で交わされている相互作用は、従来の精神分析における二者関係よりも、より複雑になっている。このような多重の相互作用を捉えることは、従来の精神分析理論によっては不可能だとリックマンは考えた。そこで彼はこれまでの一者心理学、二者心理学だけでなく、多者心理学的な理論が必要だと述べたのである (Rickman, 1951b；第8章参照)。リックマンが提示した概念は、前章

にも示したように精神分析理論の全体を問い直す役割さえ果たすものになった。しかし彼は同年に亡くなったこともあり、多者心理学をそれ以上具体的に展開することはできなかった。

たとえばリックマンは、観察可能な人数は5人であったり8人であったりと、観察者の能力によって限定されると述べている (Rickman, 1951b, p. 222)。しかしそれは、彼がスポーツ・ジャーナリストを例に挙げていることに示されているように、かなり日常的な人間観察に近い考え方だと思われる。精神分析的な立場からは、こうした困難さに加えて、さらに日常的・意識的に観察できる部分を超えて多重に生じる、無意識の相互作用を理解することが課題となってくる。

無意識の影響を理解する上での課題は、それがたとえばクライエントに直接に尋ねるといった形では理解することができない点にある。そこには解釈が必要なのである。セラピストとの関係をどう思っているか、いまセラピストがしたことはマイナスの影響を与えなかったかどうかといったことについて、直接に尋ねることも可能ではあるが、それで理解できる範囲はきわめて限られている。

無意識の影響が重要なものであることは、たとえば「回復された記憶」の検証を進めているC・B・ブレナイスも指摘しているところである。彼はセラピストが無意識のうちにクライエントに暗示を与えている危険性に関連して、催眠、暗示に関するM・オーンの古典的な研究を挙げている。

　オーンはきわめて無意味かつ退屈な課題を与えて、催眠をかけた被験者群とそうでない被験者群を比較しようとした。問題用紙にはランダムな数字が並び、1枚ごとに224回の足し算をすることになっている。机の上には2000枚ほどこの用紙が積まれており、1枚終わることに指示カードを引く。カードには、いま計算し終わった紙を32片以上に引き裂き、次の問題用紙に取りかかるよう書かれている。そのうちに被験者にも分かってくることだが、どの指示カードにも同じ文言が書かれており、この作業はまったく無意味であることが伝わる仕組みとなっている。しかしこの実験はうまく行かなかった。被験者たちは催眠の有無にかかわらず、無意味な課題をどこまでもやり続けたのである。それによって、心理学実験の被験

者として協力するという状況自体が、催眠の有無などよりもはるかに強い影響を結果に与えていることが示された。「催眠における社会的コントロールの度合いを検査するための実験を計画することは、きわめて困難であることが明らかになった。実験状況におけるコントロールの度合いが、それだけで非常に強いものだったからである」(Orne, 1962, p.778)。

　客観的な「一者心理学」であるかに見える実験状況でさえ、実際には意識されざるうちに、強い暗示的影響を及ぼしている。そうすると、関係そのものが焦点となる心理臨床状況では、それ以上に無意識の影響を振り返ることが求められるはずだと、ブレナイスは論じている (Brenneis, 1997；コラム7参照)。

　このような無意識の相互作用への注目は、精神分析においては、リックマンの概念を継承するバレンジャーらに見られる。彼らはセラピーの二者状況を「バイパーソナルな場 (the bipersonal field)」と呼んだ。分析家は傾聴に努める受動的態度をとっているにもかかわらず、患者の空想が生み出される過程には分析家の無意識が反応し、関与しているのだと彼らは指摘する (Baranger & Baranger, 1966)。この考え方は心理臨床の場を、徹底的に相互的な観点から捉えるものだと言える。クライエントが語ること、空想、夢、行為や症状など、面接において表現されるものすべてに対して、セラピストは意識のみならず無意識のうちにも反応している。症状や夢でさえ、クライエント1人ではなく、クライエントとセラピストの2人によって生み出され、つくり上げられているのだと考えられる。こうした観点はR・ラングスの「コミュニカティブ・アプローチ」によって受け継がれたほか (Langs, 1976, 1995)、関係論の立場からも言及されるようになっている (Aron, 1996b)。

　またフロイトは晩年に、分析家による暗示の問題を取り上げている。彼はその論文で、解釈の正しさについて患者に直接尋ねても、その答えは正しさの根拠にはならない、と指摘している。分析家の暗示的影響によって、患者は解釈を正しいと思い込む可能性があるからである。したがって直接の「イエス」「ノー」以上に、分析家が解釈を行った後に続く、患者の語りに耳を傾けるべきだとフロイトは考えた (Freud, 1937；第1章参照)。この「語り」は、意識的な議論を続けるというのとは違っている。それでは意識レベルの反応に焦点化する

ことになってしまうだろう。そうではなく、フロイトは「自由連想」にこそ、解釈に対する患者の無意識的反応が表れると考えた。問題は、その「語り」をどう解釈するかである。グループ状況においては、さらに複数の人々が語りを生み出していくが、これをどう理解するかが課題となってくる。

2. グループ状況における語りの解釈論

(1)「選び入れられた」話題

　グループ状況における「自由連想」的な語りの理解について、認知心理学者で社会心理学者でもあるR・ハスケルの研究は興味深い。彼は心理臨床家ではないが、T－グループ（Training Group）の実践を長年続けてきた。T－グループは悩みを抱えた人のためのセラピーではなく、人間関係のトレーニングを目的とする集まりである。メンバーたちはどんな話題でも自由に語り合うことができる。ハスケルもトレーナーとしてその中に参加しているが、基本的には介入することなく、会話の展開を見守っている。

　自由な会話ができる場だから何を話してもよさそうなものだが、ある話題はしばらく続いていき、ある話題はあまり続かない、といったことが起こってくる。グループの中で続いていくテーマは、そのときのグループが共有する無意識の関心をシンボリックに反映しているのではないか、というのがハスケルの解釈論である。メンバーたちがその場で共有する関心に応じて、その関心を表すことのできる話題が「選び入れられる (selected-in)」というのである。

　　たとえば彼がトレーナーとしてメモをとりながら耳を傾けていると、グループにはジャーナリスト、FBIやCIAのファイル、ノンフィクション作家、資料管理の専門家であるアーキビストといった話題が表れることが多いという。これらの話題はおそらく、メモをとられている中で語るという、現在の状況に対する懸念を反映している。ジャーナリストのようにここでの語りが発表されるのではないか、語ったことが「スパイ」のようにファイルされ評価されるのではないか、ノンフィクションのように発表されたり

脚色されるのではないか、調査目的の資料にされるのではないか、といった懸念である。臨床状況でメモをとることは、しばしば相手にプレッシャーを与えるが、グループによって「選び入れられた」話題は、参加者たちが共有するプレッシャーをよく表すものになっている (Haskell, 1982)。

　これらの話題は、メンバーの無意識の関心を示すものだと考えられる。ハスケルは精神分析の力動的あるいは欲動的無意識と区別するために、「字義外の (subliteral)」意味を担うコミュニケーションと表現しているが、本書の心理臨床論的文脈においてはこれを無意識と表現しても差し支えないだろう。トレーナーはメモをとってよいかどうか事前に尋ね、メンバーたちも同意している。つまりメンバーたちは、意識的には「イエス」と答えているのである。にもかかわらず「それに続く連想」として語られた話題には、メモや記録に対する懸念を表すようなものが「選び入れられ」ている。他のおもしろそうな話題は案外続かなかったのに、今日はなぜCIAの話題などで盛り上がったのだろうか。それは、今日のグループが共有する関心を象徴的に表すものとして、他にも多数ある可能性の中から、無意識のうちに選択されたのである。直接尋ねることで知ることができるのは意識的な態度だが、それを超える無意識的な関心は、グループが選び入れたテーマから理解していくことができる。

　この解釈論は、現在の状況に対する無意識の関心が象徴的に表現されると捉える点で、第1章に示した初期フロイトの解釈論や、ラングスのコミュニカティブ・アプローチとも共通するものである。そうした考え方を、さらに多者状況に適用したものと考えることができるだろう。ハスケル自身も、フロイトやラングスとの共通点を取り上げて精神分析の学会誌で論じたことがある (Haskell, 1999)。

(2) ハスケルの解釈例

　こうした解釈論がどのようなものか、ハスケルは日常会話の一例を挙げている。

　　〈長くて無意味な会議がやっと終わった。私 (ハスケル) たちはようやく解

放され、コーヒー・ブレイクとなった。誰かがグレイトフル・デッドというバンドの話を始め、ある者は最近「ライブ・イン・コンサート」というアルバムを買ったと話していた〉。

　職場でよくある会話であって、誰も意図して特別な意味を込めているわけではない。ただ、このグループが置かれている状況を考えると、そこに「字義外の意味」を見出すことができるとハスケルは言う。ハスケルらはちょうど、死ぬほど退屈な会議を終えたところだった。だから今、解放されて、生き返った気分である。グレイトフル・デッド（感謝せる死者たち）とは、まさに彼ら自身のことであり、この場で語り合うのにはぴったりなバンドだった。加えて言えば、グレイトフル・デッドは「ライブ・イン・コンサート」というアルバムを出してはいない。それはフロイトの言う錯誤行為のように、無意識の思いを反映するように変化させられているのである。in concert にはともに何かをするという意味があり、それも今のコーヒー・ブレイクを示している。彼ら感謝せる死者たちは、いまや一斉に生き返り、喜びを共有している（alive in concert）のである（Haskell, 2001 より）。

冗談のように聞こえるかもしれないが、人間とは日常会話の中にも字義通りの（literal）意味ばかりでなく、さまざまな思いを込めているし、また自然にそうした思いがにじみ出てくると言えば、それが共有の話題となっていく可能性も理解できるのではないだろうか。これはちょっとした日常会話の例だったが、次にT－グループの一種の危機的状況における会話を取り上げてみよう。

　あるグループセッションが始まるときだった。何度も休んでいたメンバーの女性がグループを辞めると宣言した。それまでのセッションでも、彼女は辞めたいと漏らしていたのだったが、グループは彼女が辞めないように説得したのだった。しかし今日、再び辞めたいと言った後、彼女は去り、メンバーたちはさよならを言った。このとき、私（ハスケル）は何も言わなかった。長い沈黙が続いた。ある男性のメンバーが、これでグループはこの10人でやっていくことになるんだね、と言った。そして再び沈黙が続いた。

　1人の若い女性が沈黙を破り、今朝テレビで観たインタビューのことを話し始めた。その番組（「トゥデイ・ショー」）では3人のゲストが、養子に出された子どもの法的記録がつけられるべきかどうか、論じ合っていた。10年前に子どもを養子に出してしまった若い女性は、今は子どものことを知りたいのだという。その子は、今でも彼女の人生の一部だからというのだ。もう1人のゲストは自分自身が養子なので、30年の間、両親を探し続けてきたという。3人目のゲストは、一度養子に出したのなら、それでおしまいなのであって、そこからは養子と生物学的な親とは接触すべきでない、と言ったという。

　彼女の話に続いて、先の男性メンバーは、虐待のために里親に預けられた子どもたちのことを話した。その子たちは、ずっと切り離されるわけではない、いつかは生みの親のところに戻っていくということだった。長い沈黙が訪れた。男性メンバーがまた沈黙を破り、この話題を宗教と結びつけた。神はなぜ、児童虐待のような恐ろしいことを起こるがままにしておくのだろうか。神は「指図しない（nondirecting）」のだろう。神は人類を創造したけれども、それが「自然に進化する（evolve）」ままにしているのだろうと彼は言った（ibid.）。

　仲間が1人辞めていったことについて、グループは多くを語り合わなかった。しかしこの出来事は、意識的に語り合われなかったとしても、グループに影響を与えていたと考えられる。その後に続いたのは、家族というグループの外に1人のメンバーが出されてしまう話だった。そのメンバーがどうなったかという心配もあれば、出ていった彼女自身も葛藤があるかもしれないし、しかしもはやメンバーでなくなったのなら、そのことをグループ外に持ち出して接触するべきではないのかもしれない。こうした話題は、グループが辞めていったメンバーのことをどう受け止めるべきかという懸念に関連している。それは、トゥデイ・ショー、すなわち今日、このグループが目の当たりにした出来事なのである。

　さらに、グループのトレーナーであるハスケルへの感情も、象徴的な形で語られている。こんなとき、このT－グループの創造主たるハスケルは、何をし

てくれるのだろうか。なぜ、メンバーが去っていくままにしておくのだろうか。ハスケルは何も言わなかった。そこで男性は、創造主は非指示的 (nondirective) であり、自然の進化に任せているのだと理解したのだろう。ハスケルによれば、神に対して「非指示的 (nondirective)」というような形容は普通は用いられない。その形容詞がふさわしいのは、ロジャーズ派のファシリテーターである。またハスケルは実際に、このグループを始める際に、自由な会話を体験し、それが「自然に進化する」のを見ていきましょうと言った。したがって男性メンバーは、ハスケルのグループ運営を彼がどう受け止めたかを字義外のコミュニケーションによって語ったのだと理解することができる (ibid.)。

(3) ハスケルの解釈論と心理臨床の関連

　語りは、現在の状況に対する無意識の関心を象徴的に伝えている。記憶は過去に関するものだが、それは「いま、ここ」で語られている。人は過去を語ることを通して、現在の心の状況を伝えている。夢も、記憶も、昨日見たドラマの話にも、今のその人の気持ちが込められている。ハスケルは数々の例を挙げているが、フロイトの夢解釈と同じく、人間の心がさまざまなイメージや物語を通して、自ら意識せざるうちにも心を伝えていることを思わせられる。また人は、イメージや物語を通して、現在の自分自身が置かれている状況に向き合っていくことをも感じさせられる。会話にこうした無意識的背景があると考えるなら、心理臨床における面接は、単なる情報収集の場ではないことが分かる。クライエントがどんな家庭に生まれ、どんなふうに育ち、どんな過去を体験してきたかは、クライエントの人生の重みにかかわることであって、それ自体として大切なものである。しかし同時に、それぞれの思い出が、今どんな思いをもってセラピスト自身に対して語られているのかを考えてみることが、意識を超えてクライエントを理解することにつながるだろう。

　ハスケルの解釈例は、現在の状況と関係のコンテクストに照らして語りを解釈しており、中でもトレーナーの行動が与えた影響を考慮している点で、相互作用論的なものになっている。目に止まりやすい言語的介入だけでなく、記録や秘密保持といった枠の問題、バリントの言う「状況を創造し維持するための」寄与に目を向け、その無意識的影響を解釈している点も、心理臨床的な観点か

らは興味深い。これ以外にもハスケルは、メンバーの語りが現在の状況に対する無意識的反応として生み出されるという実例を、数多く挙げている。普段は意識されないものの、こうした現象はしばしば生じているのである。

　ハスケルの解釈論は、先にも触れたように初期のフロイトや、ラングスのコミュニカティブ・アプローチ、それを受け継ぐD・L・スミスらの精神分析的研究との共通点をもっており、それをグループ状況に拡張する可能性を示唆している（Haskell, 1999; Smith, 2004）。ハスケルはスミスが挙げているコミュニカティブ・アプローチの事例解釈（Smith, 1991）について批判的検討を行っている。一つは、コミュニカティブ・アプローチの事例解釈はハスケルとも共通するものだが、それは精神分析理論そのものを必ずしも前提としないという点である。それが精神分析理論と結びつくかどうかについては、別途検証が必要だと言うのである。彼の言う通り、こうした事例解釈は他の心理臨床理論とも結びつきうる。本書でも精神分析に限らず、ユング心理学やクライエント中心療法の事例についても、この方法論に基づく理解が可能であることを示してきた。一方で、心理臨床は実践の学でもあって、たとえばユング心理学における個性化や、ロジャーズにおけるクライエントへの信頼は、経験を通して理解を深めるべきものでもあるから、「検証」のあり方はさまざまであって、一人ひとりのセラピストによる臨床思想の深化ということも重要だと考えられる。

　もう一つの批判として、ハスケルはスミスによる事例解釈を認めた上で、解釈をより詳細に行うべきではないかと指摘している。事例解釈の中に拾い上げられていない素材があるとすれば、その背景にある無意識的意味についても解釈を試みるべきだというのである。コミュニカティブ・アプローチにおける解釈は、他の学派と比べても詳細な臨床素材を具体的な解釈に結びつけていくものだが、ハスケルはさらなる解釈可能性を検討すべきだとしているのは興味深い。ハスケルという心理学者は、たとえば精神分析だというだけで無意味だとか、無意識の解釈などあり得ないとか、そういう無分別な全否定をするわけではない。そうではなくて、より解釈を深められないかと彼は批判しているのである。解釈の方法論は心理臨床学にとって重要な課題であり、それは建設的な批判だと言えるだろう。異なる視点の交流を通して、解釈についての方法論的検討が進められていることは、学としての心理臨床にとって意義あることだと

思われる。

3. 多者心理学的なグループ状況の理解

　グループ状況において、語りが現在の状況を反映するという例は、しばしば身近な会話の中にも見出すことができる。リックマンもバリントも、グループ状況については日常会話が一つの研究材料になると考えていた (Rickman, 1951b; Balint, 1950)。心理臨床の場が多様化している現在、そうした日常会話への理解も重要と考えられる。ここでは教育の場と心理臨床の場から、例を挙げてみたい。

(1) 教育の場での会話から

　　筆者の勤める大学では、3年生になると所属するゼミが決められる。ゼミの所属が決まるまで学生との交流はそれほどないころだったので、筆者のゼミに所属が決まった学生たちは、おそるおそる研究室にやって来る。初回のゼミで学生が和んでくると、ゼミとは直接関係ない話にも、華やかに花が咲く。どう咲くかはこちらのコントロールをまったく超えているが、集団が一つになって、なおそれぞれが自由に話せるのは、これからともに議論し、ともに学んでいくことができる雰囲気を共有する上で、意味のある体験であるように思われた。

　そのとき、学生たちの間で、入学試験のときの体験や、入学して最初におこなった合宿オリエンテーションの話題が「選び入れられる」のは、単に彼らにとって共通の体験であるという以上の意味をもっているように思われる。話題は、そのときわれわれが共有している課題を反映している。入学試験の話題は、ゼミの所属はどのようにして決まったのかという関心から選ばれたのかもしれない。さらに合宿についての話題を通して、彼らは、新しい集団にともに所属するという体験について、また、このゼミが集団としてどのように形成され、どのように歩んでいくべきなのか、語ってくれているのではないだろうか。

（2）スクールカウンセリングの場面から

　スクールカウンセラーとして中学校に通っていたとき、休み時間によく訪ねてくる3人組の男子がいた。一対一で相談するという形があることは伝えていたし、またそのような提案をしたからこそ、初めは挑戦的であった彼らの態度も変わり、カウンセリングルームに通って来るようになったとは思うのだが、しかし彼らは相談という形態を選ばずに、3人でやって来ては一緒に話したり、騒いだり、じゃれ合ったりすることが続いていた。

　ある冬の昼休み、筆者がスクールカウンセラーを辞めることを告げると、彼らは残念がったが、そのことについて直接には多くを語らなかった。ただ、いつもの様子とは違って、しばらくは静かな時間が流れた。沈黙を破ってカラオケの話が始まったが、彼らの歌いたい歌は「君がいない夏」だった。1人は昨日買って消費期限が過ぎたコンビニの弁当を食べ始めた。筆者はもちろん皆も心配したのだが、大丈夫だと言いながら食べてしまった。1人は風邪を引いていたが、大丈夫だと言い、それをほかの2人が静かにいたわる様子は、それまでの彼らのやんちゃな様子とは少し違った、優しい一面を感じさせた。

　ここでグループによって「選び入れられた」話題や行動は、誰かが去っていくこと、期限を過ぎること、病むこと、大丈夫であること、そして自分たち自身で互いにいたわり合うことに関係している。ハスケルの解釈に照らすと、これらのテーマは、彼らと筆者という集団が現在抱えている課題、つまり、カウンセラーが辞めることによって、このカウンセリングルームでの関係が終わっていくという事態に関係して「選び入れられた」と考えることができる。そのときわれわれは、4人でともに過ごす時間が終わりつつあることを受け止めようとしていた。

　去ってしまった誰かについての歌は、彼らの気持ちを反映していたのかもしれないし、あるいは、彼らと会えなくなる筆者を慮って語られたのかもしれない。われわれの時間は、期限切れを迎えつつあった。それはカウンセラーが辞めるからでもあるが、それまでの関係の中で互いが成長し変化してきたからなのかもしれない。カウンセラーは彼らの希望や意志によってではなく、自らの

都合で会うのを辞めようとしている。何にでも耳を傾けると伝えていながら、結局は去っていくという、いわば矛盾した態度を彼らに示しているカウンセラーは、病んでいるのかもしれない。あるいは、カウンセラーにそのような態度をとられると具合が悪くなってしまうと感じるのかもしれない。

　ただ、筆者というスクールカウンセラーが彼らの生活に何らかの役割を果たしていたとすれば、今は自分自身で「大丈夫だ」と思うことができ、互いにいたわり合える様子は、カウンセラーのいない時間の中で自分自身を抱えていく力を、彼らが見出しつつあることを示しているように思われた。

　それからも彼らは残り少ない昼休みにやって来て、この静かな時間とは違って、また遊んだり騒いだりもしたのだったが、この日をともに過ごしたことは、われわれがそれ以後出会っていく上で、特別な意味をもっていたと感じられた。

　集団の中で自由な語りが展開するとき、そこには集団が未来に向けてどう歩んでいくべきか、メンバーが共有する願いが語られるように思われる。語りに耳を傾けることから、さまざまなグループ状況を振り返り、かかわり方を考えていくことが可能なのではないだろうか。その積み重ねの中で、多者心理学とその解釈論が築かれていくと考えられる。

第*10*章

転移・逆転移概念の批判的検討

セラピストの省察のために

◆◆◆

　セラピストとクライエントの関係は、一般的には「転移・逆転移」の概念によって捉えられることが多い。しかしこれまでにも明らかにしてきたように、とくに転移の概念は一者心理学的なものであり、すべてをクライエント個人の心の問題に還元してしまう危険性をもっている。本章ではごく簡潔にではあるが、転移・逆転移の概念を再検討し、より相互的な観点から捉え直すための整理を行いたい。

1. 関係理解における精神分析の独自性

　心理臨床は関係性の営みである。その関係理解にさまざまな議論があることは、本書を通して検討してきたところだが、とくに精神分析がこの関係理解という領域を新たに切り拓く学問であったことは確かなことである。さまざまな学問分野において関係性が重視されてきているが、とくに精神分析 (および同じ概念を共有するユング心理学) には、他とは異なる独自性がある。

　精神分析の独自性の一つに、さまざまな次元における「視野の拡大」が挙げられる。意識だけでなく無意識に目を向けるところから始まって、言葉だけでなくイメージや夢、行動化といった多様な臨床素材を考慮に入れながら、語られた内容ばかりでなく語り方、すなわち自我機能や防衛分析、抵抗分析からのアプローチを行い、そしてセラピーの関係性をも理解の対象としていく。この

関係性への理解は精神分析の出発点から重視されてきたものだが、逆転移への理解、さらには相互作用への理解が進むにつれて、ますます分析的な心理臨床の根本と考えられるようになってきた。語られた言葉の字義通りの内容を超えて、さまざまな次元を視野に入れていく理論の深化が積み重ねられてきたところは、精神分析学派の独自性と言えるだろう。

　もう一つの独自性は、セラピストが自らかかわる関係を、その無意識的側面を含めて理解していく点である。心理臨床学において、関係性の意義は広く認められており、その意識的側面を検討している学派もあるが、とくに無意識的側面への理解を深めてきたのは、精神分析とユング心理学だけの特徴と言えるだろう。人間どうしの関係というものが、意識的にコントロールし尽くすことのできない相互的なものであることからいっても、意識のみならず無意識的な側面を考慮する必要があると考えられる。

　他の学問領域、とくに人とかかわる実践においては、逆転移的な要素が考慮されることもある。M・J・ランゲフェルド (1974) の臨床教育学や、F・P・バイステック (1957/2006) のソーシャルワーク論などにはそうした関係理解が見られるが、いずれも精神分析からの影響を、批判的な検討を含めつつも取り入れているものと考えられる。また、発達心理学における母子関係の観察などは、一つの関係理解ではあるものの、観察者自らが関係の中に巻き込まれながら行うものとは異なっている。したがって、実践者がクライエントと情動的な関係を結びながら、その関係自体を無意識的な側面を含めて探究していく点は、現在に至るまで精神分析とユング心理学だけがもつ独自性であり、それだけに他の学問や、保育・教育といった人間とかかわる実践領域にも貢献できる可能性をもっていると言えるだろう。

2. 転移・非転移

(1) 転移・非転移の概念

　精神分析においてセラピストが自らかかわる関係を理解するための概念は、一般的には「転移・逆転移」と考えられている。本書ではクライエントの態度

をすべて「転移」と見なすのは不適切であり、「転移の前に非転移を」理解する
必要があることを示してきた (Langs, 1976；第 1 章参照)。

　転移とは、クライエントが無意識のうちに抱くセラピストへの感情、態度で
あり、現実のセラピスト像には即さないものとされる。フロイトは患者が「現
実の状況をまったく考慮することなく」分析家に情動を向けると考えた (Freud,
1912a, p. 108)。またその態度は「反復強迫」(Freud, 1914b)、すなわち過去の体験や
空想が、現在の分析家とはかかわりなく投影されるものだとされる。

　転移が定義上、歪曲、非現実、非現在を意味することから考えると、一般に
言われているようにセラピー関係を「転移・逆転移」によって総称するのは、
適切でないことになる。それはクライエントがセラピストを正当に認識してい
る可能性を否定することになるからである。

　これに対してセラピストに対するクライエントの妥当な認識を表すのが、非
転移の概念である。クライエントの側もセラピストを「歪曲」ばかりでなく妥
当に捉えている側面があるはずである。こうした側面は「作業同盟」や「現実
的関係」といった概念によっても扱われてきたが、「転移」との対比では「非転
移 (nontransference)」と呼ばれることになる (Greenson & Wexler, 1969)。ユングがそ
の先駆者であることについては第 2 章に示したが、精神分析において最早期に
この考え方を提示したのは、フェレンツィだった (Ferenczi, 1933)。彼はこの非
転移的な患者からの批判に耳を傾けてセラピー関係を修復していくという、相
互的な心理臨床論を打ち出したが、それはフロイトとの対立を決定的なものと
することになった (第 4 章参照)。転移を重視するか、非転移を重視するかは、心
理臨床における重要な問題であり、重大な違いを生むものであると言えるだろ
う。

　ここに見てきたように、クライエントが「歪曲」しているとする転移の概念
よりも、クライエントがセラピストをありのままに捉えることができるとする
非転移の概念は、数十年遅れて認められるようになったことが分かる。古典的
な精神分析においては歪曲を扱うことこそが精神分析療法の意義であると考え
られたが、後に非転移的側面も重視されるようになっていった。クライエント
がどの程度セラピストをありのままに認識しているか、またそれをどの程度セ
ラピーにおいて重視すべきかについては、学派によってもさまざまな見解があ

ることになる。慣例的な用語法においては「転移・逆転移」がセラピー関係の
すべてとされがちだが、非転移やこれに対応する非逆転移（noncountertransference）
も実際には関係の基盤をなしている。クライエントの基本的な関係様式を転移
と見るのか、非転移と見るのかは、関係をどのように理解するかという基本的
な枠組みの問題であって、実際にセラピーの過程を理解していく上で重要な論
点である。

　相互作用論的アプローチをとるラングスは、この非転移的側面を重視し、ク
ライエントは基本的に、無意識のうちにセラピストを妥当な形で認識している
とした上で、その認識にはとくにセラピーの「枠」がどのようにマネジメント
されているかが強く影響すると論じた（Langs, 1978）。ここでは非転移は無意識
のうちに生じることが明らかにされている。転移とはその概念の始まりから無
意識によるものであるはずだが、転移・非転移を意識的次元で捉えるか、無意
識的次元で捉えるかも学派や分析家によって違いがあり、この点も関係理解に
大きく影響している。

(2) 無意識の転移・非転移

　転移を重視する立場と非転移を重視する立場が分かれる要因には、無意識の
表現をどう読み取るかという解釈論がかかわっている。クライエントの表現を
意識レベルで理解するだけでは、非転移を十分に捉えることができない。

　本来の定義から言っても、転移とは無意識のうちに生じるものである。無意
識の心の動きは、意識レベルで直接捉えられるわけではなく、解釈を必要とす
る。たとえば「先生は私のことを本当に分かってくれましたね」「先生は私の気
持ちを分かってくれなくて冷たい」などとクライエントが語ったとしても、そ
れはすでにクライエントの意識に上った内容であって、この臨床素材だけで
は、クライエントが「無意識のうちに」セラピストをどう捉えているのかは、
判断できないことになる。転移・逆転移についての議論においては、しばしば
この点、すなわち意識的な語りはそのままでは転移・逆転移の表れとは見なせ
ないという点が、看過されがちであった。

　対象関係論学派におけるM・クラインの解釈論は、この問題に重要な貢献を
している。それまでの転移解釈においては、フロイト自身を含めて、セラピス

表1　転移・非転移解釈の視点

A：歪曲中心 　　意識レベル	B：歪曲中心 　　無意識レベル
C：妥当な認識 　　意識レベル	D：妥当な認識 　　無意識レベル

トへの直接の意識的な言及が取り上げられがちだった。これに対してクライン
の転移解釈には、セラピストへの間接的言及を取り上げたものが非常に多いの
である（クライン，1975/1996）。つまりクライエントは意識せざるうちに、誰か他
の人物像を語ることを通して、無意識のうちに抱いているセラピストのイメー
ジを表現していると考えられているのである。

　したがって、クライエントの語りから転移・非転移を読み取る上では、転移・
非転移のどちらを重視するかだけでなく、コミュニケーションの意識的次元と
無意識的次元のどちらを解釈するかが問題であり、その立場は分析家によって
異なっていることが分かる（表1）。

　Aの「歪曲中心・意識レベル」からDの「妥当な認識・無意識レベル」まで、
ここで4つの視点を挙げたが、それぞれにクライエントの語りをどう解釈する
かは変わってくる。

　たとえばクライエントが自分の母親について、あれこれ指示するばかりで自
分の話を少しも聴いてくれないといった不満や失望を語ったとする。その不満
を語り続けたあとで、「先生が聴いてくれるのが救いですが……」とも付け加
えるかもしれない。こんな一場面についても、先述の視点によって解釈に違い
が生じてくる。「先生は聴いてくれる」という意識レベルの言及をどう見るか、
また母親についての語りをセラピストへの間接的言及と見るかどうかがその違
いを生む。

① A：歪曲中心・意識レベル

　クライエントの語りを意識レベルで理解するなら、母親についての語りは他
の誰への間接的言及でもなく、文字通り母親その人についての感情を表すもの

でしかない。それはセラピストとはまったく関係のない感情である。セラピストへの態度は、「聴いてくれる」という肯定的なものであるが、これを「転移」と捉えるなら、それが歪曲・願望による「陽性転移」である可能性も視野に入れる必要があることになる。

② Ｂ：歪曲中心・無意識レベル

　意識レベルを超えてクライエントの語りを聴くなら、そこにセラピストへの態度が間接的に表現されていると見る可能性が開けてくる。クラインによる転移解釈の視点にも触れてきたが、意識的には母親について語っている中に、セラピストへの感情が無意識のうちに表現されると捉えるのである。すなわち、「聴いてくれるセラピスト」という意識的な語りに反して、クライエントは無意識のうちに「操作的で耳を傾けてくれない」像をセラピストに投影していることになる。

　しかしこれは転移であり、歪曲だと捉えるのがＢの立場である。すなわち、セラピストは十分耳を傾けており、クライエントは意識的には感謝しているにもかかわらず、無意識の幻想によって事実に反するセラピスト像を描いている。母親への失望を語る中に、セラピストへの羨望と攻撃が表現されている。クラインの主著『羨望と感謝』(1975/1996) における解釈には、こうした視点からのものが数多く見られる。クライエントの語りの中に無意識のうちに表現されているセラピスト像を抽出し解釈するが、それを基本的に歪曲に基づくものと見なす立場である。

③ Ｃ：妥当な認識・意識レベル

　意識レベルで理解するのであるから、母親についての語りは母親像、セラピストへの言及はセラピスト像をそのまま表すことになる。他の可能性は解釈から分裂、排除される。この場合、セラピストは救いを与えてくれる存在だとクライエントが掛け値なしに捉えていると受け止められる。クライエントは母親への失望を十分語れるほどに、セラピストへの信頼を深めたと受け取ることになる。たとえばそこに、目の前にいるセラピストの対人圧力が作用してポジティブな像が描かれているかもしれないといった、関係性の目には見えない側

面はほとんど考慮されない。クライエント中心療法における関係理解はこれに当たる。話し合い、詳細を聴いていくことはあるが、その探索作業は基本的に意識レベルで行われる。

④ D：妥当な認識・無意識レベル

　クラインの解釈論と同様、母親についての不満は、額面通り母親だけを意味しているとは限らず、無意識のうちにセラピストに向けられた態度である可能性が考えられる。ただしそれはクライエントの側からの一方的な歪曲、投影ではなく、その背景には何らかの現実的要因があったかもしれない。したがってセラピスト自身が、実際に「あれこれ指示するばかりで話を聴いてくれない」ような振る舞いをしたかどうか、この時間の面接や、それまでのかかわり方を振り返ってみる必要があると考えられる。セラピストが現実にどう振る舞ってきたかという要因とその直接的・間接的影響は、このDの観点、すなわち無意識に生じる非転移を重視する観点においてのみ検討されることに留意されたい。

　また、非転移は無意識のうちに生じるものであって、意識されるとは限らない点にも留意が必要である。クライエントが意識的に、あえてセラピストと重なる像を他の人物にたとえて伝えようとしているとすれば、それは意図されたあてこすりに過ぎない。非転移の本来的な定義に基づけば、クライエントが意識せざるうちに、「自由連想」によって生まれてきた語りの中に、自然とセラピストに対する妥当な認識が象徴的な形で示されることになる。

(3) セラピストの関与と枠の要因

　さまざまな解釈の視点を取り上げてきたが、クライエントが抱くセラピスト像が歪曲なのか、妥当な認識なのかは、結局のところセラピストが実際にどう関与してきたのかを検討しなければ判断できないはずのことである。セラピスト側の要因を振り返ることなくクライエントの「転移」を解釈するのは、刺激（stimulus）を見ることなく反応（response）を解釈しようとするような不確かなものとなる。クライエントの観点を初めから歪曲と断じるのはきわめて一面的な立場であって、実際の関係性を理解する上ではDの視点を取り入れる必要があ

ると考えられる。

　さらに言えば、クライエントの意識的な言葉はすべて妥当だと見なせるわけではない。そこにはセラピストからの暗示が働く可能性があって、額面通りに受け取ることができないことは、すでに晩年のフロイトが明らかにしているところである (Freud, 1937)。常識的に考えても、セラピストへの気遣いが働くことはあり得るから、「先生が聴いてくれるのは救い」という言葉をそのまま受け取ればよいわけではない。こうした意識レベルの関係理解では、クライエントが肯定的な表現をすれば自分への信頼の表れとして受け取り、ネガティブな表現は「転移」と見なす、皮相なものに陥りかねない。

　逆転移がつねに存在することを認め、その解釈をセラピーに生かそうとする動きが広まった20世紀の後半以降になって、クライエントの妥当な認識を認める動きもまた起こってきたところである。このようにセラピスト側の関与が十分認識されてこなかった背景には、「枠」の問題も関連していると考えられる。セラピストが意識的に内省してみても、クライエントの語りを誠実に聴こうと努めてきたのは確かだから、たとえば先の例に挙げたような母親像に仮託された失望が、どこから生まれてきたのかを特定することが難しい。このとき、枠の問題を考慮に入れることには意味がある。

　セラピーの枠には、場所、時間、料金といった目に見える形での環境とそのマネジメント、そして中立性、匿名性、秘密保持、一対一関係といったセラピストの態度にかかわるものがある (Langs, 1978)。こうした要因を考慮に入れるなら、先の例であればたとえばセラピストが非中立的、「指示的」にかかわっていなかったかどうか、クライエントの対人境界 (boundary) に侵入するようなかかわりをしていなかったかどうか、振り返ることが可能になる。逆転移は定義上、無意識のうちに生じるものであり、セラピストの意識からは見えにくいものである。ラングスは枠の問題を振り返ることによって、逆転移に基づく影響 (countertransference-based influence) に気づく手がかりが得られるとしている (ibid.)。このように逆転移を意識化する方法については、次節において取り上げる。

3. 逆転移をどう理解するか

(1) 逆転移の概念

　関係性の問題を扱う理論はフロイトの「転移」概念に始まるが、彼はユングとの協働のもとに「逆転移」の概念を加えた (Freud, 1910)。初期の議論においては、セラピストの側がクライエントの像を歪める危険性があることから、逆転移は否定的なものと捉えられていた。しかしフロイトの没後、これをクライエント理解の手がかりとする流れが生まれた (Little, 1951)。

　逆転移の概念は、セラピストが自らのかかわりや、「私」自身のあり方を振り返ることを助けるものと考えられている。しかし、この概念は十分に機能しているだろうか。逆転移の概念は、用い方次第では、セラピスト自身の省察を妨げることがありうる。つまり、気づきを促すはずの概念が、逆に気づきを妨げるものになってしまうのである。

　こうした問題点としては、①逆転移概念の成り立ち、②逆転移を用いたクライエント理解とその誤用、③意識的・否定的感情への焦点化の3つが挙げられる。ここではまず逆転移概念の成り立ちを検討する。

　フロイトは初めて「逆転移」の用語を用いた論文の中で、こう述べている。「技法論上の革新は、医師自身にも及んでいる。われわれは逆転移 (counter-transference) の存在に気づくようになった。逆転移とは、患者が医師の無意識的感情に影響を与えることによる結果として生じるものである。医師は自分自身の逆転移に気づき、それを克服すべきだと言っておきたい」(Freud, 1910, pp. 144-145)。この概念は、クライエント個人の内面に焦点を当てるばかりでなく、セラピーの関係性を重視する今日の相互的な心理臨床を生み出す出発点だったと言えよう。その意義を認めた上で、ここで述べられていることを詳しく見ていきたい。ここでフロイトは逆転移を次のようなものと捉えている。

① 逆転移は、セラピーの妨げとなる、セラピスト側の要因である。
② 逆転移は、クライエントからの影響によって生じる。
③ 逆転移は、セラピストの無意識的な心の動きである。

　①②から言えることは、セラピスト側の要因がクライエントによって生み出されるものと捉えられている、ということである。しかし、セラピスト側の要因としてはクライエントへの反応として生じるものばかりでなく、セラピスト自身から生じているものもあるはずである。後者はむしろ前者よりも重要な問題でありうるだろう。

　このことについて、コミュニカティブ・アプローチの立場をとるD・L・スミスはこう指摘している。「『逆〜（counter-）』という語は、それが反応によって生じるということを示唆している。転移を起こす側の人が、いわば精神病理を先導するというわけである」(Smith, 1999, p. 17)。

　多くの心理臨床家によって「転移・逆転移」の概念が拡大解釈され、セラピーの関係性すべてを表す代名詞のように用いられている。このような状況で、逆転移が先に述べた受動的な意味合いをもっていることに無自覚であるならば、セラピストは自らの問題をもっぱら「クライエントからの影響」と捉え、それを自分自身が生み出している部分に気づきにくくなるだろう[注28]。

　もしセラピーを妨げる要因がセラピスト自身の側から生まれたとすれば、クライエントはそれに影響を受け、反応するであろう。さまざまな症状の変遷や、関係性の微細な変化は、セラピストに対するクライエントの無意識的反応なのかもしれない。スミスは同じコミュニカティブ・アプローチをとるトロンビ (Trombi, G.) の表現を借りて、「患者の逆転移」を理解することが必要だと論じている (Smith, 1999)。セラピストが逆転移を起こすのではなく、むしろセラピストが向けた感情を受けて、クライエントの側が逆転移（対抗転移）を抱くという表現は、きわめて新鮮に響く。そのこと自体が、われわれが気づかないうちに、セラピー関係を対等でない、一方的なものと見てしまっていることを示していると言えるだろう。クライエントの語りをセラピストへの逆転移解釈とし

注28)「逆転移」には「対抗転移」という訳もある。現在では「逆転移」が一般的だが、「対抗転移」の方が原義に近いかもしれない。すなわち、クライエントからの転移に対抗して生じるものであることをより明確に表す訳語と言えるだろう。ここではその「対抗」という点が逆転移概念が抱える問題であって、それを超える自らの要因をセラピストが認識しなければならないことを論じている。

て受け止めるリトルの観点は、これに近いものだと考えられる (Little, 1951)。

(2) 逆転移を用いたクライエント理解とその誤用

　フロイトは逆転移について、教育分析の必要性を認めたものの、それ以上はほとんど論じなかった。フェレンツィやバリントらの先駆者を除けば、逆転移についての議論が盛んになったのは、フロイトがこの概念を提示してからおよそ40年後、ウィニコット、リトル、P・ハイマンらの論文がきっかけである。これらの著者は、逆転移をただ否定的なものと見るのではなく、「積極的な利用」が可能だと主張した。このことが、逆転移に関するその後のオープンな議論のきっかけとなった。

　ウィニコットは、病理の重い患者に対して治療者が抱く「憎しみ」は「客観的」で妥当な場合があり、それを患者自身に伝えることがセラピーを進める上で必要だと述べた (Winnicott, 1949)。ハイマンは、分析家の逆転移が患者を理解する手がかりになると主張した。彼女はその例として、患者が行動化を起こしそうなときに抱いた自分の不安感が、患者の夢を分析する手がかりとなって、患者が彼女に向けている攻撃性を解釈することができたと述べている (Heimann, 1950)。

　ウィニコットもハイマンも、逆転移を患者に対する分析家の「反応」と捉えた上に、それがセラピーの妨げではなく、妥当なものでありむしろセラピーの手がかりになるものだと考えている。このように、セラピスト側の情動反応をすべて狭義の逆転移として、すなわち不適切なものと捉えるのではなく、むしろ妥当な側面をもつと認めたことが、逆転移に関する議論の道を開いたと言えるだろう。彼らが言うように、人間が相手に抱く感情が、相手の何かを妥当な形で反映していることはもちろんありうる。しかしこのように「妥当な」側面ばかりが強調されるとき、逆転移の原義①に挙げた「妨げとなるセラピスト側の要因」が看過されてしまわないだろうか。

　M・イーグルは、近年こうした危険性が高まっていることを指摘している。彼は科学哲学者のA・グリュンバウムとも交流し、精神分析の理論的な見直しを進めてきた分析家である。彼は複数の論文やカンファレンスで、セラピストがクライエントに抱いた憎しみが、他に臨床的エビデンスを参照することな

く、クライエントの攻撃性の反映だと即断されていた事例を挙げている。また、セラピストの頭痛が、クライエントの投影同一化によって「押し込まれた」ものだと解釈されたカンファレンスも挙げている。どちらも上記のウィニコットやハイマンの逆転移解釈と通ずるものである。本来ならセラピストが抱く感情には、セラピスト自身の要因が相応にかかわっているはずであり、その検討が必要だろう。にもかかわらずこれらの事例では、そうした検討がまったくなされないままに、セラピストの感情があたかもテレパシーのようにクライエントの心を直接反映するものと見なされていた。「実質上、現代の精神分析的理論家の多くが、白紙のスクリーンとしての分析家モデルや、一者心理学の巧妙な新版をつくり出しているのである」(Eagle, 2000, p. 27；コラム6参照)。

　セラピストはクライエントの心を客観的に映し返すのみだとする、古典的な「白紙のスクリーン」モデルが成り立たないことは、広く認められている。どれだけ教育分析を受けたとしても、セラピストも一人の人間であり、生きた心を、無意識を抱えているのである。そのことを認めつつ、セラピストの感情を短絡的にクライエントの感情の反映と見なすなら、関係論を標榜しながらも古典派以上にセラピストの関与を否認する、きわめて巧妙な「白紙のスクリーン」モデルに陥ってしまう。いかにも一者的に見える古典派精神分析よりも、関係性を重視していると標榜しつつ実際には一者心理学であるような立場の方が、より一層病んでいると言うべきかもしれない。そこでは「標榜している理論(espoused theory)」と「実際に使われている理論 (theory-in-use)」の乖離が拡大し (Argyris & Schön, 1974)、逆転移の概念はセラピストの防衛を万全のものとするために使われてしまうことになる。

(3) 意識的・否定的感情への焦点化

　逆転移の原義③によれば、それはセラピストの無意識的反応を意味する。しかし逆転移が論じられる場合には、セラピストの意識的感情が取り上げられていることが少なくない。ウィニコットやハイマンの例、そしてイーグルが取り上げたセラピストの例では、いずれも治療者の意識に上った怒り、不安、憎しみ、痛みなどの否定的感情が、逆転移分析のきっかけとなっている。

　これらの感情は、セラピストがすでに気づいているもの、意識に上ったもの

であるから、逆転移そのものとは言いがたい。もちろんこれらの感情の背景にも無意識的要因はかかわっており、それを理解することは重要だが、逆転移はわれわれの気づかないところにも現れるはずであり、むしろこうした無意識的影響に気づくことの方が必要になるだろう。意識的感情にばかり焦点を当てるなら、無意識的影響を見逃してしまいかねない。

　実際のところ、意識に上った否定的感情ばかりが取り上げられるのには、こんな背景があるのではないだろうか。普段は関係をそれほど深く振り返ったり分析したりしないセラピストであっても、クライエントへの否定的な感情が意識に上ってきたときは、そうはいかない。自分の感情が、自らの職務に反するように思われて耐えがたいため、何らかの解釈によって心に収めたくなる。このようなセラピスト自身のニーズによって、逆転移の理論が求められるのである。

　仮にそういうことがあるならば、逆転移の理論そのものがセラピストの防衛的ニーズを満たし、耐えがたい感情を処理し排除する道具となってしまう危険性がある。イーグルが批判した関係論的「白紙のスクリーン」モデルは、セラピストの不快な感情の原因を、クライエントのみに帰するものとなっていた。

4. 関係をよりよく理解するために

　逆転移の概念は、セラピスト自身の要因を視野に入れた理論を生み出し、関係の無意識的側面を捉えるという意義をもっている。自らがかかわる関係性について、その無意識的側面を含めて詳細に検討する道を開いたのが、精神分析とユング心理学の独自性だと述べてきた。こうした意義を継承していく上では、次のような課題に取り組むことが必要になるであろう。

(1) 相互性の観点

　逆転移概念の成り立ちに基づいて指摘したように、この概念自体にセラピー関係を対等でない、一方的なものと見なす観点が含まれている。もしセラピストもクライエントと同じ対等な重みをもった、一人の人間なのだという原点に

帰るなら (Balint, 1968)、セラピストとクライエント双方の要因を等しく考慮する「相互作用論的観点 (interactional viewpoint)」(Langs, 1978) をもつことが必要であろう。この観点からは、従来のようにバイアスを含んだ「転移・逆転移」概念をそのまま使い続けるのではなく、むしろ批判的に再検討することを通じて、無意識を含めた関係性全体を理解するための理論を築いていくべきだと考えられる。

(2) 解釈の方法論

　逆転移分析はしばしば誤用され、セラピストの防衛のために用いられる危険性があることについて述べてきた。イーグルの指摘によれば、セラピストが抱く苦痛な感情の原因が、他に十分な検討がなされないままに、クライエントの内面の反映であり投影同一化によるものだと見なされる事例が少なからずある。こうした問題については、セラピストの感情ばかりを臨床的エビデンスとして重視するのではなく、事例の詳細を視野に入れて検討することのできる事例解釈の方法論を築いていく必要があると考えられる。

　さらにはセラピストが気づいている意識的感情に焦点化するのではなく、意識されない逆転移に気づいていくことも必要である。これについてラングスは、「逆転移に基づく影響 (countertransference-based influence)」(Langs, 1978) という考え方を示している。セラピストの感情体験ばかりでなく、何気ない会話、面接時間の終わり方、クライエントの語りといった具体的な事実の中に、セラピストの逆転移が反映されるというのである。無意識の逆転移を理解するためには、問題がセラピストの意識に上ってからその感情を処理するのではなくて、むしろ「患者の逆転移」を含めて、面接の中に現れる個々の事実から、つねにセラピー関係のあり方をモニターしていることが必要であろう。このような読みを可能にするためにも、恣意性を超える、妥当な解釈の方法論が求められる。

(3) 省察するコミュニティ

　イーグルは恣意的な逆転移解釈の例を挙げているが、それらはカンファレンスの中に多く見られた。こうした防衛的な逆転移解釈が語られがちなカンファレンスにおいては、自らを省察する機能が危うくなっていると言えるだろう。

セラピスト個人の省察だけでなく、コミュニティがもっている省察の機能が揺らいでいると考えられる。そのコミュニティは、事例そのものによりよく出会うことよりも、防衛手段を共有することによって支え合う場となってしまっている可能性がある。

　カンファレンスを超えて、心理臨床の理論を共有しているコミュニティ全体についても、同様のことが言える。たとえばウィニコットの言う「客観的逆転移」(Winnicott, 1949) の概念は、セラピストの防衛として用いられる危険性が容易に想定されるが、こうした危険性が検討されることなく、無批判に引用されることが多いことをブラムは指摘している (Blum, 1997)。

　権威ある分析家たちの理論は、十分な批判的検討を受けているだろうか。逆転移の概念はセラピストの省察を促すものだが、セラピスト個人ばかりでなく、カンファレンスや心理臨床学の世界をも含めて、コミュニティ全体が省察する機能を育んでいくことが必要だと考えられる。

◆文献◆

・海外の文献で邦訳がある場合は、原書の出典の後に、それに相当する、あるいはその論文を含む、邦訳の書誌情報を付記した。

・邦訳書を挙げる際には、「(原著出版年/邦訳書出版年)」の形を用いた。とくに邦訳書から引用を行う場合には、本文にその旨を示している。邦訳書の参照が主となる場合はその書誌情報を先に記載し、著者名もカナ表記を用いた上で、原典の書誌情報を付記した。

・文献を示す際には歴史的経緯を分かりやすくするため、原著の出版年を主として用いた。必要に応じて、その論文が収録された書籍など、実際に参照している文献の出典と発行年を付記している。その場合、本文中の引用ページは、付記された出典の方を示している。

・フロイトの著作については、英語版全集の出典を *S. E.*(*The Standard Edition of the Complete Psychological Works of Sigmund Freud*)で示す。ユングの著作集は *C. W.*(*The Collected Works of C. G. Jung*)で示す。専門用語を本文で示す際は、基本的に英訳語を付記した。

・出典に関する表記は発表当時のものである。津守眞は晩年に「眞」表記を用いるようになったため、本文中はこれに従うが、文献欄は初出時の表記とする。人名以外の旧字体については現代の表記に改めた。当時の学術用語で、現在では不適切となっているものもあるが、書誌情報としてはそのまま記載する。

Abbotson, S. (2007). *Critical Companion to Arthur Miller*. New York: Facts on File.

Adamo, S. M. G. & Rustin, M. (Eds.) (2013). *Young Child Observation: A Development in the Theory and Method of Infant Observation*. Abingdon: Routledge.

Alexander, F. (1933). On Ferenczi's relaxation principle. *International Journal of Psycho-Analysis*, 14: 183-192.

Alpert, J. L. (1994). Analytic reconstruction in the treatment of an incest survivor. *Psychoanalytic Review*, 81: 217-235.

Argyris, C. & Schön, D. A. (1974). *Theory in Practice: Increasing Professional Effectiveness*. San Francisco: Jossey-Bass.

Arlow, J. A. (1981). Theories of pathogenesis. *Psychoanalytic Quarterly*, 50: 488-514.

Aron, L. (1990). One person and two person psychologies and the method of psychoanalysis. *Psychoanalytic Psychology*, 7: 475-485.

Aron, L. (1996a). The dialectics of mutuality and autonomy: The origins of relational theory in the contributions of Sándor Ferenczi and Otto Rank. In *A Meeting of Minds: Mutuality in Psychoanalysis*. Hillsdale: The Analytic Press, pp. 159-187.

Aron, L. (1996b). *A Meeting of Minds: Mutuality in Psychoanalysis*. Hillsdale: The Analytic Press.

Arthern, J. & Madill, A. (1999). How do transitional objects work?: The therapist's view. *British Journal of Medical Psychology*, 72: 1-21.

飛鳥井望 (1998) 外傷理論をめぐる最近の論争——「蘇った記憶」と「偽りの記憶」について. 『精神療法』24(4): 324-331.

Balint, M. (1933). Character analysis and new beginning. In Balint (1953), pp. 159-173.

Balint, M. (1936). The final goal of psychoanalytic treatment. In Balint (1953), pp. 188-199.

Balint, M. (1950). Changing therapeutical aims and techniques in psycho-analysis. In Balint (1953), pp. 221-235.

Balint, M. (1952). New beginning and the paranoid and the depressive syndromes. In Balint (1953), pp. 244-265.

Balint, M. (1953). *Primary Love and Psycho-Analytic Technique*. New York: Liveright Publishing. バリント, M. (森茂起・桝矢和子・中井久夫 訳) (1999)『一次愛と精神分析技法』みすず書房.

Balint, M. (1956a). Pleasure, object and libido. In *Problems of Human Pleasure and Behaviour*. New York: Liveright Publishing, pp. 281-291.

Balint, M. (1956b). Sex and society. In *Problems of Human Pleasure and Behaviour*. New York: Liveright Publishing, pp. 11-33.

Balint, M. (1958). The three areas of the mind: Theoretical considerations. *International Journal of Psycho-Analysis*, 39: 328-341. Reprinted in Balint (1968).

Balint, M. (1960). Primary narcissism and primary love. *Psychoanalytic Quarterly*, 29: 6-43.

Balint, M. (1963). The benign and the malignant forms of regression. In Balint (1968), pp. 117-156.

Balint, M. (1968). *The Basic Fault: Therapeutic Aspects of Regression*. Evanston: Northwestern Universities Press, 1992. バリント, M. (中井久夫 訳) (1978)『治療論から見た退行——基底欠損の精神分析』金剛出版.

Balint, M. (1969). Trauma and object relationship. *International Journal of Psycho-Analysis*, 50: 429-435. 邦訳は以下に収録；フェレンツィ, S. (森茂起・大塚紳一郎・長野真奈 訳) (2007)『精神分析への最後の貢献——フェレンツィ後期著作集』岩崎学術出版社, pp.219-233.

Balint, M. & Balint, A. (1939). On transference and counter-transference. In Balint (1953), pp. 213-220.

Baranger, M. & Baranger, W. (1966). Insight in the analytic situation. In R. Litman (Ed.) *Psychoanalysis in the Americas*. New York: International Universities Press, pp. 56-72.

Bergmann, M. S. (1996). The tragic encounter between Freud and Ferenczi and its impact on the history of psychoanalysis. In P. L. Rudnytsky, A. Bókay & P. Giampieri-Deutsch (Eds.) *Ferenczi's Turn in Psychoanalysis*. New York: New York University Press, pp. 145-159.

Berman, E. (1995). Confusion of tongues. *International Journal of Psycho-Analysis*, 76: 1045-1046.

Bezoari, M. & Ferro, A. (1992). From a play between "parts" to transformations in the couple: Psychoanalysis in a bipersonal field. In L. Nissim Momigliano & A. Robutti (Eds.) *Shared Experience: The Psychoanalytic Dialogue*. London: Karnac Books, pp. 43-65.

バイステック，F. P.（尾崎新・福田俊子・原田和幸　訳）(1957/2006)『ケースワークの原則 [新訳改訂版]──援助関係を形成する技法』誠信書房．Biestek, F. P. (1957). *The Casework Relationship*. Chicago: Loyola University Press.

Bion, W. R. (1959). Attacks on linking. *International Journal of Psycho-Analysis*, 40: 308-315

Blum, H. P. (1994). The confusion of tongues and psychic trauma. *International Journal of Psycho-Analysis*, 71: 871-882.

Blum, H. P. (1997). Clinical and developmental dimensions of hate. *Journal of the American Psychoanalytic Association*, 45: 359-375.

Boesky, D. (1990). The psychoanalytic process and its components. *Psychoanalytic Quarterly*, 59: 550-584.

Boesky, D. (1998). Clinical evidence and multiple models: New responsibilities. *Journal of the American Psychoanalytic Association*, 46: 1013-1020.

Bonomi, C. (1999). Flight into sanity: Jones's allegation of Ferenczi's mental deterioration reconsidered. *International Journal of Psycho-Analysis*, 80: 507-542.

Bornstein, M. (Ed.) (1996). Interaction: Reflections on One- or Two-Person Psychology. *Psychoanalytic Inquiry*, 16(1): 1-135.

Brenneis, C. B. (1994). Can early childhood trauma be reconstructed from dreams?: On the relation of dreams to trauma. *Psychoanalytic Psychology*, 11: 429-447.

Brenneis, C. B. (1997). *Recovered Memories of Trauma: Transferring the Present to the Past*. Madison: International Universities Press.

Brenneis, C. B. (1999). The analytic present in psychoanalytic reconstructions of the historical past. *Journal of the American Psychoanalytic Association*, 47: 187-201.

Breuer, J. & Freud, S. (1895). Studies on Hysteria. *S. E.*, 2. ブロイアー，J. &フロイト，S.（懸田克躬　訳）(1974) ヒステリー研究．『フロイト著作集7』人文書院，pp. 3-229.

Brody, S. (1980). Transitional objects: Idealization of a phenomenon. *Psychoanalytic Quarterly*, 49: 561-605.

Brooker, L. (2008). *Supporting Transitions in the Early Years*. Maidenhead: Open University Press.

バリー，P.（青葉里知子・堀尾直美　訳）(2008/2013)『「グロリアと三人のセラピスト」とともに生きて──娘による追想』コスモスライブラリー．Burry, P. (2008). *Living with "the Gloria Films": A Daughter's Memory*. Monmouth: PCCS Books.

Casement, P. (1982). Some pressures on the analyst for physical contact during the re-living of an early trauma. *International Review of Psycho-Analysis*, 9: 279-286. Reprinted in Casement (1985).

Casement, P. (1985). *On Learning from the Patient*. London: Tavistock Publications. ケースメント，P.（松木邦裕　訳）(1991)『患者から学ぶ──ウィニコットとビオンの臨床応用』岩

崎学術出版社.

Chused, J. F. (1992). The patient's perception of the analyst: The hidden transference. *Psychoanalytic Quarterly*, 61: 161-184.

Crews, F. (1995). *Memory Wars: Freud's Legacy in Dispute*. New York: The New York Review of Books.

Crow, G., Foley, P. & Leverett, S. (2008). Communicating with children. In P. Foley & S. Leverett (Eds.) *Connecting with Children: Developing Working Relationship*. Bristol: The Policy Press, pp. 7-42.

Daniels, D. (2014). Decoding Gloria: An application of Langs' communicative approach. *Contemporary Psychotherapy*, 6(1-2). (https://www.contemporarypsychotherapy.org/volume-6-issue-1-summer-2014/permanently-cheated/, https://www.contemporarypsychotherapy.org/volume-6-issue-2-winter-2014/permanently-cheated-part-2/)

Davies, J. M. (1996). Dissociation, repression and reality testing in the countertransference: The controversy over memory and false memory in the psychoanalytic treatment of adult survivors of childhood sexual abuse. *Psychoanalytic Dialogues*, 6: 189-218.

De Forest, I. (1942). The therapeutic technique of Sándor Ferenczi. *International Journal of Psycho-Analysis*, 23: 120-139.

Denzel, S. (2022). George Franklin: Other California DNA exonerations. The National Registry of Exonerations. (https://www.law.umich.edu/special/exoneration/Pages/casedetail.aspx?caseid=3221)

Eagle, M. (2000). A critical evaluation of current conceptions of transference and countertransference. *Psychoanalytic Psychology*, 17: 24-37.

Eissler, K. R. (1953). The effect of the structure of the ego on psychoanalytic technique. *Journal of the American Psychoanalytic Association*, 1: 104-143.

Elfer, P. (2016). Psychoanalytic theory, emotion and early years practice. In T. David, K. Goouch & S. Powell (Eds.) *The Routledge International Handbook of Philosophies and Theories of Early Childhood Education and Care*. Abingdon: Routledge, pp. 69-79.

エランベルジェ, H. F. (中井久夫・西田牧衛 訳) (1964/1984) 「創造の病い」という概念. 飯田真・笠原嘉・河合隼雄・佐治守夫・中井久夫 (編)『精神の科学 別巻』岩波書店, pp. 223-242. Ellenberger, H. F. (1964). La notion de maladie créatrice. *Dialogue: Canadian Philosophical Review*, 3(1): 25-41.

Esman, A. H. (1979). On evidence and inference, or the babel of tongues. *Psychoanalytic Quarterly*, 48: 628-630.

Esterson, A. (1998). Jeffrey Masson and Freud's seduction theory: A new fable based on old myths. *History of the Human Sciences*, 11: 1-21.

Eyre, D. P. (1975). A Contribution to the understanding of the confusion of tongues. *International Journal of Psycho-Analysis*, 56: 449-453.

Ferenczi, S. (1919). Technical difficulties in the analysis of a case of hysteria. In Ferenczi (1926), pp. 189-197.

Ferenczi, S. (1921). The further development of an active therapy in psycho-analysis. In Ferenczi (1926), pp. 198-217.

Ferenczi, S. (1925). Contra-indications to the 'active' psycho-analytical technique. In Ferenczi (1926), pp. 217-230.

Ferenczi, S. (1926). *Further Contributions to the Theory and Technique of Psycho-Analysis*. London: Karnac Books, 1994.

Ferenczi, S. (1930). The principle of relaxation and neocatharsis. In Ferenczi (1955), pp. 108-125.

Ferenczi, S. (1931). Child analysis in the analysis of adults. In Ferenczi (1955), pp. 126-142.

Ferenczi, S. (1932). Notes and fragments. In Ferenczi (1955), pp. 216-279.

Ferenczi, S. (1933). Confusion of tongues between the adults and the child: The language of tenderness and of passion. In Ferenczi (1955), pp. 156-167. (Also printed in *International Journal of Psycho-Analysis*, 30: 225-230, 1949.)

Ferenczi, S. (1955). *Final Contributions to the Problems and Methods of Psycho-Analysis*. London: Karnac Books, 1994.　フェレンツィ, S.　(森茂起・大塚紳一郎・長野真奈　訳)(2007)『精神分析への最後の貢献──フェレンツィ後期著作集』岩崎学術出版社.

Ferenczi, S. (1988). *The Clinical Diary of Sándor Ferenczi*. Cambridge: Harvard University Press. フェレンツィ, S.　(森茂起　訳)(2000)『臨床日記』みすず書房.

Fordham, M. (1980). The emergence of child analysis. In R. Hobdell (Ed.) *Freud, Jung, Klein - the Fenceless Field: Essays on Psychoanalysis and Analytical Psychology*. London: Routledge, 1995, pp. 138-149.

Freud, S. (1896). The aetiology of hysteria. *S. E.*, 3.　フロイト, S.　(馬場謙一　訳)(1983)ヒステリーの病因について.『フロイト著作集10』人文書院, pp. 7-32.

Freud, S. (1899). Screen memories. *S. E.*, 3.　フロイト, S.　(小此木啓吾　訳)(1970)隠蔽記憶について.『フロイト著作集6』人文書院, pp. 18-35.

Freud, S. (1900). *The Interpretation of Dreams*. *S. E.*, 4.　フロイト, S.　(高橋義孝　訳)(1968)夢判断.『フロイト著作集2』人文書院.

Freud, S. (1905). Fragment of an analysis of a case of hysteria. *S. E.*, 7.　フロイト, S.　(細木照敏・飯田真　訳)(1969)あるヒステリー患者の分析の断片.『フロイト著作集5』人文書院, pp. 276-366.

Freud, S. (1910). The future prospects of psycho-analytic therapy. *S. E.*, 11.　フロイト, S.　(小此木啓吾　訳)(1983)精神分析療法の今後の可能性.『フロイト著作集9』人文書院, pp. 44-54.

Freud, S. (1912a). The dynamics of transference. *S. E.*, 12.　フロイト, S.　(小此木啓吾　訳)(1983)転移の力動性について.『フロイト著作集9』人文書院, pp. 68-77.

Freud, S. (1912b). Recommendations to physicians practising psycho-analysis. *S. E.*, 12.　フロ

イト, S.（小此木啓吾　訳）(1983) 分析医に対する分析治療上の注意.『フロイト著作集9』人文書院, pp. 78-86.

Freud, S. (1913). On beginning the treatment (Further recommendations on the technique of psycho-analysis I). *S. E.*, 12. フロイト, S.（小此木啓吾　訳）(1983) 分析治療の開始について.『フロイト著作集9』人文書院, pp. 87-107.

Freud, S. (1914a). On the history of the psycho-analytic movement. *S. E.*, 14. フロイト, S.（野田倬　訳）(1983) 精神分析運動史.『フロイト著作集10』人文書院, pp. 255-310.

Freud, S. (1914b). Remembering, repeating and working-through (Further recommendations on the technique of psycho-analysis II). *S. E.*, 12. フロイト, S.（小此木啓吾　訳）(1983) 想起、反復、徹底操作.『フロイト著作集6』人文書院, pp. 49-58.

Freud, S. (1915). Observations on transference-love (Further recommendations on the technique of psycho-analysis III). *S. E.*, 12. フロイト, S.（小此木啓吾　訳）(1983) 転移性恋愛について.『フロイト著作集9』人文書院, pp. 115-126.

Freud, S. (1916-1917). *Introductory Lectures on Psychoanalysis. S. E.*, 15-16. フロイト, S.（懸田克躬・高橋義孝　訳）(1968) 精神分析入門（正）.『フロイト著作集1』人文書院, pp. 5-383.

Freud, S. (1933). *New Introductory Lectures on Psychoanalysis. S. E.*, 22. フロイト, S.（懸田克躬・高橋義孝　訳）(1968) 精神分析入門（続）.『フロイト著作集1』人文書院, pp. 385-536.

Freud, S. (1937). Constructions in analysis. *S. E.*, 23. フロイト, S.（小此木啓吾　訳）(1983) 分析技法における構成の仕事.『フロイト著作集9』人文書院, pp. 140-151.

外務省（2007）児童の権利に関する条約（日英対照版パンフレット・改訂版）.（https://www.mofa.go.jp/mofaj/gaiko/jido/pdfs/je_pamph.pdf）

Ghent, E. (1989). Credo: The dialectics of one-person and two-person psychologies. *Contemporary Psychoanalysis*, 25: 169-211.

Giampieri-Deutsch, P. (1996). The influence of Ferenczi's ideas on contemporary standard technique. In P. L. Rudnytsky, A. Bókay & P. Giampieri-Deutsch (Eds.) *Ferenczi's Turn in Psychoanalysis*. New York: New York University Press, pp. 224-247.

Gill, M. M. (1994). *Psychoanalysis in Transition: A Personal View*. Hillsdale: The Analytic Press.

Gillespie, W. H. (1971). Donald W. Winnicott. *International Journal of Psycho-Analysis*, 52: 227-228.

Glover, E. (1928). Lectures on technique in psycho-analysis (concluded). *International Journal of Psycho-Analysis*, 9: 191-218.

Good, M. I. (1998). Screen reconstructions: Traumatic memory, conviction, and the problem of verification. *Journal of the American Psychoanalytic Association*, 46: 149-183.

Gordon, R. M. with Aron, L., Mitchell, S. A. & Davies, J. M. (1998). Relational psychoanalysis. In R. Langs (Ed.) *Current Theories of Psychoanalysis*. Madison: International Universities Press, pp. 31-58.

Green, A. (1997). The intuition of the negative in *Playing and Reality. International Journal of*

Psycho-Analysis, 78: 1071-1084.

Greenson, R. R. & Wexler, M. (1969). The non-transference relationship in the psychoanalytic situation. *International Journal of Psycho-Analysis* 50:27-39.

Grotstein, J. S. (1996). Integrating one-person and two-person psychologies: Autochtony and alterity in counterpart. *Psychoanalytic Quarterly*, 66: 403-430.

Grünbaum, A. (1984). *The Foundations of Psychoanalysis: A Philosophical Critique*. Berkeley & Los Angeles: University of California Press.

Hacker, F. J. (1972). Sublimation revisited. *International Journal of Psycho-Analysis*, 53: 219-223.

Harcourt, D. (2011). An encounter with children: Seeking meaning and understanding about childhood. *European Early Childhood Education Research Journal*, 19(3): 331-343.

Hart, R. A. (1992). *Children's Participation: From Tokenism to Citizenship*. Innocenti Essay, 4. Florence: International Child Development Centre. (https://www.unicef-irc.org/publications/100-childrens-participation-from-tokenism-to-citizenship.html)

Haskell, R. E. (1982). The matrix of group talk: An empirical method of analysis and validation. *Small Group Behaviour*, 13: 165-191.

Haskell, R. E. (1999). Unconscious communication: Communicative psychoanalysis and subliteral cognition. *Journal of the American Academy of Psychoanalysis*, 27(3): 471-502.

Haskell, R. E. (2001). *Deep Listening: Uncovering the Hidden Meanings in Everyday Conversation*. Cambridge: Perseus Publishing.

Haynal, A. (1988). *Controversies in Psychoanalytic Method: From Freud and Ferenczi to Michael Balint*. New York: New York University Press.

Heimann, P. (1950). On counter-transference. *International Journal of Psycho-Analysis*, 31: 81-84.

Hoffer, P. T. (1995). Letter. *International Journal of Psycho-Analysis*, 76: 1046-1047.

Hoffman, I. Z. (1983). The patient as interpreter of the analyst's experience. *Contemporary Psychoanalysis*, 19: 389-422.

Hoffman, I. Z. (1991). Discussion: Toward a social-constructivist view of the psychoanalytic situation. *Psychoanalytic Dialogues*, 1: 74-105.

Hughes, J. M. (1989). *Reshaping the Psychoanalytic Domain: The Work of Melanie Klein, W. R. D. Fairbairn, and D. W. Winnicott*. Berkeley: University of California Press.

伊藤美保子・西隆太朗 (2020)『写真で描く乳児保育の実践——子どもの世界を見つめて』ミネルヴァ書房.

Jacobsen, P. B. & Steele, R. S. (1979). From present to past: Freudian archaeology. *International Review of Psycho-Analysis*, 6: 349-362.

Jacobson, J. G. (1994). Signal affects and our psychoanalytic confusion of tongues. *Journal of the American Psychoanalytic Association*, 42: 15-42.

ジョーンズ, E. (竹友安彦・藤井治彦　訳) (1961/1964)『フロイトの生涯』紀伊國屋書店.
Jones, E. (1961). *The Life and Work of Sigmund Freud*. London: Hogarth Press.

Jung, C. G. (1907). On the psychology of dementia praecox. *C. W.*, 3. ユング, C. G. (安田

一郎　訳）（1979）早発性痴呆の心理.『分裂病の心理』青土社, pp. 63-295.

Jung, C. G. (1908). The content of the psychoses. *C. W.*, 3.　ユング, C. G.（安田一郎　訳）（1979）精神病の内容.『分裂病の心理』青土社, pp. 7-37.

Jung, C. G. (1909a). Psychic conflicts in a child. *C. W.*, 17.　ユング, C. G.（西丸四方　訳）（1970）子どもの心の葛藤について.『人間心理と教育（ユング著作集5）』日本教文社, pp. 110-157.

Jung, C. G. (1909b). The family constellation. *C. W.*, 2.　ユング, C. G.（高尾浩幸　訳）（1993）家族の布置.『診断学的連想研究』人文書院, pp. 425-440.

Jung, C. G. (1913). Theory of psychoanalysis. *C. W.*, 4.

Jung, C. G. (1928a). *The Relations between the Ego and the Unconscious. C. W.*, 7.　ユング, C. G.（松代洋一・渡辺学　訳）（1984）『自我と無意識』第三文明社.

Jung, C. G. (1928b). Child development and education. *C. W.*, 17.

Jung, C. G. (1931). Problems of modern psychotherapy. *C. W.*, 16.　ユング, C. G.（高橋義孝　訳）（1970）近代精神治療学の諸問題.『現代人のたましい（ユング著作集2）』日本教文社, pp. 3-50.

Jung, C. G. (1934). The development of personality. *C. W.*, 17.　ユング, C. G.（江野専次郎　訳）（1970）人格の形成について.『こころの構造——近代心理学の応用と進歩（ユング著作集3）』日本教文社, pp. 191-225.

Jung, C. G. (1935). *The Tavistock Lectures. C. W.*, 18.　ユング, C. G.（小川捷之　訳）（1976）『分析心理学』みすず書房.

Jung, C. G. (1944). *Psychology and Alchemy. C. W.*, 17.　ユング, C. G.（池田紘一・鎌田道生　訳）（1976）『心理学と錬金術（Ⅰ・Ⅱ）』人文書院.

Jung, C. G. (1963). *Memories, Dreams, Reflections.* New York: Pantheon Books.　ヤッフェ, A.（編）（河合隼雄・藤縄昭・出井淑子　訳）（1972）『ユング自伝1——思い出・夢・思想』みすず書房.

ユング, C. G.（河合俊雄　監訳）（2012/2019）『分析心理学セミナー1925——ユング心理学のはじまり』創元社. S. Shamdasani & W. McGuire (Eds.) (2012). *Introduction to Jungian Psychology: Notes of the Seminar on Analytical Psychology Given in 1925.* Princeton: Princeton University Press.

Kanter, J. (2004). "Let's never ask him what to do" : Clare Britton's transformative impact on Donald Winnicott. *American Imago*, 61: 457-481.

Khan, M. M. R. (1969). On the clinical provision of frustrations, recognitions and failures in the analytic situation. *International Journal of Psycho-Analysis*, 50: 237-248.

河合隼雄（1977）心理療法における「受容」と「対決」.『新版　心理療法論考』創元社, 2013, pp. 157-167.

河合隼雄（1984）心理療法における学派の選択について.『新版　心理療法論考』創元社, 2013, pp. 189-198.

河合隼雄（1985）『カウンセリングを語る（上）』創元社.

河合隼雄（1989）境界例とリミナリティ．『生と死の接点』岩波書店，pp. 331-352.

河合隼雄（1991）『イメージの心理学』青土社.

河合隼雄（1992）『子どもと学校』岩波書店.

Klein, M. (1946). Notes on some schizoid mechanisms. *International Journal of Psycho-Analysis*, 27: 99-110.

クライン，M.（小此木啓吾・岩崎徹也　編訳）（1975/1996）『羨望と感謝（メラニー・クライン著作集5）』誠信書房．Klein, M. (1975). *Envy and Gratitude and Other Works, 1946-1963*. London: Hogarth Press.

倉橋惣三（1936）育ての心．坂元彦太郎・及川ふみ・津守真（編）『倉橋惣三選集第三巻』フレーベル館，1965，pp. 5-377.

レイン，R. D.（阪本健二・志貴春彦・笠原嘉　訳）（1960/1971）『ひき裂かれた自己――分裂病と分裂病質の実存的研究』みすず書房．Laing, R. D. (1960). *The Divided Self: An Existential Study in Sanity and Madness*. London: Tavistock Publications.

ランゲフェルド，M. J.（1974）個々の子供を理解し解釈すること．岡田渥美・和田修二（監訳）『教育と人間の省察（M. J. ランゲフェルド講演集）』玉川大学出版部，pp. 109-122.（日本での講演をまとめた一冊であり、本書が原典である）

Langs, R. (1973). The patient's view of the therapist: Reality or fantasy? *International Journal of Psychoanalytic Psychotherapy*, 2: 411-431.

Langs, R. (1973-1974). *The Technique of Psychoanalytic Psychotherapy, Vol. I-II*. New York: Jason Aronson.

Langs, R. (1976). *The Bipersonal Field*. New York: Jason Aronson.

Langs, R. (1978). *The Listening Process*. New York: Jason Aronson.

Langs, R. (1981). Modes of 'cure' in psychoanalysis and psychoanalytic psychotherapy. *International Journal of Psycho-Analysis*, 62: 199-214.

Langs, R. (1982). *Psychotherapy: A Basic Text*. New York: Jason Aronson.

Langs, R. (1984). Freud's Irma dream and the origins of psychoanalysis. *Psychoanalytic Review*, 71: 591-617.

Langs, R. (1995). *Clinical Practice and the Architecture of the Mind*. London: Karnac Books.

Langs, R. (1997). *Death Anxiety and Clinical Practice*. London: Karnac Books.

Lave, J. & Wenger, E. (1991). *Situated Learning: Legitimate Peripheral Participation*. Cambridge: Cambridge University Press. レイヴ，J. &ウェンガー，E.（佐伯胖　訳）（1993）『状況に埋め込まれた学習――正統的周辺参加』産業図書.

Little, M. (1951). Countertransference and the patient's response to it. In *Toward Basic Unity: Transference Neurosis and Transference Psychosis*. London: Free Association Books, 1986, pp. 33-50.

Loftus, E. F. (1993). The reality of repressed memories. *American Psychologist*, 48: 518-537.

Lothane, Z. (1983). Reality, dream, and trauma. *Contemporary Psychoanalysis*, 19: 423-443.

Masson, J. M. (1984). *The Assault on Truth: Freud's Suppression of the Seduction Theory*. New York:

Pocket Books, 1998.

Meissner, W. W. (1998). Neutrality, abstinence, and the therapeutic alliance. *Journal of the American Psychoanalytic Association*, 46: 1089-1128.

Miller, A. (1963). *Jane's Blanket*. New York: Crowell-Collier Press. ミラー，A.（厨川圭子 訳）（1971）『ジェインのもうふ』偕成社.

Mitchell, S. A. (1988). *Relational Concepts in Psychoanalysis: An Integration*. Cambridge: Harvard University Press. ミッチェル，S. A.（鑪幹八郎 監訳）（1998）『精神分析と関係概念』ミネルヴァ書房.

Modell, A. H. (1976). "The holding environment" and the therapeutic action of psychoanalysis. *Journal of the American Psychoanalytic Association*, 24: 285-307.

Modell, A. H. (1984). Psychoanalysis as a one-person and as a two-person psychology. In *Psychoanalysis in a New Context*. Madison: International Universities Press, pp. 11-22.

Modell, A. H. (1991). A confusion of tongues or whose reality is it? *Psychoanalytic Quarterly*, 60: 227-244.

Mohacsy, I. (1988). Sexual abuse and its consequences. *Contemporary Psychoanalysis*, 24: 207-210.

Moran, M. (2017). Exploring the possibilities of children's voice. In A. Woods (Ed.) *Child-Initiated Play and Learning: Planning for Possibilities in the Early Years (Second edition)*. Abingdon: Routledge, pp. 41-55.

Morse, S. J. (1972). Structure and reconstruction: A critical comparison of Michael Balint and D. W. Winnicott. *International Journal of Psycho-Analysis*, 53: 487-500.

Murray, J. F. (1995). On objects, transference, and two-person psychology: A critique of the new seduction theory. *Psychoanalytic Psychology*, 12: 31-41.

Myers, P. (1996). Sándor Ferenczi and patients' perceptions of analysis. *British Journal of Psychotherapy*, 13. Reprinted in *The Electronic Journal of Communicative Psychoanalysis*, 1, 1998.

西隆太朗（2009a）共時性──関係の中で語りを聴く視点. 日本箱庭療法学会第23回大会発表.

西隆太朗（2009b）診断が行われる過程──学校というコミュニティにおける発達障害. 伊藤良子・角野善宏・大山泰宏（編）『「発達障害」と心理臨床』創元社，pp. 412-421.

西隆太朗（2016）保育的なかかわりにおけるイメージと関係性の展開──ある子どもとの出会いから. 『遊戯療法学研究』15(1): 85-96.（西［2018］に収録）

西隆太朗（2018）『子どもと出会う保育学──思想と実践の融合をめざして』ミネルヴァ書房.

Nishi, R. (2021). Makoto Tsumori's philosophy of care and education in relation to Jungian psychology. In K. Nakamura & S. Carta (Eds.) *Jungian Psychology in the East and West: Cross-Cultural Perspectives from Japan*. Abingdon: Routledge, pp. 183-192.

岡野憲一郎（1995）外傷説から見た精神分析理論──その読み代えの可能性. 『精神分析研究』39: 47-60.

小此木啓吾（1979）『対象喪失──悲しむということ』中央公論新社.

Orange, D. M. (1992). Perspectival realism and social constructivism: Commentary on Irwin Hoffman's "Discussion: Toward a social-constructivist view of the psychoanalytic situation". *Psychoanalytic Dialogues*, 2: 561-565.

Orne, M. (1962). On the social psychology of the psychological experiment: With particular reference to demand characteristics and their implications. *American Psychologist*, 17: 776-783.

Pascal, P. & Bertram, T. (2009). Listening to young citizens: The struggle to make real a participatory paradigm in research with young children. *European Early Childhood Education Research Journal*, 17(2): 249-262.

Phillips, L. G. (2014). I want to do real things: Explorations of children's active community participation. In J. Davis & S. Elliott (Eds.) *Research in Early Childhood Education for Sustainability*. Abingdon: Routledge, pp. 194-207.

Rachman, A. W. (1989). Confusion of tongues: The Ferenczian metaphor for childhood seduction and emotional trauma. *Journal of the American Academy of Psychoanalysis*, 17: 181-205.

Racker, H. (1968). *Transference and Countertransference*. London: Maresfield Library.　ラッカー, H.　(坂口信貴　訳) (1982)『転移と逆転移』岩崎学術出版社.

Rickman, J. (1950). The factor of number in individual- and group-dynamics. In *Selected Contributions to Psycho-Analysis*. London: The Hogarth Press, 1957, pp. 165-169.

Rickman, J. (1951a). Methodology and research in psycho-pathology. In *Selected Contributions to Psycho-Analysis*. London: The Hogarth Press, 1957, pp. 207-217.

Rickman, J. (1951b). Number and the human sciences. In *Selected Contributions to Psycho-Analysis*. London: The Hogarth Press, 1957, pp. 218-223.

Rogers, C. R. (1942). *Counseling and Psychotherapy: Newer Concepts in Practice*. Boston: Houghton Mifflin Company.　ロージァズ, C. R.　(佐治守夫・友田不二男　訳) (1942/1966)『カウンセリング (ロージァズ全集2)』岩崎学術出版社.

Rogers, C. R. (1951). *Client-Centered Therapy: Its Current Practice, Implications, and Theory*. Boston: Houghton Mifflin Company.　ロージァズ, C. R.　(友田不二男　訳) (1951/1966)『サイコセラピィ (ロージァズ全集3)』岩崎学術出版社. 新訳：ロジャーズ, C. R.　(保坂亨・諸富祥彦・末武康弘　訳) (1951/2005)『クライアント中心療法 (ロジャーズ主要著作集2)』岩崎学術出版社.

Rogers, C. R. (1957). The necessary and sufficient conditions of therapeutic personality change. *Journal of Consulting Psychology*, 21(2): 95-103.　カーシェンバウム, H. &ヘンダーソン, V. L.　(編) (伊東博　訳) (2001) セラピーによるパーソナリティ変化の必要にして十分な条件.『ロジャーズ選集 (上) ――カウンセラーなら一度は読んでおきたい厳選33論文』誠信書房, pp. 265-285.

Rogers, C. R. (Ed.) (1967). *The Therapeutic Relationship and Its Impact: A Study of Psychotherapy with Schizophrenics*. Madison: Wisconsin University Press.　ロージァズ, C. R.　(編) (友

田不二男・手塚郁恵　訳）(1972)『サイコセラピィの研究──分裂病へのアプローチ（ロージャズ全集別巻1）』岩崎学術出版社. ロージャズ，C. R,（編）(古屋健治　編訳)(1972)『サイコセラピィの成果（ロージャズ全集別巻2）』岩崎学術出版社. ロージャズ，C. R.（編）(伊東博　編訳)(1972)『サイコセラピィの実践（ロージャズ全集別巻3）』岩崎学術出版社.

ロージャズ，C. R.（編）(伊東博　編訳)(1967)『カウンセリングの立場（ロージャズ全集11）』岩崎学術出版社.

Ruderman, E. G., Shane, E. & Shane, M. (Eds.) (2000). *On Touch in the Analytic Situation*. *Psychoanalytic Inquiry*, 20(1): 1-186.

齋藤久美子（1990）クライエントの『自分語り』について.『臨床心理事例研究』17, 23-27.

サミュエルズ，A.（村本詔司・村本邦子　訳）(1985/1990)『ユングとポスト・ユンギアン』創元社. Samuels, A. (1985). *Jung and the Post-Jungians*. London: Routledge & Kegan Paul.

Sandler, J. & Dreher, A. U. (1996). *What Do Psychoanalysts Want?: The Problem of Aims in Psychoanalytic Therapy*. London: Routledge.

Schimek, J. G. (1975). The interpretations of the past: Childhood trauma, psychical reality, and historical truth. *Journal of the American Psychoanalytic Association*, 23: 845-865.

Schimek, J. G. (1987). Fact and fantasy in the seduction theory: A historical review. *Journal of the American Psychoanalytic Association*, 35: 937-964.

ショーン，D. A.（柳沢昌一・三輪建二　訳）(1983/2007)『省察的実践とは何か──プロフェッショナルの行為と思考』鳳書房. Schön, D. A. (1983). *The Reflective Practitioner: How Professionals Think in Action*. New York: Basic Books.

Searles, H. F. (1975). The patient as therapist to his analyst. In *Countertransference and Related Subjects*. New York: International Universities Press, 1979, pp. 380-459. サールズ，H. F.（松本雅彦　訳）(1991) 患者の治療者的側面──分析家を治療する者としての患者.『逆転移1──分裂病精神療法論集』みすず書房，pp. 61-152.

Shostrom, E. L. (Producer) (1965). *Three Approaches to Psychotherapy* [Film]. Psychological Films.

Silver, A.-L. (1996). Ferenczi's early impact on Washington, D. C. In P. L. Rudnytsky, A. Bókay & P. Giampieri-Deutsch (Eds.) *Ferenczi's Turn in Psychoanalysis*. New York: New York University Press, pp. 89-104.

Simon, B. (1992). "Incest-see under Oedipus complex": The history of an error in psychoanalysis. *Journal of the American Psychoanalytic Association*, 40: 955-988.

スクーズ，R. A.（岡元彩子・馬場謙一　訳）(2006/2015)『フロイトとアンナ・O──最初の精神分析は失敗したのか』みすず書房. Skues, R. A. (2006). *Sigmund Freud and the History of Anna O.: Reopening a Closed Case*. New York: Palgrave Macmillan.

Smith, D. L. (1987). Formulating and evaluating hypotheses in psychoanalytic psychotherapy. *British Journal of Medical Psychology*, 60(4): 313–316.

Smith, D. L. (1991). *Hidden Conversations: An Introduction to Communicative Psychoanalysis*. London: Karnac Books.

Smith, D. L. (1999). Understanding patient's countertransferences. In M. Sullivan (Ed.) *Unconscious Communication in Practice*. Buckingham: Open University Press, pp. 17-34.

Smith, D. L. (2004). *Why We Lie: The Evolutionary Roots of Deception and the Unconscious Mind*. New York: St. Martin's Press. スミス，D. L.（三宅真砂子 訳）(2006)『うそつきの進化論──無意識にだまそうとする心』NHK出版.

Spezzano, C. (1996). The three faces of two-person psychology: Development, ontology and epistemology. *Psychoanalytic Dialogues*, 6: 599-622.

Stewart, H. (1989). Technique at the basic fault/regression. *International Journal of Psycho-Analysis*, 70: 221-230.

Stewart, H. (1996). *Michael Balint: Object Relations Pure and Applied*. London: Routledge.

Stolorow, R. D. (1997). Principles of dynamic systems, intersubjectivity, and the obsolete distinction between one-person and two-person psychologies. *Psychoanalytic Dialogues*, 7: 859-868.

Sutherland, J. D. (1980). The British object relations theorists: Balint, Winnicott, Fairbairn, Guntrip. *Journal of the American Psychoanalytic Association*, 28: 829-860.

Swerdloff, B. (2002). An Interview with Michael Balint. *American Journal of Psychoanalysis*, 62: 383-413.

Thompson, C. (1943). 'The therapeutic technique of Sándor Ferenczi': A comment. *International Journal of Psycho-Analysis*, 24: 64-66.

Thompson, C. (1964). Sándor Ferenczi, 1873-1933. In *The Selected Papers of Clara Thompson*. New York: Basic Books. Reprinted in *Contemporary Psychoanalysis*, 24: 182-195.

津守真 (1971) 発達の異常.『心理学評論』14 (1): 43-55.

津守真 (1973) 幼児の観察研究──靴と幼児.『幼児の教育』72 (3): 64-72.（津守 [1979] に収録）

津守真 (1974) 保育研究転回の過程. 津守真・本田和子・松井とし・浜口順子『人間現象としての保育研究（増補版）』光生館，1999，pp. 1-28.

津守真 (1975) ちえ遅れの幼児の治療教育過程の研究 (2) ──Ⅲ　子どもにとっての衣服の意味.『日本総合愛育研究所紀要』11: 295-300.（津守 [1979] に収録）

津守真 (1979)『子ども学のはじまり』フレーベル館.

津守真 (1980)『保育の体験と思索──子どもの世界の探究』大日本図書.

津守真 (1987)『子どもの世界をどうみるか──行為とその意味』日本放送出版協会.

津守真 (1989)『保育の一日とその周辺』フレーベル館.

津守真 (1997)『保育者の地平──私的体験から普遍に向けて』ミネルヴァ書房.

津守真 (1998) 空に連なる地平 (3) ──まひるの歌.『幼児の教育』97 (12): 4-12.

津守真 (2002) 保育の知を求めて.『教育学研究』69(3): 357-366.

津守真 (2005) 地を這う保育の日々に光を求めて. 津守真・岩﨑禎子（著者代表）『学びとケアで育つ──愛育養護学校の子ども・教師・親』小学館，pp. 35-55.

津守眞 (2012)『私が保育学を志した頃』ななみ書房.

津守真・稲毛教子（1961）『乳幼児精神発達診断法――0才～3才まで』大日本図書.

津守真・磯部景子（1965）『乳幼児精神発達診断法――3才～7才まで』大日本図書.

津守眞・津守房江（2008）『出会いの保育学――この子と出会ったときから』ななみ書房.

津守真・津守房江・無藤隆（2001）人間の学としての保育学への希望.『発達』88: 69-81.

Turner, C. (2003). *Are You Listening? What Disabled Children and Young People in Wales Think about the Services They Use: A Consultation to Inform the Children and Young People's National Service Framework*. Wales: Welsh Assembly.

ターナー, V. W.（冨倉光雄　訳）（1969/1996）『儀礼の過程』新思索社. Turner, V. W. (1969). *The Ritual Process: Structure and Anti-Structure*. Chicago: Aldine.

Viederman, M. (1995). The reconstruction of a repressed sexual molestation fifty years later. *Journal of the American Psychoanalytic Association*, 43: 1169-1195.

Wasserman, M. D. (1999). The impact of psychoanalytic theory and a two-person psychology on the empathising analyst. *International Journal of Psycho-Analysis*, 80: 449-464.

Winnicott, D. W. (1949). Hate in the counter-transference. *International Journal of Psycho-Analysis*, 30: 69-74.

Winnicott, D. W. (1953). Transitional objects and transitional phenomena. *International Journal of Psycho-Analysis*, 34: 89-96. Reprinted in Winnicott (1971b).

Winnicott, D. W. (1960a). The theory of the parent-infant relationship. *International Journal of Psycho-Analysis*, 41: 585-595. ウィニコット, D. W.（牛島定信　訳）（1977）『情緒発達の精神分析理論――自我の芽ばえと母なるもの』岩崎学術出版社.

Winnicott, D. W. (1960b). String. *Child Psychology & Psychiatry*, 1: 229-242. Reprinted in Winnicott (1971b).

Winnicott, D. W. (1967). Letter to Arthur Miller. In L. Caldwell & H. T. Robinson (Eds.) (2017). *The Collected Works of D. W. Winnicott, Volume 8 (1967-1968)*. New York: Oxford University Press, p. 195.

Winnicott, D. W. (1971a). Transitional objects and transitional phenomena. III Clinical material: Aspects of fantasy. In Winnicott (1971b), pp. 20-25.

Winnicott, D. W. (1971b). *Playing and Reality*. London: Tavistock Publications. ウィニコット, D. W.（橋本雅雄　訳）（1979）『遊ぶことと現実』岩崎学術出版社.

山中康裕（1984）治療過程における創造性.『心理臨床と表現療法』金剛出版, 1991, pp. 48-93.

山中康裕（1991）基底部分のズレの修復.『こころの科学』36: 100-101.

Zaslow, S. L. (1988). Comments on "Confusion of tongues". *Contemporary Psychoanalysis*, 24: 211-224.

人名索引

事項索引

おわりに

　本書は、相互性の視点が心理臨床の原点であることを示し、その理論的深化の歴史的系譜をたどったものである。それは筆者自身が心理臨床理論に入門していった過程と重なる。筆者としては、本書が入門書としての役割を果たす上で、そんな体験も生かせるのではないかと望んでいるところである。

　心理臨床学に関心をもったきっかけは、フロイトの夢分析だった。夢の中で私は思いもよらぬ物語に出会い、驚かされる。だがその物語をつくり出したのは、他の誰でもない、私自身のようだ。私の中に私の知らない世界があるのは、不思議なことである。それに加えて、夢は眠りの孤独の中で見るものであるのに、夢とはこのような雰囲気のものであるということは、どうも多くの人が共通して体験しているものらしい。「夢のリアリティ」と言うべきものがあって、それは私一人の孤独を超えて、誰かと通じ合うことができる。そのように昇華されたものは文学に近づくかもしれないが、そんな世界に心惹かれていた。その不思議な意味を読み解く、深層心理学という学問があるらしい。少年期の私にはそれが十分理解できたわけではなかったが、意味を読み解く解釈という行為には心を惹きつけられた。考えてみれば、夢に限らず人は意味のつかめない状況に投げ込まれ、それを自分なりに意味づけたいと思うのは自然なことではないかとも思う。ラングスは創造的な解釈の特徴として、“その解釈を聞くまでは誰も思いつくことができないが、それを聞いたあとでは確かにそうだと思える”ことを挙げたことがある。フロイトやユングの解釈がもつ魅力は、そうした創造性にあるように思う。それは意識的な推論によって社会的常識に還元するのではなく、無意識に触れて、それまでにはない新たな心の動きを生み出そうとするものなのである。そこから心理臨床学を自分自身学ぼうと考える上では、河合隼雄、山中康裕の著作から影響を受けた。彼らの著作には、“それを聞くまでは思いつくことができなかったが、それを聞いたあとでは確かにそうだと思える”ことが書かれていた。その創造性が、一人ひとりの人間が生き

ていく過程を支えることを、彼らは実感をもって教えてくれたように思う。

　実際に心理臨床学を学ぶ上では、何もかもが分からないことばかりだった。筆者に限らず、誰もがそのような体験をするのではないだろうか。心理臨床の実践ももちろんのことながら、その理論を理解する上でも、ある種のイニシエーション体験が必要となるのではないかと思う。筆者にとって分からなかったことの一つは、心理臨床の過程において、何がよかったのか、何をもって"うまく行った"と言いうるのかだった。そのことは、どういう事例理解を妥当と考えるのかという、解釈の方法論ともつながっている。権威ある臨床家の言葉であっても、臨床家のコミュニティの間で共有されている認識であっても、それだけでは自分自身のものとなるわけではないし、そういうものに頼らずに考えていくことが自分には必要だと感じていた。

　迷い探し続けるうち、バリントの事例には、人間と人間が対等な重みをもって出会う体験について、何か大切なことが書いてあると感じられた。第6章で取り上げた事例が、筆者にとって心理臨床学理解の「新たな始まり」となった。また、ラングスの心理臨床論は、そうした相互的な姿勢を根底に置き、それに基づく解釈論を具体的に構築したものであって、夢の世界を超えて関係性における無意識の世界が目の前に開かれた気がした。ラングス自身、心理臨床の世界で独自の道を歩んだ人であるが、その相互的な視点は心理臨床学の出発点から内包されていたものであり、それこそが根本なのだと思われた。相互性を心理臨床の根本と捉えるとき、さまざまな心理臨床論が新たな意味をもって理解されてきた。本書ではそれを、歴史的な展開を通して描き出してきた。

　こうした視点は、人間に向き合う姿勢をも変える。クライエントの方々に、また後には保育の場で出会う子どもたちに、筆者が何をできたかは分からないが、心に残る瞬間に、対等で相互的な、人間としての出会いをともに体験し、多くのことを教えていただいたと思っている。その方々に加えて、そうした機会を与えていただいた現場の先生方や保育者の方々、かかわってくださったすべての方々に、感謝いたします。

　本書の核となったのは、京都大学大学院に提出した博士論文である。成書とするのがずいぶん遅くなってしまったが、相互性の根本的な視点は変わらな

い。ただ、その後に考え、発展させた内容も付け加えることができたかと思う。本書に収録するにあたっては、他の論考と合わせて全体を書き改めた。博士論文については、山中康裕先生、伊藤良子先生、東山紘久先生にご指導をいただいた。山中康裕先生からは、学問や臨床家のあり方について教えられることも多かったが、筆者にとっては自分自身根本的に考え直したいことがあるたびに出会う先生でもあった。心理臨床学を学ぶ過程においては、この3人の先生に加えて、齋藤久美子先生、岡田康伸先生、河合俊雄先生、藤原勝紀先生、桑原知子先生、皆藤章先生から多くのことを学ばせていただいた。それぞれの先生方はどんな問いかけに対しても、いつでも真摯さと、厳しさと、ユーモアとエレガンスをもって答えてくださった。先生方に囲まれて学んだことは、二度とない幸運な体験だったと思う。ここに感謝申し上げます。

　心理臨床の探究を進めていく上では、Dr. Robert Langs、Dr. David Livingstone Smith にも多くのことを教えていただいた。Dr. Langs は当時執筆中だった著書の各章を書き上げるたび、メールでの議論に誘ってくださった。直接に話し合い、ともに考える体験をいただいたことは嬉しいことでもあり、相互性について理解を深める手がかりとなった。津守眞先生には、幾度かお会いする機会をいただいた。峻厳な探求者であると同時に、子どものこととなると自分自身子どものような笑顔になって語られる、そんな子どもへの深い思いに触れられたことも、筆者が歩んでいく上での道標となっている。

　振り返ってみれば、多くの同僚や先輩方、学生たちとの相互的な対話の体験が、本書の土壌となっている。そのすべてを挙げられないことは心苦しいが、中でも児童心理治療施設横浜いずみ学園の井上真氏には、実践の中で臨床の根本を問い続ける姿勢を今も教えられている。大学でも多くの方々にお世話になったが、平松清志先生は、20年近くにわたって同じ授業を共同担当していただき、臨床家としてのあり方について語り合ってくださった。伊藤美保子先生には、倉橋惣三、津守眞の世界について、保育実践に根ざした理解のあり方を教わった。

　本書の出版にあたっては、ノートルダム清心女子大学研究出版助成をいただいた。創元社の柏原隆宏氏からは、大変丁寧な編集作業にあたっていただいた。『相互性の心理臨床入門』という本書のタイトルも、その話し合いの中から生

まれてきたものである。筆者自身、心理臨床学の根本を繰り返し問い直してい
くという意味では、いつでも入門者でいたいと思っている。

　最後に、本書の執筆をあらゆる面で支えてくれた妻と娘に感謝したい。とも
に歩んできた日々、ともに生活を精一杯つくる体験が、多くの考えの基盤に
なっている。

2023年のはじめに

西　隆太朗

初出一覧

✦

第2章　西隆太朗（2022）C. G. ユングにおける非転移的観点──初期事例の再検討から. 『ノートルダム清心女子大学紀要　人間生活学・児童学・食品栄養学編』46(1): 58-67.

第3章　西隆太朗（2022）C・R・ロジャーズと「沈黙せる青年」の心理療法──相互性の観点から. 『ノートルダム清心女子大学児童臨床研究所年報』35：53-61.

第4章　西隆太朗（2002）「言語の混乱」における Sándor Ferenczi の治療論について──現代の精神分析における再評価とその意義. 『心理臨床学研究』20 (3): 230-239.

第5章　西隆太朗（2001）心理療法における移行──二者心理学からみた Winnicott の治療論. 『精神療法』27(1): 46-53.

第6章　西隆太朗（2001）Michael Balint の治療論における相互的な「認識」について. 『心理臨床学研究』19 (1): 13-22.

第7章　Nishi, R. (2021). Makoto Tsumori's philosophy of care and education in relation to Jungian psychology. In K. Nakamura & S. Carta (Eds.) *Jungian Psychology in the East and West: Cross-Cultural Perspectives from Japan.* Abingdon: Routledge, pp. 183-192.

第9章　西隆太朗（2007）心理臨床における多者心理学の可能性について. 岡田康伸・河合俊雄・桑原知子（編）『心理臨床における個と集団』創元社，pp. 77-86.

第10章　西隆太朗（2014）逆転移概念の批判的検討──治療者の省察のために. 皆藤章・松下姫歌（編）『心理療法における「私」との出会い──心理療法・表現療法の本質を問い直す』創元社，pp. 85-91.

コラム5　西隆太朗（2021）傾聴と共感──心への「参加」という観点から. 『ノートルダム清心女子大学　清心こころの相談室年報』18: 62-66.

コラム8　西隆太朗（2022）『ジェインのもうふ』と移行対象. 『ノートルダム清心女子大学　清心こころの相談室年報』19：49-54.

コラム9　西隆太朗（2001）Basic fault 概念への二者心理学的再検討と訳語の問題について. 山中康裕（監修）『魂と心の知の探求──心理臨床学と精神医学の間』創元社，pp. 168-173.

著者紹介

西　隆太朗 (にし・りゅうたろう)

1971年生まれ。1995年に京都大学教育学部を卒業後、2002年に同大学大学院で博士号 (教育学) を取得。臨床心理士、公認心理師。現在、ノートルダム清心女子大学教授。精神分析学、ユング心理学における関係性についての研究から出発し、近年は子どもたちとかかわる保育研究を進めている。著書『子どもと出会う保育学──思想と実践の融合をめざして』(ミネルヴァ書房)、『「発達障害」と心理臨床』(創元社、分担執筆) ほか。

相互性の心理臨床入門

2023年3月30日　第1版第1刷発行

著　者──西隆太朗
発行者──矢部敬一
発行所──株式会社 創元社
〈本　社〉
〒541-0047 大阪市中央区淡路町4-3-6
TEL.06-6231-9010 (代)　FAX.06-6233-3111 (代)
〈東京支店〉
〒101-0051 東京都千代田区神田神保町1-2 田辺ビル
TEL.03-6811-0662 (代)
https://www.sogensha.co.jp/
印刷所──株式会社 太洋社

©2023, Printed in Japan ISBN978-4-422-11791-1 C3011
〈検印廃止〉
落丁・乱丁のときはお取り替えいたします。

装丁・本文デザイン　長井究衡